KB104300

대한민국 리더십

대한민국 리더십

정규준 지음

DAMEET

이 나라에 태어난 평범한 대한민국 국민들이 이제 좀더 적극적으로 사회와 정치에 참여해야만 할 시기가 다가오고 있다.

과거에는 정치는 정치인이나 하는 것이고 사회운동, 시민운동은 그런 것을 좋아하는 어떤 특별한 사람들이 하는 것이라고 생각해왔다. 하지만 그러는 사이 점점 이 나라는 활력을 잃어가고 있으며, 반목과 투쟁 속에서 제자리를 맴돌고 있다.

아직 갈 길은 멀기만 한데 언제까지 이렇게 아까운 시간과 정열을 계속 낭비해야만 하는지 가슴이 너무나 답답하다. 이러한 답답함은 대한민국의 평범한 국민이라면 누구나 느끼고 있을 것이라는 생각이 든다.

이제 평범한 국민들이 관심을 갖고 나서서 참여정치를 시작해야 한다. 그렇게 하지 않으면 3년쯤 후에 다가올 크나큰 재앙, 과거 IMF 경제 위기와는 비교가 되지 않을 정도로 강하고 긴 국가적 재앙이 닥쳤을 때, 제대로 대처하지 못해 강도 높은 국가 부도가 발생할 가능성이 높다. 원하지 않는 그런 사태가 벌어지게 되면 국민 모두 파산할 수밖에 없는 상황이 될지도 모른다.

우리도 다른 선진국처럼 잘못한 사람들은 가려내어 벌하고, 노력하는 사람들만이 잘 살 수 있는 사회를 만들어야 한다. 오래 전 '새마을 운동' 처럼 국민들이 희망차게, 또 신명나게 일할 수 있도록, 자신과 가족들의 미래를 위해 새로운 시대를 열 수 있는 진정한 지도자를 선출해야 할 때가 코앞에 닥쳤다.

과거처럼 연고지가 같다거나, 같은 사상을 가졌다거나, 동문이라는 이유만으로 90%가 넘는 몰표를 몰아주는 것을 지양하고, 이 나라 이 민족을 선진조국으로 이끌 수 있는 능력 있는 지도자를 선택해야 할 때가 되었다.

본인의 사업이나 장사를 시작하는 심정으로 눈을 부릅뜨고 조사하고 살펴 제대로 지도자를 선택해야 한다. 막연하게 투표만 잘 하면 된다고 생각해서는 안 된다. 내 아이들과 조국의 미래를 위해 평범한 우리가 꼭 참여해야 할 때가 지금이라 생각하고 행동해야 할 것이다. 자신의 사업을 위한 전문경영인을 뽑는 심정으로, 능력이 뛰어난 지도자를 뽑아야 할 것이다.

평범한 대한민국 사람 중의 하나인 필자는 사랑하는 나의 조국 대한민국을 위해 무언가를 해야 한다는 강한 책임감으로 피맺힌 절규를 하듯 이 글을 쓰게 되었다.

이 책에는 그동안 나의 아들에게 짬짬이 해오던 이야기들을 정리한 것이 많이 포함되어 있다. 이 책을 이 나라, 이 민족의 미래를 짊어진 젊은이들이 읽고 스스로 변화되기 바라는 마음 간절하다.

2007년 1월
정규준

목차

PART 1

우리는 지금
탁월한 지도자가 필요하다

Who will lead us to a promise land

강력한 리더십으로 국민의 힘을 하나되게

　우리 민족은 육식동물과도 같은 강대국들에 둘러싸여, 수천 년 동안 수없이 당하면서도 참는 것이 미덕인양 살아왔다. 과거 우리 민족이 언제 삼시 세끼를 제대로 먹고 살았던 적이 있었는가? 지독한 가난과 차별 속에서 기나긴 세월을 그저 참고 견디며 버틸 뿐이었다.

　그런 우리에게 빛이 보이기 시작했다. 세계를 향해 큰소리를 칠 수 있는 주변 환경과 여건이 조성되어감에 따라 점점 더 나라의 기운이 강해지게 된 것이다.

　훗날 역사가 제대로 평가를 하겠지만, 그러한 기반 조성은 박정희라는 지도자가 있었기에 가능한 일이었다. 그는 이 나라를 가난의 수렁에서 건져내고자 집념과 열성과 애국심으로 국가산업을 발전시켰다.

　그러나 박정희 정권은 우리나라가 개발도상국이라는 이름을 달 수 있도록 한 것이 그 한계였다. 선진국이 되기 위한 진정한 발전과 변화와 개혁은 이루어내지 못한 것이다. 게다가 갑작스런 대통령의 죽음 후, 우리나라는 투쟁과 반목 속에 힘이 분산되어 긍정적인 에너지를 오랜 시간 동안 허비하여 왔다. 이념간의 갈등 속에서 쉽게 일어설 수 없는 조국이 되고 만 것이다.

　이제 진정한 이 나라의 지도자가 나타나야만 할 때이다. 대통령이 어떤 생각으로 어떤 정책을 펼치든지 간에, 그 결과는 바로 나타나지 않을 때가 많다. 결국 그 판단은 역사에 맡길 수밖에 없다. 어쨌든 광개토대왕이나 세종대왕 같은, 길이 역사에 남을 지도자가 나타나야만 이 나라를 제대로 이끌어 나갈 수 있게 될 것이다. 그리고 그가 국민의 에너지를 하나로 모아 선진국을 향해 강력한 리더십을 발휘해야만 한다. 나라 안팎의 상황이 역대 어느 대통령보다 탁월한 지도자를 요구하고 있기 때문이다.

지금 우리는 모두 한마음이 되어 선진국 중의 선진국으로 발돋움하여 세계 최강국이 될 수 있는, 강력하고 능력 있는 지도자를 간절히 바라고 있지만 그 바람은 요원하게만 보인다. 과연 지금 우리 정치가들 중에 그런 지도력을 가진 사람이 있는가? 물론, 아무리 뛰어난 지도자라 하더라도 전지전능한 신이 될 수는 없을 것이다. 그러나 지도자의 중요성은 아무리 강조해도 지나치지 않는다.

선장이 배의 키를 어떤 방향으로 움직이게 하느냐에 따라 배의 운명이 달라지지 않는가? 잘못하면 배는 물론, 선원들의 생명도 끝장이 나게 된다. 그래서 배가 침몰할 경우 선장은 대피하지 않고 배와 함께 운명을 같이하는 전통이 있는 것이다.

이제 기업의 리더인 CEO의 역할을 한 번 살펴보자.

빠르게 변하는 자본주의 사회에서는 짧은 기간 안에 기업 경영 실적에 관한 결과가 나온다. 그러므로 지도력을 판단하는데 그리 긴 시간이 걸리지 않는다. 사실 삼성이라는 세계적인 기업에 이건희라는 지도자가 없었다면 오늘날 세계를 향해 포효하는 삼성이 존재할 수 있었겠는가?

기업을 이끄는 지도자의 존재가 이러할진대 한 국가를 끌고 가는 지도자는 기업가보다 훨씬 더 뛰어난 지도력을 발휘해야만 하지 않겠는가.

이와 마찬가지로 유대민족이 모세라는 지도자를 만나지 못했더라면 오늘날과 같은 유대민족이 존재할 수 있었겠는가? 멸망하지 않았다 하더라도, 이집트에 흡수되어 역사책 속에서나 찾아볼 수 있는 사라진 민족이 되어버렸을 것이다.

지금 세계를 지배하고 있는 국가는 미국이다. 그리고 미국을 그늘에서 지배하는 민족은 앵글로색슨이 아닌 유대민족이다. 유대인의 지지 없이는 미국 대통령이 된다는 것조차 불가능한 일이다. 그뿐이 아니다. 보이지 않는 끈으로 세계를 움직이는 그 배후에는 항상 유대인이 있다. 제2차 세계대전 후 미국에 의한 대부분의 전쟁과 환란들이 유대인에 의해 조정되었다고 해도 과언이 아니다.

그러나 기원전 1250년경 유대민족이 노예로 지내던 이집트를 벗어난다는 것은 거의 기적에 가까운 일이었다. 그 당시 이집트는 최강국으로 수많은 신전과 왕릉을 건설하기 위해 엄청난 노동력이 필요했다. 그런데 노동력을 제공하던 수십만 명의 노예들을 어떻게 그냥 놓아 줄 수가 있었겠는가?

크리스천들이 들으면 무슨 해괴한 소리냐고 할지 모르지만, 나는 성경에 나오는 하느님의 열 가지 기적이 모두 모세가 계획한 것이라고 생각한다. 모세는 하느님이 한 것이라고 이집트인들이 믿을 수 있도록 사전에 철저히 준비해 민족을 탈출시킨 것이다. 그리고 하느님의 기적이라 믿은 사람들에 의해 구전되어 오던 이야기가 후대에 글로 옮겨지며 그렇게 기록된 것일 뿐, 모세라는 지도자가 없었더라면 민족 대탈출은 불가능한 일이었다.

마케도니아 역시 마찬가지이다. 마케도니아는 참으로 작은 민족이었지만, 알렉산더라는 출중한 지도자가 있었기에 20년이라는 짧은 기간 안에 엄청난 제국이 될 수 있었다. 그러나 마케도니아는 알렉산더의 죽음과 함께 다시 약소국으로 전락하고 말았다.

21세기에도 상황은 다르지 않다. 어떤 지도자가 있느냐에 따라, 나라의 앞날이 달라진다. 현재 우리나라는 국가간의 복잡한 세력 구도 아래 남북 간의 긴장 고조로 마음을 졸이고 있으며, 사회 전반에 퍼져있는 불신과 갈등으로 몸살을 앓고 있다. 특히 각 지역과 계층 별로 마음속의 응어리를 미처 다 풀지 못하고 있는 부분들이 많다.

그뿐만이 아니다. 철저한 배금주의 속에 온 나라 구석구석까지 '관례' 라는 명목으로 은밀히 자행되어 오고 있는 부정부패, 무엇이 진정한 교육인지는 생각하지 않고, 자기 자식만을 위한 극단적인 이기심 속에서 비뚤어진 교육시스템, 또한 강남 지역 부동산 가격 폭등으로 이제 우리나라는 전 세계에서 가장 부동산 가격이 비싼 나라가 되어, 집 없는 서민의 희망을 앗아가 버리고 말았다.

이제 노동운동, 민주화 운동, 시민운동 등, 모두 투쟁과 적대감만을 무기로 내세우고, 타협과 양보를 모르는 이 민족을 통합해 세계를 향해 크게 소리칠 수 있는 선진 조국으로 만들 우리의 모세는 언제 나타날 것인가?

지금도 더 나은 교육환경에서 자식을 교육 시키겠다는 목적으로 수많은 사람들이 우리나라를 떠나 이민을 가고 있다. 그러한 희생이 의미 있는 선택인지, 그 결정이 정말 아이들을 위해 깊이 검토하고 내린 것인지 나는 물어보고 싶다.

자식을 위해 이민을 가거나 유학의 길을 선택하기 전에 반드시 그와 같은 경험을 한 사람에게 자문을 구한 후 신중히 결정하기 바란다. 조국을 떠나 산다는 것 자체가 쉽지 않은 일이기 때문이다.

게다가 관습과 제도가 다른 타국에서 소수민족으로 산다는 것이 얼마나 어려운 일인지는 짐작으로라도 알고 있지 않은가. 차별이 별로 없다는 미국에서조차도 동양인이 회사의 임원이 된다는 것은 하늘의 별따기와 같은 것이 현실이다.

이처럼 타국에서 성공을 하려면 현지인들보다 몇 배 더 피나는 노력을 해야 하는데 왜 그런 차별대우를 받으면서 조국을 떠나 살아야만 한단 말인가? 더 나은 국가로 이민을 간다고 해서 성공하리라는 보장이 있는가? 그런데도 이민을 꼭 가야 할 정도로 우리의 미래가 그렇게도 암울하며, 우리나라는 아무리 노력해도 잘 살 수 없는 그런 절망적인 나라란 말인가?

이민을 가고자 하는 이들에게 물어보고 싶다. 이민을 가서 아이들이 원하는 대로 성공하지 못했을 때, '나는 너희를 위해 모든 것을 희생하고 이곳에 왔다'는 어리석은 말에 아이들이 과연 고마워하리라고 생각하는가?

지금 이 순간에도 이 땅에 남겨진 수많은 기러기 아빠들은 모든 희생을 감수하고 돈 버는 기계가 되어버린 채, 텅 빈 집에서 홀로 밤늦게 소주잔을 기울이고 있을 것이다. 이 안타까운 이들을 구원해 줄 수는 정녕 없는 것인가?

모순은 또 있다. 우리는 출산율이 세계에서 가장 낮다고 난리를 떨면서도 여전히 많은 아이들을 해외로 입양 보내고 있다. 그리고 장래에 산업의 역군이 될 이이들을 입양이라는 허울 좋은 명목 아래 외국으로 보내면서, 아이를 입양하는 외국인으로부터 엄청난 액수의 후원금을 받고 있는 것을 묵인하고 있다. 이게 말이 되는가?

누군가 반드시 바로 잡아야 한다. 온 민족이 처절하게 가슴 속에서 피를 토하는 마음으로 기도한다면 그런 지도자가 반드시 나타나지 않겠는가. 박 대통령 사후 우린 이미 너무 많은 시간과 정열을 낭비하여 왔다.

하늘이시여, 언제 우리에게 모세와 같은 지도자를 보내주시렵니까.

한민족의 모세가 나타나기를 온 국민이 간절히 원한다면 이루어지지 않 겠는가. 우리 민족의 뜻이 한데 모아지기를 바라는 마음 간절하다.

우리 민족은 어떤 민족인가
Who Are We

먼저, 우리 민족성에 관해 얘기를 나누고, 우리 민족이 나가야 할 방향에 대해 이야기해 보기로 하자.

우리 민족을 흔히 '배달민족', '한민족' 이라고 한다. 사실 우리 민족처럼 뚜렷한 특성을 가진 민족은 이 지구상 어디에서도 찾아보기 힘들다.

우리가 지닌 특성 중에서 가장 두드러지는 민족성 두 가지는 '급하다' 는 것과 '끼리끼리' 문화이다. 그런데 우리는 우리의 이러한 특성을 아주 나쁘다고 생각하고 있다. 심지어 '짚신' 이니 '엽전' 이니 하며 스스로 비하하는 사람들도 많다.

하지만 둘 다 완전히 나쁜 것만은 아니라고 생각한다. 물론, 급한 성격은 '냄비 근성' 으로 빨리 승부를 보려는 한탕주의와 통하는 것이어서 부정부패의 근원이 될 수도 있다. 그러나 좋게 말하면 쉽게 변화에 적응할 수 있다는 뜻이기도 하다.

끼리끼리 문화 역시, 나쁘게 말하면 '패거리 문화' 로 상대방이 나와 다른 패거리일 경우 아무리 상대방이 우수하다 할지라도 절대 인정하지 않으려 한다는 점이다. 그러나 좋게 말하면, 남을 위하고 조직을 위해 희생할 줄 알며, 가족처럼 서로를 위해 헌신적이라는 장점이 있다.

냄비문화

냄비근성이란?

우리 국민의 대표적인 특징인 냄비근성을 나 자신도 이해하지 못했으며 때로는 창피하다는 생각을 하곤 했다.

먼저 우리 민족의 냄비근성에 대한 예를 들어보자.

2005년에 광우병으로 인한 소고기 파동과 조류독감으로 인한 닭고기 파동이 일어났을 때 세계에서 유례를 찾아볼 수 없을 만큼 난리를 피웠던 적이 있다.

닭고기를 취급하는 상점들이나 가게들은 문을 닫는 집이 태반이었고, 닭고기 전문 가공회사도 거의 부도 직전까지 몰리는 상황이 벌어졌다. 언론에서는 연일 대서특필로 이 상황을 보도했다. 사람들은 닭이라면 쳐다보지도 않았으며, 그러니 먹는 사람이 있을 리 없었다.

하지만 두어 달이 지나자 언제 그랬냐는 듯이 다 잊어버리고, 소고기와 닭고기를 찾았다. 그때까지 조류독감 백신이나 치료약이 개발된 것도 아니었으며, 다른 뾰족한 해결 방법이 나타난 것도 아니었다.

그런데 닭을 기르던 많은 농가들이 사육을 이미 포기한 데다 갑자기 사람들이 닭고기를 찾기 시작하자 공급 부족으로 가격이 급등하는 사태까지 벌어지기도 했다.

우리 민족의 이러한 특징을 다른 민족이 이해할 수 있겠는가. 생각해 보면 창피한 일이다. 불과 몇 달 사이에 언제 그랬냐는 듯이 다 잊은 채 행동하는 것을 어떻게 이해할 수 있겠는가. 이런 상황을 되돌아보면 절로 멋쩍은 웃음을 짓게 된다. 상식적으로는 이러한 행동들을 이해할 수 없겠지만 그것이 우리 민족성이요, 타고난 천성인 걸 어쩌겠는가. 민족성을 바꾼다는 것은 쉬운 일이 아니다.

또한 우리는 상대방을 공격하다가도 재빨리 잊어버리는 특성을 가지고 있다. 나라를 배신한 친일파 문제만 하더라도 그렇다. 세월이 지나면 곧 잊어버린다. 용서하는 차원이 아니라 그냥 잊어버리는 것이다. 그러다가 다시 계기가 되면 난리를 치며 죽일 놈들이라고 몰아붙인다.

세계 어느 곳에서도, 부정부패로 언론에 알려져 구속되었던 정치가가 사면을 받고 재기해 다시 국회의원이 되는 예는 보기 힘들다. 이런 범법자가 지도자로 선출되는 것은 아주 특별한 경우가 아니면 거의 없다.

그런데 이처럼 정치가가 감옥에 갔다 와도 끼리끼리 문화에 편승해 줄만 잘 서면 얼마든지 재기하여 다시 정치를 할 수 있는 나라가 우리나라다. 게다가 우리나라 사람들은 후보자의 과거 행적보다 어느 당으로 출마했는가, 어느 지역 사람이냐에 따라 표를 몰아주는 성향이 너무나 강하다. 후진국에서도 찾아보기 힘든 이러한 현상을 다른 나라 사람들이 이해한다는 것은 참으로 쉽지 않은 일이다.

축복받은 냄비문화

부정적으로만 보던 이런 우리 민족성이 21세기 첨단시대에 와서 비로소 각광받기 시작하게 되었다. 빨리 잊어버리기 때문에 아무리 큰 실패라 해도 짧은 기간 안에 재기할 수 있는 특성이 아이러니하게도 빛을 발하게 된 것이다.

이처럼 변화에 쉽게 적응하는 민족성을 갖고 있기 때문에 훗날 우리 민족은 유대민족과 쌍벽을 이룰 수 있는 민족이 될 것이라고 확신한다.

현재 우리 민족은 세계 곳곳에 퍼져나가 있다. 그리고 소수 민족임에도 불구하고 그곳에서 한인촌을 만들거나 끼리끼리 뭉쳐, 온갖 어려움을 극복하며 살아가고 있다.

어떤 환경에도 빨리 적응하며 살아남는 이 민족적 특성은, 강해서도 아니며 질기고 독해서도 아니다. 이미 지나간 일은 잊어버리고, 새로운 환경에 놀랍도록 빠르게 적응하는 민족성에 있다.

독하고 강인하지 못해 오천 년 동안 수많은 침략과 수탈을 당하긴 했지만, 척박한 환경에 잘 적응하고 갈대처럼 이리저리 휘둘리면서도 심지를 잃지 않았기에 살아남았던 것이다.

외세의 잦은 침입으로 대부분의 힘없는 농민들은 부조리와 부정부패가 판을 치는 양반 중심 사회에서 상상할 수 없을 정도의 가난 속에 지내야 했다. 또한 고리대금과 차별에 의한 착취, 아무리 노력해도 벗어날 수 없는 계급사회 속에서 미래가 없는 현실을 견디고 살았던 것이다.

내부로는 예禮를 앞세운 끼리끼리 문화에 의한 자중지란自中之亂으로, 외부로는 중국뿐 아니라 거란과 말갈, 몽고, 여진 등 강인한 사냥 민족과 섬이라는 특수성으로 인해 약탈을 일삼을 수밖에 없었던 일본 등이 우리를 둘러싸고 있었다.

이처럼 강인하고 공격적인 민족들에게 둘러싸여 있으면서 다른 민족을 침략하지 않은 우리 민족이 그 오랜 세월 동안 멸망하지 않고 단일민족으로 살아남은 것은 기적이다.

수많은 고난과 역경을 극복하고 우리 위상을 세계에 알리며 이렇게 다시 재기의 발판을 마련하여, 우리나라의 우수성을 세계에 떨치고 더욱 발전할 수 있는 여건을 가지게 된 데에는 냄비근성이 톡톡히 제 역할을 하였다고 볼 수 있다.

우리가 번성할 수 있게 된 데는 몇 가지 주변 환경이 큰 몫을 하였다.

첫째, 한국 전쟁이 끝난 후 우리 민족 특성에 너무나 잘 맞는 자본주의란 것이 실제로 도입되었다는 점이다.

둘째, 핵무기 개발과 미국이라는 강대국으로 인해 제2차 세계대전 후 큰 전쟁이 없었다는 점이다.

셋째, 세계적인 교역 환경이 통상무역이 중지되는 일이 없도록 조성되어 왔다는 점이다.

제2차 세계대전 후, 우리 민족은 기술과 자원이 전무하다시피 했다. 그리고 관광객들이 떼 지어 몰려올 만한 관광자원을 물려받지도 못한 상황이었기 때문에 모든 것이 열악한 상태에서 시작할 수밖에 없었다. 우리에게 있는 것이라곤 오직 인적자원뿐이었다.

이런 참담한 현실 속에서 냄비문화는 단점이 되기도 했지만, 오히려 신이 내린 크나큰 축복이라 할 수 있었다.

냄비근성과 자본주의

이러한 냄비근성은, 경쟁을 특징으로 하는 자본주의 제도와 궁합이 썩 잘 맞는다. 그 덕분인지 근래에 들어 우리 민족은 오랜 세월 동안의 핍박과 가난에서 벗어나, 보다 나은 환경 속에서 외부세계를 향해 발돋움을 하고 있다.

정부의 도움이 없으면 살아가기 힘든 빈민층도 복지 정책 등으로 하여 절대적으로 이전보다 나아진 생활을 할 수 있게 되었으며, 세계 일류 글로벌 기업도 여럿 생겨 다른 나라가 쉽게 따라올 수 없는 첨단 기술도 다량 보유하게 되었다.

다른 나라에서는 이렇게 짧은 기간 안에 발전을 이룬 것에 대해 놀라움과 부러움을 나타내며, '한국을 배우자' 는 슬로건을 내걸고 있는 실정이다.

우리가 '한강의 기적' 을 50년이라는 짧은 기간에 이루어낸 것은 정말 기적이 아닐 수 없다. 세계 어느 나라에서도 이루지 못한, 믿을 수 없는 기적을 우리가 현실로 만들어 낸 것이다.

한국전쟁이 끝난 후 미국이 원조를 많이 해준 것은 사실이다. 그러나 그것은 생계유지를 위한 차원이었을 뿐, 지금과 같은 엄청난 규모의 산업과 자본을 이룰 수 있는 기초가 될 수 있을 정도의 원조는 결코 아니었다.

물론 일본이나 독일은 제2차 세계대전 때 전쟁에 패했는데도 빠르게 재건한 국가들이다. 그러나 그들은 기술력을 갖고 있었으며 기초 학문이 탄탄했다. 그리고 전 세계를 상대로 오랜 기간 동안 전쟁을 할 수 있을만한 발전된 시스템을 갖추고 있었기에 빠르게 재기할 수 있었다.

우리는 그들과는 엄청나게 차이가 있었다. 우리에게 제대로 된 무엇 하나가 있었는가? 쓸만한 자원은 물론 학문이나 기술, 사회적인 시스템 등 어느

한 가지도 갖춰져 있지 않았다.

경제력이 우리나라 수준 정도 되는 세계 어느 나라를 돌아봐도 우리처럼 아무것도 없이 시작한 나라가 있었는가? 우리가 가진 것이라고는 인적자원뿐이었다. 사람 외에는 아무것도 가진 게 없었던 것이다. 그래서 사람들은 우리가 이루어낸 것을 기적이라고 말한다.

되돌아 본 한국전쟁

한국전쟁 때 우리나라는 미국과 소련의 대리전쟁으로 3년 동안 신무기 시험장이 되어, 경상남도 지역 일부와 부산, 함경북도를 제외하고는 끝에서 끝까지 몇 번씩 밀고 밀리면서 거의 대부분이 파괴되었고, 엄청난 인명피해를 입었다.

이 좁은 국토 안에서 3년이라는 긴 시간 동안 미국과 소련이 남과 북을 앞세워 전쟁을 했으며, 그것도 모자라 중국까지 가세를 하게 되었으니 세계 3차대전이라고 해도 틀린 말이 아니라고 생각한다.

기간이나 규모면으로도 엄청난 큰 전쟁이 이 좁은 땅에서 일어났으니 우리 국토는 철저히 파괴될 수밖에 없었다. 소련과 중국이 합세해 미국과 전 세계 유엔군을 상대로 벌인 제3차 세계대전이라 할 수 있을 것이다.

청일전쟁, 러일전쟁, 임진왜란 등 대리전쟁의 싸움터가 되는 바람에 억울하게 다치고 죽은 사람이 도대체 얼마란 말인가? 항상 당하면서 참고 적응하는 것이 최선의 방법이라 생각하고 살아온 우리 조상들은 얼마나 불쌍하고 한스러운 민족이었단 말인가? 한국전쟁이 끝난 후 우리에게 남은 것은 무엇이란 말인가? 고아들과 남편 잃은 여자들, 전쟁에서 다친 상이군인, 그리고 폐허뿐이었다.

IT산업

이제 우리는 수많은 난관을 거쳐 기적과 같은 변화의 시기를 맞아 5천 년 만에 우뚝 서게 되었다. 그리고 이것이 우리의 끝이 결코 아니라고 생각한다. 공산주의가 거의 몰락한 지금, 하루가 다르게 변하는 자본주의 세계에서 우리 민족은 다른 나라보다 훨씬 빠르게 지속적인 발전을 이룰 것으로 보인다.

DJ 정권이 국책 사업으로 진행하던 IT산업을 중심으로 한 벤처기업 육성은 진행상 잘못된 부분이 있었지만 그 취지는 옳았다. IT산업은 하루가 다르게 발전하는 산업이기 때문에 빠른 변화에 적응하지 못하는 기업은 몇 달을 넘기지 못하고 도산할 수밖에 없다. 하지만 '빨리 빨리!'에 익숙한 우리가 쉽게 적응할 수 있는 산업이 바로 IT산업이다.

그 당시 조금 더 신중을 기해 정책을 펼쳤더라면, 지금쯤 우리 증시는 코스피지수가 3000포인트 이상 되었을 것이고, 국민소득도 2만 불은 벌써 달성했을 것이다. 제대로 된 사회적 시스템만 있었더라면 엄청나게 발전했을 터인데 안타깝기 그지없다.

IT산업은 시작만 하면 성공할 수 있다는 생각으로 너도 나도 뛰어들었던 시기였다. 그러한 기류를 타고 많은 정치자금도 코스닥시장의 광풍을 통해 유출되었으며, 비징상적이고 부도덕한 기업들의 주가도 이해할 수 없는 가격까지 상승했다.

결국 지나친 거품의 붕괴와 함께 찾아온 코스닥시장의 몰락은 필연적이었다. 이로 인해 또다시 많은 가장들이 거리로 내몰렸다. 그리고 안타깝게도 자살이라는 극단적인 선택을 하는 경우도 속출했다.

두고 봐야겠지만 지금 참여정부가 다시 벤처기업 활성화를 시작한 것은 잘한 일이라 생각한다. 앞으로도 끊임없는 시행착오가 있겠지만, 예전의 쓰라린 실패가 밑거름이 되어줄 것이며, 사회적 시스템이 많이 구축되었으므로 이전과 같은 실패는 되풀이 하지 않으리라 믿는다.

연예산업

연예산업은 하루가 다르게 유행이 바뀌기 때문에, 대중문화의 기호를 재빨리 읽을 줄 아는 우리에게는 참으로 적합한 산업이라 하겠다. 그래서 10년 정도 지나면 세계 영화시장 점유율에서 할리우드 영화와 한국 영화가 6:4 정도 되지 않을까 하는 행복한 예측을 해본다.

그러나 10년 전 우리 영화나 드라마가 다른 나라에 수출할 만큼 발전할 수 있을 거라고 누가 상상이나 했는가. 그리고 전 세계 인구 절반을 사로잡는 한류가 불어 닥칠지 어느 누가 예상했겠는가? 어떻게 이 정도로 한류 문화가 확산, 발전할 수 있게 되었는지, 그 이유가 무엇인지 아직도 모르는 사람들이 많다.

사실 그 첫 발걸음은 아주 단순한 데서 시작되었다. YS 정부의 문민시대가 열리면서 특별한 도움을 준 것이 아니라 단지 영화에 대한 규제를 완전히 풀고, 모든 것을 영화계 자율에 맡긴 것이 전부였다. 그리고 그것이 유일한 이유였다고 생각한다. 그 이유만으로도 이렇게 비약적인 발전을 이룰 만큼 연예산업은 우리 민족성에 맞고 또 하나의 기적이라고도 할 수 있을 것이다. 지금 아시아에 불고 있는 한류 열풍은 운이 좋아서나 일부 감독과 PD나 배우들이 우수해서만 된 것이 아니고, 우리민족성에 딱 맞는 산업이기 때문에 그렇게 된 것이다.

과거 일본이 아시아의 드라마를 독점했었지만 지금은 쇠퇴했듯이, 우리의 한류도 끝날 것이라고 하는 주장도 있지만, 우리 국민성에 정말로 맞는 산업이기에 절대로 쇠퇴하지 않고 너욱너 번성할 수밖에 없을 것이라고 확신한다.

현재 세계 Top을 차지하고 있는 반도체산업과 조선업, 철강, 가전 등에서 일본을 확실하게 이겼다고 할 수 있을까? 물론 지금은 앞서고 있기 때문에 틀린 말이 아닐 수도 있지만, 일본보다 확실한 기술력으로서 진정한 우위를 했다고 볼 수는 없을 것 같다. 단지 일본이 고 임금이 되면서 포기하여 이겼을 수도 있다.

저가에 의해 우위를 지키는 분야의 산업은 결국 중국에게 내줄 수밖에 없을 것이다. 물론 지금은 기술로서 중국을 이기고 있지만 반도체를 제외하고는(반도체는 제조업이라기보다는 IT산업에 속하기에) 결국은 대부분의 제조업에서 중국이 우리나라를 따라잡는 것은 시간문제인 것이다. 때문에 우리가 이러한 분야에서 최고의 위치를 유지하기란 무리가 따른다. 하지만 정말로 우리가 진정으로 확실하게 일본을 앞선 산업분야가 있다면 바로 Entertainment, 즉 연예산업이 유일하다고 할 수 있을 것이다.

가끔 일본에 갈 기회가 있어 그들의 TV나 영화를 보면 유치하기가 말할 수 없을 정도다. 때문에 일본 문화를 완전히 개방했음에도 전혀 우리사회에 문제가 없는 것이다. 전면 개방을 하기 전에 많은 사람들이 우리 문화가 일본 문화에 잠식당할 것을 염려했지만, 오히려 우리의 문화가 일본을 잠식하고 있는 결과를 낳았다.

하지만 이삼십 년 전만 해도 일본 TV는 너무 재미있었다. 일본방송 청취가 가능했던 지역에 살던 사람들은 일본 TV를 제대로 보기 위해서 일본어를 공부하는 사람들도 많았을 정도였다. 하지만 1970년대와 지금의 일본 TV 프로그램을 비교해보면 30년이라는 시간이 지났음에도 불구하고 크게 나아지거나 변화를 느낄 수 없다. 오히려 일본을 갈 때마다 보는 프로들은 마치 우리의 1980년대를 연상하게 할 정도의 유치함을 느낄 때가 많았다.

변화에 늦은 일본은 아날로그에서 디지털로 변화하는데 빨리 적응하지 못하여 삼성전자에게 기회를 빼앗겼으며, 첨단산업의 최고 자리를 미국과 한국에 넘겨주고 말았다. 1980년대 '일본을 배우자'는 슬로건도 완전히 잊혀져버렸다. SONY가 옛날의 기술 왕국으로서 전성기를 누릴 때만 해도 소니 제품을 가지고 있으면 모두가 부러워 할 정도였었다. 하지만 그렇게도 우수했던 거대 기업제국이었던 소니가, 지금 삼성전자와는 비교도 안 된다고 자본시장에서 평가 받고 있는 것이다. 일본이 독점하다시피 했던 최고의 품질을 자랑하던 첨단 분야의 제품을 우리에게 내어주게 된 것이다.

그러나 앞으로도 일본은 자신들의 국민성에 적합한 전통제조업 분야만은 결코 그 누구에게도 우수상품 자리를 놓치지 않을 것이라고 생각한다.

자본주의란, 수요와 공급의 균형을 맞추며 치열한 경쟁을 거쳐 살아남는 자만이 성공과 부를 거머쥘 수 있는 제도이다. 이러한 경쟁에서 승리하려면 반드시 지속적으로 회사가 성장 발전해야 하는데, 능력이 부족한 재벌2세, 3세들이 회사를 말아먹는 경우가 더러 있다.

세상을 계속 발전시키며 더 나은 방향으로 나아가려면 경쟁은 반드시 필요하다. 쿠바와 북한을 제외한 전 세계가 자본주의 특성과 우수성을 인정하고 있으며 중국조차 무늬만 공산주의지 자본주의 체제를 따르고 있는 실정 아닌가.

공산주의가 힘이 없어서 무너진 것이 아니라, 경쟁을 하지 않는 특성으로 인해 가난해지고 생활이 퇴보했기 때문에, 애초 공신주의기 추구했던 인민들의 낙원에서 인민들에 의해 몰락하게 된 것이다. 하지만 경쟁을 중심으로 하는 훌륭한 자본주의의 특성이 바로 우리 민족과 딱 맞는 것이라면 이는 얼마나 좋은 신의 축복이란 말인가?

그래서 지금 여러 분야의 IT산업에서 열심히 일하는 사람들에게 '노력한 만큼의 결과가 반드시 올 것'이라고 용기를 북돋우고 싶다. IT산업은 우리 민족에게 가장 적합하기 때문에 열심히 노력하면 세계의 모든 IT기업들과의 경쟁에서 앞서 나갈 수 있으며, 또한 한국에 IT왕국을 건설할 수 있기 때문이다. 그렇게 되면 엄청난 부와 함께 한국을 선진국으로 만들 것이고, 많은 나라들이 한국을 최고의 IT국가로서 인정하고, 선진 기술을 배우고자 많은 젊은이들이 우리나라를 찾게 될 것이다. 얼마나 가슴 뛰는 일이며, 큰 보람과 긍지를 가질 수 있는 일인가?

게임산업 역시 계속적인 변화가 요구되기 때문에 우리 민족이 성공할 수밖에 없는 분야이다. 게임산업은 급성장하는 21세기형 멀티미디어컨텐츠 지식산업, 감성산업으로 집중적으로 육성해야 할 중요한 국가전략산업인 동시에 종합예술산업이다. 20여 년 전만 해도 모든 게임은 일본이 휘어잡고 있었으며 대부분의 사람들은 일본의 기술력에 감탄하면서 게임을 즐겼다. 그때만 해도 일본을 따라잡는다는 것은 불가능하다고 생각했다. 그러나 지금 우리의 몇몇 회사가 온라인 게임이란 것을 만들어 전 세계 시장을 잠식하고 있으며, 하루가 다르게 새로운 게임분야에서 성공을 이루고 있다. 일본의 게임계도 지금 온라인게임에 완전히 빠져있다고 한다. 이러한 모든 일들이 우리의 젊은이들에 의해서 이루어지고 있다는 것에 탄복할 따름이다.

예전에 개발된 프로그램에 의한 오프라인 게임도 있지만, 대부분의 게이머들은 온라인 게임을 즐긴다.

지금 미국이 이 분야의 시장성을 높이 평가하여 적극 투자한 결과 우리보다 조금 나은 온라인 게임을 개발해 앞서가는 상황이지만, 결국은 치열한 경쟁을 통해 우리가 온라인 게임세계를 지배하리라고 믿는다.

세 가지 미래산업

우리 민족의 미래는 참으로 밝다. 앞으로 IT산업과 연예산업 두 가지만 가지고도 얼마든지 먹고 살 수 있으며, 발전할 가능성이 높기 때문이다. 우리의 미래는 IT, BT(생명공학 기술,Bio Technology), NT(나노기술, Nano Technology)와 같은 첨단 산업이 만들어 나갈 것이며, 무궁무진하게 발전할 것이라고 생각한다.

요즘 우수한 인력들이 도가 지나칠 만큼 의과대학으로만 몰려 걱정스럽지만, 10년 정도 지나면 이 우수한 의과대학 인력으로 BT 분야가 발전해 놀라운 성과를 이루게 될 것이다. 그리고 언젠가는 전 세계를 향해 크게 소리칠 수 있는 한민족의 시대가 열리게 될 것이다.

2007년 이후에 오는 IT활황은 1999년 나스닥과 코스닥의 IT거품 시절과는 비교가 안될 만큼 엄청난 규모가 될 것이며, 그때 비로소 세계는 우리 한 민족을 진정으로 주시하게 될 것이라고 본다.

또한 다른 개발도상국들도 급속히 경제가 발전하게 될 것으로 보인다. 중국과 인도 그리고 다른 후발 국가들, 인구가 많은 브라질과 러시아, 그리고 동유럽을 비롯한 아세안 5개국 등은 5~10년 내에 빠르게 성장하며 굴뚝산업을 정비하게 될 것이다.

인간은 기본적인 삶을 확보하고 먹고 사는 문제가 해결되면 또 다른 것들을 추구하게 되는데 그것은 무엇일까? 그것은 바로 환경보호와 건강을 위한 웰빙산업과 첨단산업으로, 점차 세계적으로 수요가 일기 시작할 것으로 보인다. 1999년 IT붐 당시 선진국들과 IT강국들의 인구수보다 훨씬 많은 이러한 국가들의 인구수를 고려해 볼 때, 앞으로 그 수요와 규모는 엄청날 것이다. 그 거대 수요를 충족시키기 위해 IT산업 공장들이 24시간 가동해도 공급이 부족한 상황이 장기간 올 수도 있을 것이다. 그리고 원천기술 개발과 확보로 우리 기업들이 받을 로열티 액수 또한 만만치 않을 것으로 보인다.

우리 민족이 전성기를 맞을 시기는 결코 먼 미래가 아니다. 하지만 호황을 누릴 시기에 낙후된 정치와 경직된 정부 시스템이 기업 활동을 방해하게 될까봐 그것이 걱정이다.

잘 만든 할리우드 영화 하나가 자동차 수백만 대를 수출하는 것보다 더 많은 수익을 올린다는 것은 이미 알려진 사실이다. 수출로 인한 직접적인 수익 외에도, 우리 문화를 수출하고 한국인과 한국 제품에 호감을 갖게 하는 것은 매우 중요한 일이다. 우리 얼이 깃든 문화상품을 판매하고, 다양한 관광 상품으로 관광객을 유치할 수 있다면 그 부가가치는 엄청나다. 드라마 '겨울연가'의 배경이 되었던 남이섬에 일본과 중국의 관광객이 상상을 초월할 정도로 찾아온 것을 생각하면 이해하기가 쉬울 것이다.

영화 '사운드 오브 뮤직'을 촬영한 오스트리아에 '사운드 오브 뮤직 투어'라는 이름의 관광 상품이 지금도 세계 곳곳의 관광객들을 불러 모으고 있다. 영화의 배경이 되었다는 이유 하나로, 그 고장 사람들을 40년 동안 먹여 살리고 있는 것이다. 이처럼 연예산업은 부가가치가 크며 장기적으로 할 수 있는 산업이다.

그리고 이미 시작된 유통, 금융, 통신, 관광, 학원교육과 같은 서비스산업을 더욱더 발전시켜, 무한한 가능성을 갖고 있는 중국이라는 거대 시장을 개발할 수 있는 길을 찾아야 한다. 제조업 중에서 고가품은 독일과 일본이, 저가품은 중국과 베트남이 그 시장을 양분하게 될 것이다.

미국이나 유럽은 금융과 서비스, IT, 무기, 대체연료 산업 등으로 겨우 연명하다가 결국 퇴조를 보이게 될 것이며, 아시아가 세계를 주도하게 될 날이 그리 멀지 않다고 본다. 그러나 대기업을 포함하여 한국의 여러 제조업 중에서 독보적인 기술로 경쟁력을 확보하지 못한 공장들은 점점 중국에게 시장을 빼앗기게 되어 시간적 차이는 있겠지만, 결국 도산하게 되고 말 것이다.

그러므로 국가적 차원에서 한시바삐 서비스 산업으로 방향을 바꾸어 발전을 가속화시킬 필요가 있다. 특히 경제대국으로 성장하려고 용트림하고 있는 중국을 상대할 수 있는 분야에 집중 투자한다면, 엄청난 규모로 성장하게 될 것으로 보인다.

1970년대 박대통령이 수출기업에게 특혜를 주며 국가 경제를 발전시켰듯이 IT산업, 연예산업, 대 중국 서비스 산업에 특혜를 줘서라도 그 분야를 집중적으로 발전시켜 7%대 이상의 경제 성장을 계속 유지하도록 해야 한다.

이 세 가지 산업의 성공이 우리 민족의 밝은 미래를 보장할 것이며, 우리 경제가 계속 급성장 할 수 있게 하는 동력이 될 것이기 때문이다.

끼리끼리 문화

끼리끼리 문화의 전통과 특징

이제는 우리민족 또 하나의 큰 특성인 끼리끼리 문화에 대해 얘기 하려고
한다. 우리 부모들은 자식을 위해 자신의 모든 것을 희생하며 살아왔지만,
요즘은 서양문화의 영향으로 빠르게 변하고 있다. 하지만 오랜 시간을 이어
온 전통이 쉽게 바뀔 수 있는 것은 아니어서, 우리 사회는 혈연(자식과 가
족)과 지연(모교와 고향사람, 자신이 속해 있는 집단)으로 관계가 맺어진 경
우 특별할 만큼 유대관계가 깊다.

그러다 보니 나라 밖에 나가면 그 범위가 우리나라 사람 전체로 확장되기
도 하지만, 나라 안에서는 혈연과 지연이 그 한계인 것이다.

과거 좁은 지역에서만 살다보니 이러한 특성이 당연한 것이었다. 하지만
세계가 하나로 통합되고 있는 지금은 마땅히 버려야 할 특성이 되어버리고
말았다.

이 오래된 특성을 하루아침에 바꿀 수는 없겠지만 미래를 위해서는 끼리
끼리 뭉치는 이 패거리 문화를 반드시 청산해야 할 것이다. 뿌리 깊은 이 끼
리끼리 패거리 문화가 그동안 우리 민족의 앞날을 막는 암초 역할을 해온
것을 부인하지 말자. 이 문제를 해결하지 못한다면 우리 아들딸들의 미래는

어두울 수밖에 없으며 선진국이 되는 것 또한 요원한 일일 수밖에 없다.

지금까지 우리 민족이 끼리끼리 문화 속에서 이만큼 살 수 있었던 것은, 또 다른 우리 민족의 특성인 냄비문화 덕분이지만, 우리가 이미 알다시피 그 또한 장점만을 가진 특성은 아니지 않는가.

이제 뛰어난 지도자가 나타나 장기적인 교육 개혁안을 토대로 계획을 짜고 사회적인 시스템을 만들어, 어릴 적부터 끼리끼리 문화에 물들지 않도록 끊임없이 노력해야 할 것이다. 앞으로 이 문제를 해결할 넓은 안목을 가진 지도자가 우리 민족에게 절대적으로 필요하다고 본다.

물론 끼리끼리 문화에도 단점만 있는 것은 아니다. 과거 동네 어른들을 부모처럼 공경하고 동네 선배들을 친형님처럼 깍듯이 대하는 것이 얼마나 보기 좋은 일이었던가. 한 마을 이웃들이 부모와 형제처럼 서로 아끼며 돕고 함께 슬퍼하고 기뻐하며 한 가족처럼 사이좋게 살아간다면 참으로 바람직한 문화가 아니겠는가.

그동안 우리의 전통사회에서는 어려운 일이 닥쳤을 때, 혼사나 장례식을 치를 때, 늙어서 스스로 먹고 살아갈 힘이 없을 때조차 마을사람들이 서로 도와주니 크게 걱정할 필요가 없었다. 그런 사회 환경에서는 보험을 들거나 노후를 위해 미리 준비할 필요를 심각하게 느끼지 못했다. 자식에게 재산을 미리 물려주고 나서 대접받지 못할 것을 걱정할 필요도 없었다. 그런데 이런 좋은 문화가 변질되어 요즘은 일년 내내 부조금에 시달리고 있는 실정이다.

사실 죽기 전에 자식에게 모든 재산을 물려주는 민족은 그리 많지 않다. 예로부터 집안의 장남에게 재산을 물려주는 풍습이 있었던 것은, 부모를 모시거나 집안의 크고 작은 일들을 맡아서 책임지고 할 사람이 필요했기 때문이었다.

재산을 물려받은 장자가 부모를 모시지 않거나 가족들의 어려움을 방관하면 마을의 법도에 따라 그 마을에서는 살 수 없는 분위기가 형성된다. 끼리끼리 문화에서 그 마을에서 살지 못하고 다른 마을로 쫓겨 간다는 것은 죽기만큼 어려운 일이었을 것이다.

예전에는 한 집안에서 4세대가 같이 사는 것이 다반사였다. 좁고 작은 집에서 4세대가 같이 사는 일은 요즘 핵가족 사회에서는 이해조차 쉽지 않은 일이다. 핵가족시대에는 전혀 모르고 지나갈 수 있는 것들도 대가족 사회에서는 몸과 감정이 부딪치면서, 서로 갈등해야 할 사건이 될 수밖에 없었다.

고부간의 갈등에 관한 한의 문화도 이렇게 좁은 공간에서 많은 세대가 같이 살다 보니까 발생했던 것이다. 가난하기 때문에 같이 뭉쳐 산 것이 아니라, 끼리끼리 살아야만 행복하고 편안했기 때문에 생겨난 문화인 것이다.

전원주택과 민족성

위에서 얘기했다시피 우리 민족은 외딴 곳에 혼자 떨어져 사는 것보다는 끼리끼리 어울려 사는 것을 더 좋아하는 민족이다. 전 세계에서 아파트가 우리나라처럼 발달한 나라가 어디 있는가? 땅덩어리가 좁아서라기보다는 민족 특성상 그렇다. 부유한 중동의 국가들 중에는 정부가 아파트를 공짜로 입주하라고 하는데도 원주민들이 그 말을 따르지 않는다고 한다. 배드윈이라고 불리는 그들은 수천 년 동안 사막에서 떠돌아다니며 텐트 속에서 살아왔기 때문에 아파트가 아무리 편리하다고 해도 적응이 쉽지 않은 탓이다. 그러한 것이 오랜 민족성에 기인한 사례라고 볼 수 있다.

물론 우리나라도 산업사회가 되어감에 따라 빠르게 핵가족화 되어가고 있다. 게다가 개방과 함께 국제화가 되어 감에 따라 외국에서 공부하거나 살다 온 사람들이 늘어나면서 개인적으로 생활하고 행동하는 사람들이 점차 많아지고 있는 실정이다. 하지만 수천 년 동안 내려온 우리의 끼리끼리 문화는 쉽게 없어질 수 없는 특성이다. 이런 문화가 예전보다 심하지는 않지만, 조금씩 나쁜 방향으로 변질되면서 이제는 없어져야 할 민족의 암과 같은 특성이 되어 버렸다.

우리나라의 전통적인 시골과 외국의 오래된 시골에 가보면 큰 차이가 있다. 외국의 시골에는 집과 집 사이가 꽤 떨어져 있다. 그래야 농사짓기가 편하며 자기 소유의 땅을 관리하기가 쉽기 때문이다.

하지만 우리의 시골은 어떤가? 집과 집 사이의 길조차 좁게 만들어 다닥다닥 붙어서 살고 있다. 땅이 없어서 그런 것이 아니고 그렇게 서로 가까운 곳에 살아야만 만족하며 사는 민족이기에 그렇게 살아온 것이다. 그래서 길이 좁아 생활이 불편하고 논과 밭이 멀리 있어 관리하기 어려운 것은 얼마든지 참아낼 수 있었다.

얼마 전에 잠깐 유행하던 전원주택의 인기가 시들하고, 아파트에 비해 투자가치가 없다는 것을 대부분의 사람들은 다 알고 있다. 그런데 그 이유가 무얼까?

요즘은 외곽도로 사정이 좋아졌기 때문에 근교의 시골에서 서울로 출퇴근하는데 생각만큼 시간이 오래 걸리지 않는다. 그리고 요즘 전원주택은 아파트와 같은 구조로 지어졌기 때문에 생활하기도 편리하며, 대부분이 목재주택이라 보기에도 좋고 건강에도 좋다.

주위에는 푸른 나무와 새소리, 벌레소리, 맑은 공기, 맑은 하늘이 있고, 주 5일제로 근무 여건이 바뀌면서 주말이면 가까운 개울로 나가 아이들과 물고기도 잡을 수도 있다. 얼마나 편안하고 환상적인가? 또 자기 땅에서 신선한 야채를 재배해서 먹을 수 있는데도 이 사업이 성공하지 못하는 이유는 무엇일까?

전원주택은 강남의 아파트보다 훨씬 가격이 저렴하며, 삶의 질은 훨씬 높다. 외국에서는 교통 문제가 해결되고 주변 환경이 좋다면, 당연히 변두리 전원주택을 선호할 것이다. 그런데 땅에 대한 소유욕이 매우 강하다고 하는 우리 국민에게 전원주택은 인기가 없다. 얼마 전에는 전원주택이 조금 변형된 형태인 팬션이 분양되었다. 낡아버린 콘도를 대신하고자 하는 수요가 잠깐 반짝했지만 요즘은 팬션에 대한 관심 또한 시들해지고 말았다. 왜 그럴까?

우리 민족의 특성인 끼리끼리 문화 때문에 겨우 수십 가구가 모여 사는 것은 왠지 마음이 편하지 않고, 다 같이 붙어살아야 안심이 되기 때문이다.

물론 처음 전원주택으로 이사한 사람들은 조용하고 깨끗한 자연 환경 때문에 좋아한다. 하지만 대부분 일 년을 못 넘기고 어떻게 해서라도 다시 도시로 돌아가기 위해 발버둥치며 기회를 찾는다. 그래서 우리나라에서는 전원주택이나 팬션사업이 별로 비전이 없어 보인다.

끼리끼리 문화의 해악

가. 사냥민족 고구려

우리 민족 역사상 가장 강했던 고구려가 멸망하게 된 이유는 무엇이었을까?

수나라는 중국을 통일하고 난 후 엄청난 에너지를 분출하며 우리나라를 침략했다. 수나라는 중국을 통일했던 강력한 군사력으로 세 번이나 고구려를 침략했지만, 번번이 실패해 국력이 약해질 수밖에 없었다.

수나라를 멸망시키고 다시 중국을 통일했던 당나라 역시 강력한 통치권을 가지려면 고구려를 수중에 넣어야 한다는 생각에 총력을 기울여 여러 번 침략을 시도했었다. 하지만 이 모든 침략을 당당하게 물리칠 만큼 고구려는 강한 나라였다.

이런 고구려가 연개소문이 사망한 후 자식들의 권력 다툼 끝에 일어난 내분으로 말미암아 멸망하게 된 것이다. 권력 싸움에서 진 쪽은 상대방을 인정하지 못한 탓에 적에게 협조하면서 내부의 자중지란을 일으켜 너무나 쉽게 그 강하던 고구려를 멸망시키고 말았다.

그리고 같은 민족인 신라의 욕심으로 고구려는 역사에서 사라지고 말았다. 혼자만의 힘으로 통일을 이룰 수 없었다면 욕심을 버려야 했을 터인데 지나친 욕심으로 인해 외세의 도움을 받으면서까지 같은 민족을 멸망시킨 것이다.

당나라가 고구려를 침략했을 때 신라의 도움이 없었더라면, 우리가 중국에 영토를 빼앗기는 일도 일어나지 않았을 것이며 신라의 삼국통일 역시 없었을 것이다. 내가 속한 집단이 아니면 안 된다는 생각이 수단과 방법을 가리지 않고 같은 민족을 멸망시키게 한 것이다.

우리나라 역사상 유일한 사냥민족이었던 강인한 고구려가 멸망하고, 강대국을 등에 업은 신라가 삼국을 통일했던 것은 우리 민족의 가장 큰 비극이다. 고구려가 삼국을 통일하고 그 강인함이 민족성으로 뿌리를 내렸다면, 중국의 중원을 한 번쯤 지배하는 일도 가능했을 것이라고 본다. 오랜 세월

동안 끊임없이 침략을 당하기만 한 우리의 슬픈 역사는 신라의 삼국통일이라는 비극적인 일로부터 시작된 것인지도 모른다.

만약 대통령선거에서 진 후보가 결과에 승복하지 않고 외부 강대국의 힘을 업고 계속 투쟁으로 일관한다면 어떻게 될까? 지금은 국민 수준이 올라갔고 여론의 힘을 무시할 수 없기 때문에 쉽지 않겠지만 만약 그런 일이 벌어진다면 선진국으로 가는 일은 요원할 것이다.

한민족의 번성이 멀리 있지 않으므로, 한시바삐 끼리끼리 문화의 잘못된 속성을 바로잡아야 한다. 하지만 누가 이것을 할 것인가? 짧은 시간에 할 수 있는 일도 아니며, 엄청난 사회적인 저항이 따르는 일이므로 대통령일지라도 목숨을 걸고 해야 할 만큼 어려운 일이다.

그래도 누군가는 반드시 해야 하며, 하지 않으면 안 된다. 민족을 노예로부터 해방시킨 유대의 모세와 같이 뛰어난 지도자라야만 가능하지 않겠는가? 아쉬운 일이기는 하지만 현재 우리 지도자들 중에서는 그런 사람이 쉽게 눈에 띄지 않으니 걱정이다.

나. 일본의 침략

조선시대는, 처음에는 동인 서인으로, 나중에는 노론 소론이 가세하여 4파로 나눠졌다. 그리고 서로 너무나 적대시하여 상대방에게 우수한 인재가 있을 때는 미리 싹을 잘라버리느라 온갖 술수를 다 써가며 매장을 시켰다.

그리고 그것도 모자라 후환을 막는다는 이유로 사돈의 팔촌까지 몰살시켰으며, 상대 당파에 관해서라면 무조건 반대를 위한 반대를 하느라 국력을 낭비했다. 때로는 국가적으로 중요한 사안에 대해서도 논리만을 앞세우다가, 결국 큰 전쟁으로 온 백성들이 고초를 겪게 된 적도 있었다.

사색당파의 힘겨루기에 광분하던 당시 권력층은 오로지 자신들의 권력쟁탈에만 혈안이 되어 계속 예고되어 왔던 왜란의 징조를 철저히 무시하고 우물 안 개구리들의 사투로 시간만 흘려보내고 있었다.

유약한 선조는 국가적 재앙이 다가오고 있는데 대한 판단 능력을 상실한 채, 어려움을 피하기를 원했기에 잘못된 의견을 선택하였다. 변란이 발생하지 않을 것이라는 어리석은 생각으로 왜군의 침략에 대비한 모든 준비를 중지하라는 최악의 지시를 내린 것이다.

이에 반해 왜군들은 도요토미를 선두로 그동안 꾸준히 전쟁 준비를 하여 삽시간에 한반도를 피로 물들였다. 왜군은 엄청난 숫자로 우리 땅에 몰려와 파죽지세로 순식간에 수도를 점령했으며, 60일 만에 함경도까지 함락시켜 선조는 평민보다 더한 거지꼴로 이곳저곳에 피난을 다녀야만 했다. 임진왜란 7년 세월 동안 수많은 백성들이 죽었으며 왜군은 이 땅을 철저히 짓밟았다.

그나마 밑바닥 민초들의 의병 활동과 이 나라 역사상 최고 명장인 이순신이 없었더라면 우리 땅은 일본에 점령당해 일본의 영토가 되어 버렸을지도 모를 일이다.

이렇게 뼈아픈 기억이 있음에도 불구하고 또 갈리고 갈라졌으며, 조선조 말기에는 역사가들도 정확히 모를 만큼 파벌이 나뉘어 싸움의 소용돌이에 휘말리게 되었다. 서로 반대 아닌 반대만 일삼으며 국력을 낭비하고, 권력을 잡은 자들은 민심을 이간하는 선전과 선동을 일삼아 결국 나라까지 빼앗기는 수모를 겪게 되었다.

그 후 35년이라는 긴 세월 동안 남자들은 전쟁터에서 총알받이가 되거나 강제노역장으로 끌려갔으며, 여인네는 종군위안부로 전쟁터로 보내졌다. 우리말과 글을 빼앗긴 것은 물론이었다.

그리고 이쑤시개 하나 만들 수 없었던 상태에서 해방된 우리나라는 말 그대로 스스로는 아무것도 할 수가 없었다. 어떤 나라가 식민지를 그런 식으로 대한단 말인가? 과거 일본은 정말 몹쓸 나라였다. 그런데 여전히 우리나라가 일본에게 나라를 빼앗긴 것이 잘 된 일이라고 망언을 하는 정신 나간 학자도 있다.

나라 잃은 수모와 설움이 우리의 끼리끼리 문화 때문이라면 이제는 버려야 할 때가 왔다. 상대방이 아무리 좋은 의견을 말해도 반대 아닌 반대만 하다가 상대방이 약점을 보이게 되면 그 틈을 놓치지 않고 무차별 공격을 가하는 21세기형 사색당파에 얼른 종지부를 찍어야 한다. 그렇게 하는 것이 우리 민족이 도약할 수 있는 필수 조건이다.

다. 이념의 반목

이러한 끼리끼리 문화로 인해 공산주의는 해방 후 젊은 학생과 지식층, 노동자 등, 우리 사회 전체에 빠르고 깊게 뿌리를 내렸다. 그러면서도 자본주의와는 도저히 서로 타협할 수 없었으므로, '죽기 아니면 살기' 식 갈등의 연속이었다. 그 당시 신문과 방송에서 연일 그러한 사건들을 보도했기 때문에 지금 70대의 노인 분들은 잘 알고 계실 것이다.

만약 한국전쟁이 일어나지 않았더라면 어떻게 되었을까? 타협하지 못하는 우리 국민성 때문에 지금까지도 싸움이 끊이지 않았을 것이다. 또한 어지러운 정국으로 인해 지금과 같은 발전은 생각할 수조차 없었을지도 모른다.

두 번씩이나 밀고 밀리는 한국전쟁으로 인해 전 국토는 폐허가 되었다. 하지만 공산주의자들은 북쪽으로 자본주의자들은 남쪽으로 자연스럽게 분류되어 더 이상 갈등할 수 없게 되었으니, 한국전쟁이 가져다 준 유일한 득이 아닌가 싶다.

라. 전라도와 경상도

끼리끼리 문화에 의해 우리는 오천 년 역사 동안 엄청난 피해를 보았고 지금도 크게 달라지지 않았다. 이 좁은 땅덩어리에서 전라도는 무엇이고 경상도는 무엇이란 말인가? 전라도 사람들은 이래서 안 되고, 경상도 사람들은 항상 저렇고, 마치 오래된 원수 집안 같다.

역사적으로 언제부터 이렇게 되었는지 정확하게는 모르지만, 박정희 대통령이 DJ를 3선에서 겨우 이긴 후 정치적으로 이용하는 바람에 더욱 심화된 것이라고 생각한다.

박정희 시절에 전라도는 경상도에 비해 산업의 발전이 없는 까닭에 먹고 살기 위해서 많은 사람이 고향을 떠날 수밖에 없었고, 경상도는 울산, 구미, 포항, 창원 등 상대적으로 너무 편파적인 발전이 있었다. 물론 경상도의 항구가 미국이나 일본에 가깝다는 지리적인 여건도 있었지만 그 이유만으로는 불충분하다. 먹고 사는 일이 막막했던 전라도 사람들이 무작정 서울이나 부산으로 이주하여 산동네를 만들고 부둣가에서 노동자로 어렵게 살 수밖에 없었다. 가난해서 돈이 없어서 돈 때문에 부정이나 사기나 횡령사건에 많이 말려들기도 했었다. 물론 과거 일부 가난한 전라도 사람이 그랬고 지금은 거의 없어졌는데도 아직도 모든 전라도 사람들이 그런 것처럼 끼리끼리 문화를 만들어 배척하고 말았다.

직선적인 성격의 경상도 사람들은 다른 지방 사람들보다 특히 전라도 사람들을 싫어했다. 상대적인 빈곤을 느끼고 있던 전라도 사람들도 좋은 마음을 가질 수 있었겠는가?

박 대통령이 경상도 사람이란 이유도 한몫 거들어, 두 지역 사람들은 적대적인 반응을 보이며 마치 다른 민족인 것처럼 대치하게 되었다. 현재 코앞에서는 서로 웃으며 같이 일하지만, 마음속으로는 항상 경계하며 서로를 인정하지 않는다. 만나면 반가운 듯이 웃고 악수하지만, 돌아서서 자기들끼리 있을 때는 상대방을 무시하며 자식들에게까지 자신들의 생각을 주입시키려고 애쓴다. "뒤끝이 좋지 않다"느니, "싸가지가 없다"느니 하면서 어릴 때부터 끼리끼리 문화에 물든다.

많이 나아지긴 했지만 지금도 두 지역 사람이 서로 사랑하게 되면 부모들의 반대가 극심해 결혼이 쉽지 않다. 누가 이러한 지역감정을 바로 잡을 수 있단 말인가?

박정희 정권이 선거에서 DJ를 이기기 위해 이런 나쁜 감정을 이용했지만, 그것이 전부는 아니라고 본다. 이 민족의 뿌리 깊은 끼리끼리 문화에 근본적인 문제가 있는 것이다.

끼리끼리 어울리는 집단을 우리 민족처럼 잘 만드는 나라가 있을까? 우리는 집단 만들기를 정말 즐긴다. 동창회니 동호회니 하면서 수없이 많은 구실로 모임을 만들고 그 안에 소속되길 원한다. 그러다 보니 국가적인 큰 힘이 필요해도 단합이 안 되고, 이 작은 나라가 자꾸 분열하다보니 국력이 분산되어 시간과 노력을 낭비하게 된다.

자신이 속해있는 집단의 사람이 아니라면 어떤 유능한 지도자라 할지라도 인정하지 않으며, 그 감정이 지나쳐 때로는 진의 여부와는 상관없이 나쁜 사람으로 만들어버리고 만다.

게다가 충청도 수도 이전 문제로 또 다른 지역감정이 불거지고, 인터넷을 통해 젊은 세대와 늙은 세대가 수도권에서 완전히 분열되는 현상까지 생기고 말았다. 이 와중에 여당의 한 지도자가 노인을 폄하하는 발언으로 곤경에 빠진 웃지 못할 사건도 벌어졌다.

레이건 대통령이 70살이 넘는 나이로 재선에 성공해, 일본과 소련을 극복하고 미국 부흥의 바닥을 다져 지금까지 뛰어난 대통령으로 인정받고 있는 것을 생각하면, 도저히 이해가 안 되는 일이다.

지금 우리나라는 도대체 몇 갈래로 다시 찢겨지고 있는가? 끼리끼리 문화를 정치적으로만 이용하려 들지 않고, 부정적인 부분을 긍정적으로 변화시킬 수 있는 지도자가 하루속히 나타나야한다.

마. 상대를 인정하지 않는다

끼리끼리 문화가 지닌 가장 나쁜 특징은 자기가 속한 집단이 아니면 상대방을 인정하지 않는 것이다. 나라를 대표하는 대통령일지라도 마찬가지다. 그건 '수용Accept' 의 문화가 없기 때문이다.

박정희 대통령도 사후에 그 공을 제대로 평가받게 된 것이지 죽기 전에는 결코 상대방으로부터 인정을 받지 못했다. 우리는 상대가 능력과 자질 등 모든 부분에서 우수하더라도 자신이 속한 집단의 사람이 아니면 인정하지 않는 나쁜 특성을 가지고 있기 때문이다.

짧은 역사를 가진 미국이 오늘날 세계를 지배하는 나라가 된 이유는 좋은 교육시스템과, 거대한 땅, 풍부한 자원 등이 있겠지만, 그보다 더 중요한 것은 바로 영웅주의이다.

미국처럼 영웅을 갈구하는 나라는 없다. 그들은 잘하는 사람을 인정할 줄 알고, 진심으로 숭배하며, 히어로라는 말을 수시로 남발한다. 상대방을 나무라는 것보다, 칭찬과 토론을 통해 다루는 앞선 문화를 가지고 있기 때문이다.

너른 땅과 풍부한 자원을 갖고 있는 나라는 미국 이외에도 호주나 중국, 러시아, 브라질, 아프리카 등등 많고 또 많다. 세계사를 보면 민족이 둘만 섞여도 항상 내전으로 가는 경우가 대부분인데 짧은 역사와 다양한 민족으로 구성된 나라가 오늘날 세계를 지배하게 된 이유가 무엇이겠는가?

그 이유는 여러 가지를 들 수 있겠지만 남을 인정할 줄 안다는 것이 가장 큰 장점이라고 생각한다. 그들은 나와 반대되는 쪽이라 하더라도 객관적으로 상대방을 평가해 좋은 점은 받아들일 줄 안다. 그래서 미국 역사가 짧은데도 불구하고 셀 수 없이 많은 영웅들이 탄생하게 된 것이다.

그리고 그러한 문화적 토대 위에 오늘날의 프로스포츠Professional Sports가 번창하고 있다. 프로야구선수, 프로풋볼선수 등은 상상을 초월할 정도로 많은 연봉을 받고 있지만, 미국인들은 그것을 인정한다. 왜냐하면 그들은 영웅이기 때문에 그 정도의 대우를 받아 마땅하다고 수용하는 것이다.

바. 학연

동창회가 이렇게 번성한 나라는 전 세계에 눈을 씻고 봐도 없다. 조금 못

나거나 부족해도 동창이거나 동향이면 우리는 끌어주고 밀어준다. 그러나 능력이 뛰어나더라도 연관이 없는 경우 배척해버리고 만다. 우리의 이런 문화가 앞으로도 계속된다면 우리의 미래가 과연 희망적이겠는가?

기회만 되면 동창회니 동호회니 하면서 뭉쳐서 상대방을 인정하지 않는 끼리끼리 패거리 문화는 반드시 없어져야 한다. 이러한 패거리 문화가 남아있는 한 우리의 교육은 절대로 개혁될 수 없으며, 장래 또한 불투명할 것이다.

우리나라의 부모들은 진학할 대학과 전공에 따라 자녀들의 미래가 결정된다고 믿기 때문에 엄청난 경제적 희생을 감수하면서도 자신이 원하는 곳에 자녀를 입학시키려고 한다. 한국 사회에서 학벌이 중요하기는 하지만, 그것이 사회 적응 능력과는 분명히 다른데도 불구하고 학벌에 목을 매고 있다.

사교육비가 나라 예산의 20%인 민족이 우리나라 말고 또 있을까? 그렇게 많은 돈과 시간을 들여 어렵게 대학에 진학해도 적성에 맞지 않는다는 등의 여러 이유와, 느슨한 학점관리로 인해 전공 공부는 별로 하지 않고 다른 분야 공부를 하던지, 놀이나 연애, 컴퓨터 게임에 빠져 시간을 낭비하고 있는 실정이다.

결국 졸업에 필요한 학점을 겨우 이수하고 어렵게 취직하게 되지만, 대학에서 형식적으로 대충 배운 것은 회사에서 거의 쓸모가 없으므로 처음부터 다시 배우며 회사생활을 시작하게 된다. 그렇다면 대부분의 대학생들은 대학 4년 동안 도대체 무엇을 했단 말인가? 현재 대부분의 대학생들은 고등학교 시절의 10%도 공부를 안 하는 것 같다. 그런데 선진국은 이와 반대로 고등학교 때보다 대학에서 더 열심히 공부하고 있다. 전공 공부가 자기의 미래에 훨씬 더 중요하지 않겠는가? 이러한 잘못된 교육 현실을 언제 바로 잡을 것인지 참으로 안타깝기만 하다.

국가 경쟁력을 떨어뜨리는 이러한 교육 현실은 끼리끼리 문화에서 온 우리 민족성 때문으로 생각된다. 대학 후배라면 능력은 무시한 채 도와주지만, 자신과 관계가 없는 사람이라면 실력이 뛰어나도 경쟁할 수 있는 기회조차 만들어주지 않는 것이다.

당쟁을 일삼는 조선시대와 다를 바 없는 이런 환경 속에서 기업이나 공직사회가 어떻게 발전할 수 있겠는가? 예전보다는 사회적인 시스템이 좋아졌다고는 하지만, 아직도 우리의 교육은 개혁에 개혁을 거듭해야 할 대상이다.

사. 노조의 양면성

군사독재가 물러난 후 빠른 속도로 자리를 잡은 노동운동도 우리 민족의 특성을 여실히 보여준 것이 아닌가 싶다. 이 노동운동 또한 부르주아 계급을 타도하자는 명목 아래 끼리끼리 문화에 냄비문화가 더해져 급속히 성장하게 되었으며, 조선시대 당파싸움처럼 재빨리 우리 삶에 파고들게 되었다.

우리는 전 세계에서 가장 강한 노동조합을 가지고 있으며, 대통령조차 어쩔 수 없는 막강한 조직으로 성장했다. 문제는 과거의 당파싸움처럼 상대방, 즉 회사의 경영진과는 타협하지 않으려한다는 점이다. 지금까지는 항상 승리했지만 그것이 순리가 아니기에 그들의 투쟁 아닌 투쟁도 곧 한계에 봉착하게 될 것이라고 본다.

공산주의가 인민의 낙원에서 인민에 의해 멸망했듯이, 노동조합도 노동자 계급 스스로의 분열과 특권의식에 의해 스스로 몰락하게 될 것이다.

지금까지 나타난 것은 노동조합 내에서 정규직과 비정규직의 분열이다.

비정규직 노동자가 많은 우리 현실 속에서 정규직 노동자가 조금만 양보하면 서로 상생할 수 있을 것 같은데 현실은 그렇지 못하다는데 문제가 있다. 노조가 모든 노동자들을 위한 단체라고 말하면서도 비정규직 노동자는 자기들과는 근본적으로 다르며, 자기보다 한 단계 아래에 있는 비천한 사람들이라고 생각하고 있는 건 아닌지 모르겠다.

비정규직 입장에서 보면, 정규식은 자신과 똑같은 일을 하며, 기술이 더 나은 것도, 학벌이 더 좋은 것도, 능력이 뛰어난 것도, 회사에 돈을 투자한 것도 아니면서, 단지 조금 일찍 입사했다는 이유 하나로 자신들과 달리 정리해고에서 자유로운 것이 이해가 되겠는가.

사실 대기업에서 임원이 된다는 것은 참으로 어려운 일이다. 그런데 경력 많은 정규직 노동자 중 일부는 임원들만큼 많은 봉급을 받으면서도 정작 하는 일은 비정규직과 특별히 다르지 않다. 비정규직 노동자보다 3배나 많은 급여를 받는 귀족노조, 같은 일을 하면서도 이처럼 극심한 차별이 있는 노동운동이 과연 얼마나 오래 갈 수 있을지 모르겠다.

그들은 반목이 너무 심해 같은 직장에서조차 말도 하지 않는다고 한다. 지금 정규직은 비정규직의 봉급을 대폭 인상해 달라며 시도 때도 없이 투쟁하고 있지만, 자신들의 봉급이 동결되거나 줄어드는 것은 결코 인정하지 않으려 한다. 그들은 비정규직 급여를 자신들이 원하는 수준으로 올리면 회사가 망하게 되므로 결코 그런 일이 일어날 수 없으리라는 것을 잘 알고 있다.

결국 비정규직 임금 양보를 내세워 자기 주머니를 불리는데 이용하고 있다고 한다. 그렇게 이용당했던 비정규직은 기존 노조를 불신하게 되어 노조에 가입을 하지 않고 있으며, 가입했던 사람들도 전부 탈퇴했다고 한다.

노동운동이 살아남고 발전하기 위해서는 타협과 양보로 실익을 찾아야 하는데도 불구하고, 서로 양보하지 않고 투쟁하여 쟁취하려고만 하니 이런 노동조합은 절대 오래가지 못할 것이다.

이러한 현상 또한 우리 민족의 끼리끼리 특성을 잘 드러내고 있다. 상대방을 이해하고 받아들이지 못한다면 결국 파경을 맞을 수밖에 없다. 그 첫 조짐으로 노동계가 분열되는 양상을 띠게 될 것이다.

한국노총과 민주노총이 변하지 않는다면 시대의 흐름에 맞는 새로운 노동조합이 생겨날 수밖에 없으며 비정규직만을 위한 노동조합도 생겨날 것으로 보인다. 서로 다른 조합원끼리 싸우기 시작하면서 힘은 분산될 것이며, 그로 인해 여론이 악화되고 국민들의 감정 또한 극에 달하게 될 것이다. 그때가 되면 정부는 개입할 명분을 찾아 조정 작업에 박차를 가할 수밖에 없다. 이렇게 한바탕 태풍이 지나간 후 노조에서 탈퇴하는 근로자들이 급속히 늘어가게 되면 지금과 같은 투쟁일변도의 강성 노동조합은 사라지게 될 것이다. 그렇게라도 이 나라의 노동운동이 성숙해지고 선진화되길 바라는 바이다.

노동조합은 회사의 발전과, 노동자의 권익뿐만이 아니라, 사회의 구성원으로서도 그 역할이 반드시 필요하다. 물론 서로 인정하며 타협이 가능할 때 그렇다는 말이다.

그런데 왜 노동조합은 회사가 망하고 난 다음에야 단합된 힘을 보여주는가? 회사가 문을 닫은 후 회사 살리기에 온 힘을 다하기보다 미리 서로 타협하고 인정하는 자세를 가졌더라면 경제적 손실과 시간의 낭비를 줄일 수 있었을 것 아닌가. 그랬더라면 노동자들 자신의 뼈와 살을 깎는 노력과 고통을 겪지 않아도 되었을 것이다.

물론 잘못된 생각을 가지고 있는 사주도 있다. 그렇지만 현재 대한민국의 실정을 들여다 보면 노동조합이 더 많은 문제를 가지고 있다고 생각한다. 회사의 경영 상태가 악화되면 생각지도 못한 돈을 지출하게 되는 경우가 생긴다. 이럴 때 노동조합에서 조금 양보하고 노력하면 손실을 최소로 줄일 수 있지만 자신의 밥그릇을 찾겠다고 목소리를 높이나보면 결국 문을 닫게 되는 법이다.

하이닉스의 경우를 보자. 부도가 난 하이닉스를 국가의 암과 같은 존재로 여겼던 절대절명의 순간이 있었다. 2002년 회생이 불가능하다 생각하고 채권단에서 청산하려 했지만, 회사를 살리려는 노조의 힘으로 극적으로 하이닉스는 다시 살아나게 되었다. 투쟁 일변도의 노조가 100% 회사를 위한 노조로 변신하면서 크나큰 변화를 만들어 냈던 것이다.

그 후 국가적인 반도체 경쟁력을 확보하여 2004년 크나큰 흑자를 달성한 후에도 2005년 임금 협상 때 회사 측에 모든 임금 인상을 위임했다. 그 결과 지금과 같은 훌륭한 하이닉스를 만들게 된 것이다. 하지만 부도가 나기 전에 회사를 살리겠다는 마음으로 타협하고 노력했더라면 고통의 시기를 겪지 않아도 되었을 것이며, 훨씬 적은 노력으로 위기를 탈출할 수 있었을 것이다.

수많은 회사를 망하게도 하고 살리기도 했던 노조의 양면성을 우리는 잊지 않아야 한다. 그리고 노조 역시 IMF 위기가 닥쳤던 그때를 잊어서는 안 될 것이다. 그 당시 국가 부도의 위기를 맞아 단합된 힘과 양보의 미덕을 언론을 통해 보여주었던 민주노총과 한국노총 지도자들에게 묻고 싶다. 왜 돌이킬 수 없는 위기에 처해야만 진정한 노조로 거듭나는지를……

PART 3

누가 세상을 이끄는가
Aspiring Leader

은밀한 세력

보이지 않는 힘의 실체

우리가 살고 있는 21세기 첨단 시대를 이끌어가는 힘은 어디서 오는가? 세상을 조정하는 실체가 보이는 경우도 있지만 때로는 전혀 알 수 없는 경우도 있다. 이 장에서는 이 시대를 은밀하게 이끌어가는 세력이 누구인지 정리해보고자 한다.

우리가 살아가고 있는 세상에서 벌어지는 중요한 일들의 대부분은 자신의 이익을 추구하고자 하는 보이지 않는 어떤 세력에 의해 은밀하게 진행되고 있다고 생각한다. 어느 민족, 어느 시대를 보더라도 그 시대를 이끌어가는 세력이 있기 마련이다.

지금 세계를 이끌어 가는 리더가 미국이라는 것에 이의를 달 사람은 아무도 없을 것이다. 인민들의 천국을 만든다는 명분으로 혁명을 통해 태어났던 공산주의는 가난과 배고픔을 더 이상 참지 못한 인민들에 의해 실패했다.

공산주의 종주국이었던 소련이 붕괴되자 미국과 세력다툼을 벌일 나라가 없게 되었다. 한때 일본은 돈과 기술을 앞세워 미국의 부동산을 닥치는 대로 사들이면서 다음은 자신들의 시대라고 큰소리를 치기도 했다. 그러나 지금은 비교가 되지 않는다. 그리고 떠오르고 있는 중국의 미래가 밝긴 하지만 적어도 20년은 걸릴 것으로 예상된다.

인류가 문화를 만들고 국가를 형성하기 시작한 이래 현재의 미국만큼 어마어마한 제국을 건설한 나라가 있었는가? 미국이 알렉산더나 나폴레옹이나 친기스칸처럼 무력으로 다른 나라를 식민지화시킨 것은 물론 아니다. 그렇지만 지배하지 않는다고 할 수도 없다.

미국은 눈에 보이지 않는 여러 가지 압력으로 국제기구나 단체를 이용하는 합리적인 방법, 뛰어난 금융기법을 통한 엄청난 자본의 힘, 작은 나라와의 전면전에서 일방적으로 사용했던 뛰어난 신무기들의 위력과 물량과시를 통해 전 세계를 지배하고 있다.

모든 나라가 미국의 눈치를 보고 있다고 해도 과언이 아니다. 중국이 좀처럼 양보하지 않고 큰소리치면서 행동하고, 북한이나 러시아, 유럽도 자신들의 목소리를 내고 있으며, 전 세계의 이익을 대변하는 유엔이라는 기구가 있는데 어떻게 세상을 미국이 좌지우지할 수 있겠냐고 생각할 수도 있을 것이다. 또한 중동의 테러리스트들은 모든 수단 방법을 가리지 않고 격렬히 저항하고 있으며, 미국이 아직도 이들을 굴복시키지 못했다고 주장할 수도 있다.

하지만 저항하는 테러리스트들을 없애려면 그 나라 국민들을 다 죽이기 전에는 불가능한데 어떻게 수많은 나라들을 힘으로만 다스릴 수가 있겠는가?

미국은 때때로 어느 정도 자율권과 통치권을 인정하며 양보하는 것처럼 행동하기도 하지만, 결정적으로 자국의 큰 이익과 관련된 문제 앞에서는 자기들이 원하는 방향으로 반드시 끌고 간다. 이것이 21세기 새로운 시대의 통치 방법이며 새로운 제국의 규칙이다. 이러한 규칙이 시대에 맞게 변질되어 적용되는 이유는, 21세기에는 경제를 통해 얼마든지 다른 나라를 지배할 수 있기 때문이다.

강대국끼리의 핵전쟁은 인류의 멸망을 가져올 수 있으므로 논란의 여지도 없다.

만약 핵을 보유하지 않은 나라가 막강한 첨단무기를 동원한 미국과 전쟁을 한다면, 수많은 인명 피해는 물론 회생이 불가능할 정도로 파괴될 것이며 경제는 파탄에 빠질 것이 확실하다. 게다가 전 세계를 하나로 묶는 통상무역의 발달로 미국은 전쟁을 하지 않고도 한 나라의 경제를 파탄시킬 수 있는 힘을 갖고 있다.

경제 파탄으로 인해 가난과 기아가 찾아온다면 선거를 통해 지도자를 선출하는 민주주의 국가에서 과연 무사할 수 있는 지도자가 있겠는가? 물론 무역을 제대로 하지 못하고 있는 일부 공산주의 국가에서는 가능할 수도 있지만 그 대가는 참혹할 것이다.

북한 어린이들을 보고 있으면 가슴이 아프다. 뼈만 남은 얼굴의 아이들과, 20대인데도 제대로 먹지 못해 마치 우리 초등학생 같은 몸집을 하고 있는 그들을 보면, 같은 민족으로서 참담한 기분을 느끼지 않을 수 없다. 이것이 미국과 대립하고 있는 소수 국가들의 현재 실정이다.

그렇다면 강대국 미국을 이끌어가는 힘은 어디서 나오는가? 미국의 정치가들인가? 아니면 상류층들인가? 그것은 밖으로 드러나는 부분일 뿐, 유대 민족이 절대 강자인 미국을 실제적으로 끌어가고 있다는 것은 공공연한 사실이다.

그렇다면 미국이 왜 국제적인 비난을 감수하면서도 그렇게 이스라엘에게 관대한지 생각해 볼 필요가 있다. 이스라엘이 핵을 은밀하게 보유하고 있다고 대부분의 국가들이 생각하고 있고, 이들이 아랍 국가들을 지나칠 정도로 핍박하거나 파괴해도 미국은 실제로 이스라엘을 간섭하거나 파헤친 적이 없기 때문이다.

이스라엘

미국은 북한과 이란의 핵 보유에 민감한 반응을 보이며 모든 수단을 동원해 막고 있다. 하지만 많은 국가들이 이스라엘 핵무기 보유 여부에 관해 우려를 하고 있는데도 불구하고, 아무런 제재도 하지 않고 있으며 국제기구의 사찰을 요구한 적도 없다.

미국의 정보망이 어떻게 모를 리 있겠는가? 미국이 평소 주장하는 논리대로라면 이스라엘은 절대 핵을 가져서는 안 된다. 왜냐하면 이스라엘이 핵을 가진다면 다른 중동국가들도 모두 핵을 가지려고 할 것이기 때문이다.

만약 핵무기가 중동전쟁에서 사용된다면 불바다가 되는 것은 물론이며 인간이 거주할 수 없는 지역이 되어버릴 것이다. 그리고 석유를 채취하지 못하게 되어 세계적인 재앙을 피할 수 없게 된다. 그런데도 불구하고 그런 것을 묵과할 수가 있단 말인가?

지금 미국이 북한에 대해 주장하는 명분은 이렇다.

만약 북한이 핵을 보유하게 되면 남한도 가지려고 할 것이고 일본도 가지려고 할 것이다. 특히 지금은 미국의 맹신자이지만, 경제대국인 일본이 핵을 보유하게 되면 미국의 영향력이 많이 줄어들게 될 것이므로 북한이 절대핵을 가져서는 안 된다고 계속 압박하고 있는 것이다.

미국 입장에서 보면 한반도보다 중동이 전략적·경제적으로 훨씬 중요한 곳인데도 불구하고 이스라엘의 핵 보유에 대해 방관하고 있는 이유는 무엇일까? 미국 내에서 유대인의 힘은 상상을 초월할 정도이기 때문이다.

그렇다면 미국의 정치인이나 양식 있는 사람들은 왜 다 입을 다물고 있는 것일까? 그러나 그것은 쉬운 문제가 아니다. 이 문제에 관해 공개적으로 항의를 하게 되면 은밀하게 죽거나 파멸될 것을 알고 있는데 누가 자기 목숨을 걸면서까지 그렇게 하겠는가?

미국은 지금도 매년 수십억 달러를 이스라엘에게 무상으로 원조를 하고 있다. 심지어 골치 아픈 팔레스타인 땅을 떠나 미국 내에 이스라엘을 건국하자는 주장이 있을 정도로, 지금 미국에서 유대인의 힘은 막강하다.

모든 것이 은밀하게 이루어지고 있기 때문에 미국 시민들과 세계 여러 나라가 그 심각성을 잘 인식하지 못하고 있을 뿐이었다. 대통령조차 그들을 적대시하거나 반대하면 정치 생명이 끝나든지, 암살을 당하게 될지 모를 정도였다. 그들은 참으로 은밀하게 그 모든 것을 뒤에서 조정해 왔다.

그런데 이 모든 것이 이번 부시 정권이 들어서면서 깨지기 시작했다. 그들이 이전과 달리 전면에 나서게 된 정확한 이유는 모르겠지만, 더 이상 자신들의 능력과 세력에 대항할 수 있는 것이 없다고 판단했기 때문이 아닌가 생각된다.

네오콘
언론을 통해 '네오콘'이라는 신보수주의자들이 부시 정권의 뿌리이며, 주류라는 것을 들은 적이 있을 것이다. 은밀하게 움직였던 유대인 세력은 레이건대통령 시절 공화당이 소련을 무너뜨리기 위해 반공산주의를 표방하면서 전면에 나서기 시작했다.

그때 공화당에 뿌리를 내리기 시작하면서 만든 조직이 '네오콘'이다. 그들은 소련과의 신무기 경쟁에서 성공했고, 경제 상황이 나빠진 소련은 그 후 몰락의 길을 걷게 되었다.

부시는 공화당 대통령 후보로 나서면서 유대인 커뮤니티 공략을 위해 유대인 정객으로 널리 알려져 있는 딕 체니를 부통령으로 삼았다. 부시 정권이 백악관을 차지하고 재선에 성공할 수 있었던 것도 유대인들이 만들어 낸 것이라고 생각된다.

갖가지 편견 속에 박해를 당하며 이천 년 동안 뿔뿔이 흩어져 살던 유대인이 세계를 좌지우지할 만큼 강한 힘을 갖게 되었다는 것은 참으로 놀라운 일이다.

유대인들은 유대인끼리 결혼하는 것을 원칙으로 삼는다. 그리고 모계혈통을 따르며, 어머니는 자녀가 유대인으로 살아갈 수 있도록 교육한다. 아버지는 자녀들의 교육에 큰 영향을 미치지 않는다고 생각하기 때문에, 아버지만 유대인일 경우 자식들은 유대인이 아니라고 인정한다.

우리 한민족이 먼 훗날 세계를 주도해가기 위해 경쟁해야 할 대상은 중국, 일본, 앵글로 색슨이 아니라 유대인이다. 유대인들은 멸망한 후, 기원전부터 핍박을 받으며 살아왔기 때문에 경제적 부를 얻는 길만이 자신의 권리를 지키고 힘을 유지할 수 있는 유일한 길이라고 생각해 왔다.

유대인은 주로 현금을 굴리는 장사를 해왔으며, 특히 고리대금업을 하며 부를 축적했다. 그런데 이자를 제때 갚지 않으면 수단과 방법을 가리지 않고 악랄하게 굴어 이웃의 증오심을 부추겼다. 셰익스피어 희곡 '베니스의 상인'에 나오는 샤일록이라는 소설 주인공을 보면 유대인이 얼마나 악랄했는지 미루어 짐작할 수 있다.

유럽 국가들은 둘 이하의 민족으로 구성되어 있기 때문에 민족주의 의식이 매우 강하며 타민족에게 배타적이었다. 특히 자신들과 다른 종교를 믿는 유대인들을 싫어했다. 중세 유럽은 종교전쟁의 싸움터라고 할 만큼 천주교와 개신교의 갈등이 심했는데, 그것이 유대인들이 자리를 잡지 못하고 핍박받은 중요한 이유이기도 했다.

게다가 유대인이 유럽에서 금융업 다음으로 손을 댄 것이 무기상이었는데 그 이윤이 상상을 초월했다. 돈을 숭배하는 유대인은 각종 전쟁에 관여하였고 그때마다 그들의 로비가 빠지지 않았다. 그들은 가능한 모든 방법을 동원하여 전쟁을 부추겼으며 실제로 수많은 전쟁 배후에 유대인 무기상이 있었다.

그러다 보니 돈을 벌기 위해 전쟁을 일으키는 더러운 유대인이라며 더욱더 멸시를 받고 살 수밖에 없었다. 유대인을 Jew라고 부르며 더러운 동물 보듯이 차별하였고, 과거 유럽에서 이들과 결혼은 집안의 반대 때문에 거의 불가능할 정도였다.

독재자 히틀러가 등장하면서 그 수난은 극에 달했다. 우수한 정보력을 바탕으로 한 나치는 유대인이 게르만 민족의 미래에 큰 장애가 될 것이라 판단하고, 유대인을 모조리 말살하려는 역사상 유래가 없는 인종청소를 강행했다. 말할 수 없는 고초와 핍박을 당하고 수많은 유대인들이 학살되었지만, 그것이 전화위복의 계기가 되었다는 것은 참으로 아이러니가 아닐 수 없다.

신천지 미국

제2차 세계 대전이 발발하면서 미국이 영국을 제치고 새로운 강자로 떠오르게 되자, 수많은 유대인들은 나치를 피해 미국으로 몰려가게 되었다.

그렇다면 미국은 어떤 곳인가? 다 민족으로 구성되어 어떤 종교이건 믿을 자유가 보장된 나라가 아닌가. 게다가 미국은 열심히 일하면 정당하게 돈을 모을 수 있는 곳이며, 돈을 가진 사람을 존경하는 나라이다.

미국은 유대인이 생존을 위해 돈을 숭배하는 것과는 차이가 있지만, 돈을 자본주의의 꽃이라고 여기며 우선으로 삼는 것은 비슷했다. 무엇보다 미국인은 유대인들을 '이교도', '돈벌레'라고 부르며 무시하는 유럽인들과 달랐고, 이민족에 대한 거부감 때문에 비롯된 차별도 그리 심하지 않았다.

비로소 그들은 그곳에서 그들의 세상을 만난 것이다. 마치 지금 우리 민족이 IT산업을 만난 것처럼……. 그리고 그들은 조심스럽게 미국의 여러 분야에서 서서히 두각을 나타내기 시작했고, 같은 유대인이라면 물불을 가리지 않고 서로 끌어주고 밀어주었다.

그러면서 무엇보다 제일 먼저 장악한 곳이 금융계였다. 즉 미국의 돈과 세계의 돈을 장악한 것이다. 오늘날 월가라 부르는 미국 금융계는 유대인들의 온상이라고 보면 된다.

그 다음에 손을 대기 시작한 분야는 큰 돈이 되는 무기산업과 석유산업이었다. 돈을 손에 넣은 그들은 은밀하게 움직이며 정치권을 장악하기 시작하였고, 언론과 방송까지 장악하며 눈에 안 보이는 권력을 손에 넣게 된 것이다. 훗날 인구 증가로 인해 식량문제가 발생할 것을 대비해서 식량산업에도 손을 뻗히기 시작했다.

그 결과 현재 전 세계 5대 메이저 식량회사 중 3개, 메이저 석유회사 7개 중 6개, AP, UPI ,AFP, 뉴욕 타임스, 로이터통신, 월 스트리트 저널, NBC, ABC, CBS와 같은 대부분의 언론과 방송, 전 세계에서 활동하는 수많은 헤지펀드가 유대인 소유가 되었다. 그러한 헤지펀드들을 통해 전 세계를 상대로 각종 투기를 조장할 수 있게 된 것이다.

그리고 전면에는 나서지 않으면서 돈과 조직을 이용해 자신들에게 호의적인 정치인들을 서서히 돕기 시작했다. 그리고 정치권마저 장악하여 미국 핵심 분야가 자신들의 손아귀에 들어왔다는 판단이 섰을 때 서둘러 시행한 것이 바로 이스라엘 건국이었다. 미국이 제2차 세계대전 후 소련과 세력을 양분하여 치열하게 대립하던 바로 그 무렵이었다.

미국은 모든 아랍 국가들의 결사적인 반대를 무시하고, 중동 국가들이 소련의 우방으로 넘어가는 부담을 지면서까지 무리수를 두었다. 이천 년 동안 팔레스타인 사람들이 살아가고 있던 삶의 터전에서 팔레스타인 사람들을 몰아내고 유대인들이 국가를 건설하도록 미국이 손을 들어준 것이다.

그리고는 아랍 국가들이 이스라엘을 그냥 두고 보지 않을 것을 이미 알고, 전 세계에 흩어져 있는 유대인들을 이스라엘로 이주시키는 것을 돕고, 군사 훈련을 시키고 미국의 최신무기로 무장하게 하여 강력한 군사력을 갖게 하였다.

그 후 이스라엘과 아랍 사이 세 차례 중동전쟁은 미국 무기와 소련 무기의 대리전쟁이었다. 세 차례 전쟁에서 이스라엘은 아랍연합군을 압도적으로 이겼다. 정신력에서 앞선 이스라엘군의 역할도 한 몫을 했지만, 소련과는 달리 결사적으로 모든 것을 걸고 도와준 미국의 도움이 컸다는 것을 결코 부인할 수는 없을 것이다.

유대인들 또한 자신들의 돈과 권력의 터전인 미국을 지키기 위해 여러 가지 일들을 획책했다. 레이건 대통령 시절에는 레이저를 이용한 신무기 개발, 우주항공개발 등의 분야에서 고의적으로 소련과 무기경쟁을 유도하며 눈에 보이지 않는 전쟁을 벌인 적도 있었다. 그 결과 경제적 여건이 넉넉하지 않았던 소련은 무기 개발과 우주선 개발에 들어가는 천문학적인 비용을 지속적으로 감당할 수 없게 되었다. 결국 소련은 경제난이 가중되고 인민들의 삶이 궁핍해지게 되자 봉기 아닌 봉기로 몰락하고 말았다.

일본 기업의 몰락 배경

그렇다면 1990년대 세계 경제와 미국 경제 상황이 좋지 않았는데도 미국이 무기전쟁을 계속할 수 있었던 저력은 어디서 나온 걸까? 그것은 미국 내 유대인들이 자기들의 정치 속국 일본을 잘 이용한 덕분이었다. 그리고 부를 축적하고 있어 경제적으로 곧 미국을 앞지를 것처럼 보이는 일본을 견제하려는 숨은 의도도 있었다.

그런데 일본이 어떤 나라인가? 지나칠 만큼 미국을 숭배하는 이해할 수 없는 나라가 아닌가. 제2차 세계대전에서 패전하게 만들고, 자국의 수많은 젊은이들을 죽게 만들었던 미국에게 국가 통치를 받으면서도 저항하기는커녕 미국의 한 주로 편입시켜 달라고 대규모 데모를 한 나라가 바로 일본이다.

그렇게 숭배하던 미국이 땅을 사달라고 하니 얼마나 좋았겠는가? 그 당시 일본 기업들은 돈이 넘쳐났으며 자국의 부동산을 통해 부를 늘려가고 있었기에 그들은 부동산에 대한 강한 믿음과 신뢰를 갖고 있었다.

또한 패전 콤플렉스에서 벗어나지 못한 터라 미국 부동산과 회사를 소유하여 미국을 돈으로 사겠다는 욕심을 갖고 있었다. 미국의 정치인들은 정치적 속국인 일본의 정치인들을 통해 일본 기업의 엄청난 여유자금을 미국에 쏟아 붓게 만들었다.

당시 1980년대 미국 경제는 다시 회복하기 힘들 만큼 어려웠다. 그러나 그때 일본은 우수한 제품들을 통해 돈을 주워 담고 있었다. '일본을 배우자'는 구호가 전 세계를 휩쓸었으며, 수많은 나라가 일본에게 구애를 하던 시대였다. 결국 미국의 값나가는 부동산이나 회사들은 일본 기업에게 넘어갔으며, 하와이는 거의 일본 땅이 되다시피 하였다.

하지만 그 천문학적인 돈으로 미국은 소련과의 무기전쟁을 아무런 어려움 없이 치룰 수 있었던 것이다. 이 과정에서 유대인 무기상과 무기 제조회사들은 부를 더 많이 축적했고, 또 다른 준비를 할 수 있게 되었다.

일본 기업이 몰락하게 된 이유가 전적으로 여기 있는 것은 아니지만, 여기서부터 일본 기업의 몰락이 시작되었음을 부인할 수는 없을 것이다. 그 후 일본 기업들은 자국 내 부동산 가격 하락으로 심한 불경기를 맞게 되었다. 그러나 그들의 엄청난 여유자금은 미국 부동산에 묶여 거의 회수가 되지 않았다. 그 결과 수많은 기업들은 도산할 수밖에 없었다.

미국이 최근 2~3년 동안 저금리로 인해 부동산 가격이 많이 오르긴 했지만, 그 전에는 10년이 지나도록 거의 가격 변동이 없었다. 결국 일본 기업들은 부도를 막기 위해 매입 가격 반값의 급매물로 부동산을 팔아치울 수밖에 없게 된 것이다.

그런 이유로 일본 기업들이 투자할 여유자금을 잃게 되자, 그 틈새를 뚫고 미국, 유럽, 한국, 대만의 기업들이 IT산업 선두 자리를 차지할 수 있게 되었는지도 모른다.

희생양

그러나 미국은 계속된 소비성향과 낮은 저축률을 바로 잡지 못했고 모든 제조업에서 일본보다 뒤떨어졌다. 만약 미국이 힘이 없거나 세계 기축통화인 달러를 찍어내는 나라가 아니었더라면 일본이 득세했던 1980년대에 벌써 IMF 위기를 맞았을 것이다.

무역적자가 계속 커지자 유대인 조직들은 또 다른 새로운 돌파구를 만들어냈다. 미국의 무역 적자를 해결하기 위해 달러 강세를 유지하면서 각국의 돈을 끌어 모아 상당기간 동안 버틸 수 있는 발판을 만든 것이다. 나중에는 이를 더욱 발전시키기 위해 헤지펀드Hedge Fund*를 이용하기도 했다.

그 결과 러시아, 동남아와 남미의 여러 국가에서 모라토리엄moratorium*을 선언할 수밖에 없는 국가 파산의 위기가 찾아오게 되었으며, 우리나라에서도 뼈아픈 IMF(International Monetary Fund) 사태가 벌어지게 된 것이다. 그때 금융 위기를 겪은 국가들의 은행을 대부분 유대인들이 장악하게 되었다

---

* 헤지펀드Hedge Fund : 국제증권 및 외환시장에 투자해 단기이익을 올리는 민간 투자기금, 100명 미만의 투자가들로부터 개별적으로 자금을 모아 파트너십을 결성한 후 카리브 해 버뮤다제도와 같은 조세회피租稅回避 지역에 위장 거점을 설치하고 자금을 운영하는 투자신탁

는 것은 새삼 말할 필요가 없는 애기일 것이다.

그 후 동 아시아 국가들은 외환 보유고를 올리고 자국의 화폐 가치도 떨어뜨려 무역 흑자를 유지하기 위해, 중앙은행 차원에서 무역 흑자보다 많은 금액을 미국 국채를 사는 데 사용했다. 그리고 미국인들은 그 돈으로 소비를 지속하면서 엄청난 무역 적자를 메울 수 있게 된 것이다.

그러나 그 후 10년 동안 각국의 달러 보유액이 너무 많아지게 되자 미국은 더 이상 버텨낼 수 없는 상황과 맞닥뜨리게 되었다. 특히 미래의 적인 중국의 달러 보유액이 지나치게 많아지게 되자, 유사시 미국 경제를 망가뜨릴 수 있다는 위기의식으로 새로운 방법을 찾게 된 것이다.

그들이 찾아낸 새로운 타결책은 바로 석유 무기화와 이라크전쟁이었다.

전쟁이 나면 무엇보다 창고에 쌓여있는 무기를 팔아먹을 수 있다. 또한 전쟁을 통해 중동의 석유를 직접 관리할 수 있게 되므로 미국으로서는 꿩 먹고 알 먹고인 셈이었다.

위에서 말했다시피 이라크 전쟁은 누적되는 무역 적자를 메우기 위해 중동의 석유를 손에 넣으려고 미국이 일으킨 전쟁이었다. 영국을 제외한 대부분의 모든 나라들과 유엔까지 반대한 명분 없는 전쟁임에도 불구하고, 미국은 무력으로 이라크를 점령하고 말았다. 내부적으로는, 미국이 핑곗거리로 삼았던 후세인이 미국의 요구 조건을 무조건 다 들어주겠다며 그때 이미 항복을 한 상태였다고 한다.

---

* 모라토리엄moratorium : 전쟁, 지진, 경제 공황, 화폐 개혁 따위와 같이 한 나라 전체나 어느 특정 지역에 긴급 사태가 발생한 경우 국가 권력의 발동에 의해 일정 기간 금전 채무 이행을 연장시키는 일

이러한 행동은 미국이 자랑하는 평민 정신, 청교도 정신, 합리적인 정신과는 거리가 멀다. 미국을 움직이는 소수의 유대인 주류세력들은 전쟁의 잔혹함을 몸소 체험한 사람들인데도 이런 말도 안 되는 침략을 자행한 것이다. 이 또한 언젠가는 역사의 심판을 받게 될 것이 분명하다.

하지만 그들이 미처 계산을 하지 못한 부분이 있었다. 그건 바로 아랍세계의 극렬한 저항이었다. 그들에게 종교는 죽음을 두려워하지 않는 힘을 주었다. 점령군인 미군을 무찌르고 순교하면 마호메트 곁에서 영원히 함께 할 수 있다는 믿음으로, 그들은 여자와 아이들까지 자폭테러를 감행했다.

미군은 전면전을 펼칠 때보다 훨씬 더 많은 인력 손실을 감수해야 했고, 치안을 유지하기 위해 막대한 돈을 쓸 수밖에 없게 되었다. 장기전으로 치닫게 되자 미국 내 여론도 급속도로 나빠지게 되었다. 이렇게 되리라고는 유대인들도 예측하지 못했던 것이다. 지금 미국은 이러지도 저러지도 못하는 난감한 상황에 빠져있다.

그들이 마음먹은 대로 2004년에 이라크 문제가 해결되어 안정을 찾았다면, 2006년에는 이란과의 전쟁 위기감이 엄청 고조되었을 것이다. 이란만 점령하면 그 어떤 중동국가도 미국에게 반발할 수 없을 것 아닌가.

부시대통령은 2002년 이란과 이라크, 그리고 북한을 악의 축으로 지명했던 적이 있었다. 하지만 미국의 이해관계를 배경으로 볼 때, 한국과 일본에 무기를 더 많이 팔기 위한 목적 외에는 북한은 그냥 끼워놓은 것에 불과하다고 볼 수 있다.

북한과 전쟁을 하면 무기를 판매할 수 있으니 다소 도움이 될 수는 있겠지만, 그 상대가 굳이 북한이 아니어도 미국으로서는 상관없는 일이다. 왜냐하면 아프가니스탄과 이라크 전쟁이 끝난 지 얼마 되지 않았고, 이란 문제가 남아 있기 때문에 무조건 전쟁을 일으킬 수도 없는 입장이기 때문이다.

북한 문제로 인한 중국과의 무역 단절은 미국도 원하지 않고, 또한 중국과의 핵전쟁이라는 위험 부담이 아니더라도, 미국은 북한과 전쟁을 벌일 수 있는 입장이 아니다. 중국과 미국의 통상무역이 단절되면 미국 경제는 상상을 불허할 인플레에 허덕이게 될 것이 뻔하기 때문이다. 유대인들은 이로 인해 자신들의 손해가 엄청날 것을 알고 있으므로 결코 이 전쟁을 허용하지 않을 것이다.

오랜 시간이 흘러 중국만큼 값싼 가격으로 생필품을 미국에 공급할 수 있는 나라가 있거나, 전쟁의 명분을 찾지 못해 무기의 재고가 남아도는 상황이라면 달라질 수도 있을 것이다. 그렇게 되면 미국은 무기를 처분하기 위해 북한과의 전쟁을 시도하게 될지 모른다. 지금 북한은 미국이 이라크에 물려있는 상황에서 자신과 전쟁을 벌일 수 없을 것이라 판단하고 계속 무리한 도박을 하고 있는 것이다.

좌우지간 미국은 이라크를 어느 정도 점령하게 되자 이라크 원유 시설을 가동시키고 원유 관리권을 손아귀에 넣었다. 투기적인 그들의 헤지펀드를 통해 원유선물거래에 개입하게 되자 변화가 없던 원유 가격은 몇 개월 만에 세 배 이상 올라갔다. 만약 그동안 저항세력의 극렬한 테러가 없었다면, 돈을 벌기 위해 원유시추시설을 확장하고 생산량을 기하급수적으로 늘렸을 것이다.

이라크와 이란의 석유를 팔아 벌어들인 돈으로 미국 무역적자를 메우고, 고유가 정책으로 한창 부상하고 있는 잠재적 적국인 중국을 견제하는 것이 이들 유대인들의 새로운 전략인 것이다.

이러한 사실을 알게 된 중국은 필사적으로 국내 유전들을 찾아내어 개발하기 시작했다. 그리고 아프리카 같은 소외된 지역에 아끼지 않고 지원을 해주면서 유전을 개발하고 있는 중이다. 중국의 개발이 완료되는 2010년이 지나면 유가는 다시 안정을 찾게 될 것이다.

그러나 그때까지는 대략 배럴당 55불 이상은 유지하게 될 것이라고 생각한다. 물론 세계정세에 따라 유가가 70불 이상 넘을 수도 있겠지만, 고유가를 계속 고수하기는 어려울 것이다. 선거가 코앞에 닥치면 공화당 정권 재창출을 위해 민심을 사로잡아야 하기 때문이다. 그러기 위해 유대인들은 자신의 막강한 금융기법을 이용해 다시 유가를 45불 이하로 폭락시킬 것으로 보인다.

물론 유대인 석유상들과 부시 일가가 단기간에 전략적으로 기름 값을 폭등시킬 우려를 배제할 수는 없다. 그들이 알래스카 북동쪽 98억 평에 달하는 광활한 땅에 매장된 160억 배럴에 달하는 원유를 뽑아내고자 하는 야망을 쉽게 포기 하지 않을 것이기 때문이다.

그곳은 원시 생태계 보전지역으로 야생동물 보호구역이 있는 곳이라, 그들 뜻대로 쉽게 개발을 허용할 수 있는 곳이 아니다.

미국 환경단체는 환경을 파괴하는 정책이나 결정이 내려지게 되면, 일사분란하게 압력을 가하고 대중의 지지도를 떨어뜨리게 만든다. 때문에 일반 정치인은 물론 유대인들도 환경보호 문제에 관한 한 자신들의 뜻대로 관철시키기가 어렵다.

그러나 유가가 지나치게 오르게 되면 국민들은 유가가 안정되기를 바랄 것이고 이것을 명분삼아 국회에서는 알래스카 원유개발 법을 통과시키게

될지도 모른다. 이 법안이 통과되면 유가는 45불 이하로 폭락할 가능성이
크다.

2004년부터 약 2년 동안 유가나 원자재, 부동산 가격은 한계치에 다다랐
다고 할 만큼 오를 대로 올랐다. 그러나 미국의 주식은 경제성장률이 지난
몇 년간 급격히 상승했는데도 불구하고 별로 오르지 못했다. 그 점은 중국
역시 마찬가지였다.

이제 주가가 오를만한 충분한 이유가 있다고 생각되면, 미국과 중국의 주
식시장으로 세계 유동성 자금이 몰리게 될 것은 뻔한 이치다.

2차 세계 대공황

석유를 이용하여 무역적자를 보전하려던 계획은 이슬람의 격렬한 저항으
로 이미 어려워졌지만 미국주식으로 몰리는 신규 유동성 자금으로 당분간
미국은 무역적자를 보전하고 달러의 가치를 지킬 수 있을 것으로 보인다.

하지만 이것도 몇 년 후에 오를 만큼 올라 더 이상 미국주가를 올리기도
힘든 상황이 온다면 유대인들은 과연 무엇으로 미국의 무역적자를 보전할
수 있겠는가?

거기에는 두 가지의 방법이 있을 것이다.

첫째, 완전히 미국 경제시스템을 망가뜨린 후 재건시켜 무역 흑자국으로
만드는 것인데, 위험 부담이 참으로 크다 하겠다.

부시 대통령은 다음 대선 때까지는 이라크를 안정시키기 위해 최선을 다
할 것이고, 공화당이 재집권하는데 총력을 기울일 것이다. 만약 재집권을
하게 되고 그때쯤 이라크가 안정 된다면, 물론 이란을 다시 공격하고자 할

것이 뻔하다.

그러나 공화당이 대선에서 진다면, 이 방법을 포기하고 국민의 생활수준을 하향조정하는 위험을 감수하며 대규모 경제공황을 일으킬 수도 있을 것이다. 그렇게 되면 극도의 달러 폭락으로, 다음 미국 대선까지 지금보다 훨씬 더 많은 달러를 보유하게 될 아시아의 여러 국가(한국, 중국, 일본, 대만, 싱가포르, 말레이시아 등)들이 비축해 놓은 달러의 자산 가치가 순식간에 반 정도로 줄어들게 될 가능성이 크다.

이것을 계기로 미국 산업은 무역 경쟁력을 확보하게 될 것이며, 떠오르는 아시아 특히 중국을 견제하는 일석이조의 효과를 얻게 될 것이다. 그 후 미국 기업들은 미국의 무역흑자시대를 열게 되고 세계 무역 질서가 재편될지도 모른다.

그러한 상황이 오면 세계적인 대공황이 반드시 찾아오게 되어 있다. 유대인 주류세력 역시 이러한 점을 예상하고 있으므로 먼저 선물이니 옵션이니 하면서 자신들의 돈을 지키기 위해 모든 수단과 방법을 다 동원할 것이다. 하지만 미국 대다수 국민들은 엄청나게 오른 물가와 불경기로 뼈를 깎는 고통을 겪게 될 것이다.

둘째, 자기들이 확보하고 있는 원유가 고갈되기 시작하여 기름으로 얻을 수 있는 이익이 작아지기 시작하면, 새로운 에너지를 개발하여 또다시 전 세계의 돈을 장악하는 방법이다.

어쩌면 대체에너지 개발을 이미 다 끝내놓고 보유 원유를 다 팔 때까지 시기를 미루고 있는지도 모른다. 지금 누군가 대체에너지를 개발해 가격 경쟁력에 관해 떠들어대기 시작한다면 유대인들의 표적이 되어 바로 매장 당하는 사태가 벌어질지도 모른다.

유대인들이 자신들의 엄청난 자금을 동원해 모든 역량을 쏟아 붓고 있는 분야가 바로 대체에너지 개발이 아닐까 생각한다. 최고의 과학자들을 최상의 조건으로 대우하며 외부 세계와 격리시켜 불철주야로 연구하는 분야가 대체에너지 개발인 것은 거의 확실할 것이다. 우리가 흔히 알고 있는 수소에너지와 그로 인한 연료전지도 그 중 하나일 수 있다.

석유는 수많은 산유국들과 이익을 공유해야 한다. 하지만 이 대체 연료인 수소에너지와 연료전지는 무한의 자원인 물로 만들 수 있으므로 완성될 경우 세계 경제가 유대인들에 의해 완전히 장악될 것이다. 돈을 숭배하는 유대인 주류세력이 이처럼 부가가치가 높은 대체에너지 개발에 관심을 가지지 않을 수 없다. 이들은 자기들이 선점하여 개발한 대체연료가 가격경쟁력이 있다고 보이면 먼저 자기들이 확보하고 있는 원유나 가스를 큰돈을 받고 재빨리 팔아넘기려 할 것이다. 요즘 우리나라 여러 국영기업과 사기업들이 해외 유전이나 가스전을 사는 것이 유행이고 보면 이 시점에서 한 번쯤 짚어봐야 할 필요가 있다고 본다.

앞으로 유가는 40불대로 폭락하고 미 주식시장은 오를 만큼 오르게 될 것이다. 그 후 달러 폭락으로 인해 세계적인 불황이 오고 몇 년 지나 다시 유가가 폭등하기 시작하면, 대체연료 개발이 얼마 남지 않았다고 짐작할 수 있을 것이다. 하지만 현재 그들이 확보하고 있는 엄청난 양의 원유와 천연가스를 어느 정도 팔기 위해서는 꽤 긴 시간이 흘러야 할 것이라는 점이다. 그때까지 대체에너지가 실용화 되지 않으리라는 것은 너무나 당연한 이야기다.

젊은 세대

흐르지 않는 물은 반드시 썩는다

이 세상은 4~50대가 이끌어간다는 사람도 있고, 사회의 지도층인 60대라고 하는 사람도 있다. 물론 일리가 있는 말들이다. 50대는 기업체 임원이거나, 공직에서는 고위 간부로, 중소기업에서는 대표직을 수행하면서 조직의 중요한 사안에 대해 결정하고 인사관리까지 하므로 이 세상을 끌어가는 중심 세대라 할 수도 있다.

또한 40대는 실무 책임자로써 50대가 감히 비교할 수 없는 체력으로 30대와는 달리 충분한 경험을 통해 자신이 소속된 분야에서 방향을 정리하고 제시하며 모든 사항을 결정하게 만드는 세대이므로 이 시대의 핵심이라고 할 수도 있다.

그리고 아주 소수이기는 하지만 대기업 회장이나 각 부처 장관들, 각종 단체의 장, 정당 대표, 크게는 한 나라의 대통령으로 사회 모든 분야 최고의 자리에서 중요한 사항들을 최종 결정하고 있는 60대가 세상을 이끌어간다고도 할 수 있다.

하지만 이 세상을 이끌어가는 이는 기성세대가 아니라 젊은 세대라고 생각한다. 말도 안 되는 논리라고 생각하실 분도 있겠지만, 이 세상이 젊은이들에 의해 움직이며 변화하기에 그렇다는 것이다.

인류는 늘 새로운 것에 도전해 왔다. 적응 하는가 싶으면 다시 변화하고자 쉼 없이 노력하며 여기까지 온 것이다. 변화에 익숙하게 대응하지 못하고 개혁을 두려워한다면, 인류는 퇴보할 수밖에 없다. 그 예가 나라이건, 종교이건, 조직이건, 한 개인이건 마찬가지이다. 로마제국과 가톨릭이 그랬으며, 이 세상의 수많은 종교와 민족과 기업들이 그래왔다.

우리는 이들의 흥망성쇠를 통해 현 상태가 만족스럽다는 이유로, 혹은 도전에 실패하는 것이 두려워 변화를 외면해 온 개인이나 조직이 결국 몰락하고 만다는 교훈을 배울 수 있었다. '절대 권력은 절대 부패한다' 는 격언은 하늘의 이치다. 이것은 '흐르는 물은 썩지 않으며, 고인 물은 반드시 썩고 만다' 는 자연의 이치와도 꼭 같다.

그렇다면, 이 세상에 젊은이가 없다면 어떻게 되겠는가.

사회 지도층 인사나 경제적으로 안정된 사람들은 대부분 변화를 두려워한다. 이 사람들이 버팀목이 되어주었기에 이 사회가 그 틀을 유지하여 온 것은 사실이지만 변화를 두려워하면 경쟁에서 뒤질 수밖에 없다.

물론, 나이가 들어 어느 정도 사회적 지위도 얻었고 경제적으로 안정되어 있는데도 끊임없이 새로운 것에 도전하며 노력하는 사람들이 더러 있긴 해도 나이든 사람들에게 '변화와 개혁' 은 어려운 과제이다. 결국 사회를 새로운 아이디어로 움직이며 변화 발전시키는 것은 젊은이들의 몫이다.

유행은 사회발전에 필수적이다
젊은이들이 유행을 끊임없이 만들어내는 것은 젊음이 지닌 특징이고 특권이며 자연스러운 현상이다.

예를 들면 한때 젊은이들은 장발에 청바지에 통기타를 선호했다. 그러다가 나팔바지, 힙합 바지를 입는가 했더니 머리를 가닥가닥 염색하는 유행도 훌쩍 지나 어느새 배꼽에 피어싱을 하고 골반바지를 입고 다닌다. 이처럼 시시때때로 변하는 젊은이들의 문화를 보면 걱정이 될 때가 더러 있기도 하지만, 젊은이들은 마땅히 그래야 한다.

지금 우리 사회 여러 분야는 이런 젊은이들의 특성 덕분에 경쟁하며, 발전하고 있다. 그래서 젊은이들이 없는 조직이나 사회는 퇴보하다가 결국 몰락하게 된다. 젊은이들이 어느 날 붉은 악마를 만들어내어 전국적인 응원 문화로 국민들에게 활력을 불어넣고 엄청난 부가가치를 얻게 했으며, 패션과 미용 분야에서 괄목할 만한 성장을 주도했다.

텔레비전 드라마를 통해 불기 시작한 한류 열풍은 가요 쪽으로 확대되어 동남아시아 전역으로 퍼져나갔다. 그리고 2000년 이후에는 대중문화뿐만이 아니라 한국 관련 제품에 관한 이상적인 선호현상까지 불러왔다. 요즘 젊은 문화의 핵으로 떠오르는 B-boy도 세계적으로 실력을 인정받고 있으며 그 미래가 희망적이다.

무엇보다 젊은이들이 인터넷이나 핸드폰 없이 살아가기 힘든 사회 환경을 만들면서 한국의 IT산업은 세계적인 강국이 되었다. 그리고 촛불시위 등을 통한 새로운 정치 문화로 새로운 모습의 대통령을 만들어 내는 등, 예전에는 상상할 수도 없는 일들을 이루어내고 있다.

물론 변화와 도전과 개혁이 늘 옳은 것은 아니며 실패할 확률이 훨씬 높다. 하지만 실패가 나쁜 것만은 아니다. 실패의 경험을 통해 국가나 기업은 보다 나은 시스템을 개발하게 되고, 개인은 재도전을 위한 좋은 교훈을 얻게 된다. 실패를 두려워하여 시작도 하지 않거나 포기한다면, 국가는 결코 발전할 수 없다.

사업에 실패할 것만을 두려워한다면 누가 창업을 할 것이며, 직장에서 상사의 문책이 두렵기만 하다면 누가 새로운 분야에 도전할 것인가?

젊은이들은 실패를 두려워하지 않는다. 몇 번씩이나 실패해도 다시 일어나 재기를 꿈꾼다. 하지만 기성세대는 한 번만 실패해도 재기가 쉽지 않다. 지금 우리 IT산업이 세계의 선두에 설 수 있었던 것도 수많은 벤처기업들이 창업을 하지 않았다면 가능하기나 한 일인가? 삼성전자나 LG전자 같은 대기업만으로는 절대 불가능한 일이다.

그런데 특히 이러한 IT산업과 연예산업의 발전은 대부분 20대 후반~30대의 젊은 사장들과 감독들에 의해 이루어졌다. 물론 이들도 나이가 들어갈 것이고, 또 다른 새로운 젊은 리더들이 끊임없이 나타나게 될 것이다. 이처럼 시간이 지나면서 젊은이는 변화를 두려워하는 기성세대가 되고, 그들을 대신할 새로운 세대가 나타나는 것이다.

오늘날의 기성세대가 잘못하고 있다는 뜻이 아니다. 그들이 변화를 두려워하는 세대가 된 것 뿐이다. 젊었을 때 그들은 무에서 유를 창조한 기적의 세대로 지긋지긋한 보릿고개를 극복했다. 그들이 이 나라를 재건한 건국의 일군이라고 해도 과언이 아니다. 그들이 젊었을 때 만들어놓은 틀을 기반으로 시스템이 점차 발전되어 지금의 젊은 IT인들이 성공할 수 있게 되었고 세계를 향해 포효하게 된 것이다.

20년 후 미래의 젊은이들이 어디에 우선순위를 두고 살아갈 것인지, 무엇을 추구하게 될 것인지 예측이 가능하다면 국가 발전에도 큰 도움이 될 것이다. 젊은이들이 돈도 힘도 가지고 있지 않지만, 그들이 세상을 이끌어 가니 결국 돈과 힘을 가진 기성세대들이 그들을 따를 수밖에 없다.

시대에 따라 가치관은 변한다. 지금 우리 경제의 걸림돌이 되고 있는 부동산 문제도 마찬가지다. 집에 대한 가치관은 자본주의 수요 공급의 질서 때문에 반드시 무너지게 될 것이라고 생각한다. 이렇게 집이 계속 과잉 공급 되다보면 언젠가는 공짜로 들어가 살라고 해도 비싼 관리비를 이유로 빈 집이 늘어나는 시대가 올 수도 있으리라 본다.

무엇보다 젊은이들이 주택에 관한 낡은 개념을 바꾸게 된다면 그것이 새로운 문화가 되어 세상이 그렇게 돌아가게 될 수도 있을 것이다.

PART 4

미래의 모습
Imagine the Future

우리의 미래는 어떻게 전개될까? 급변하는 시대에 먼 미래를 예측한다는 것은 쉬운 일이 아니다. 하지만 가까운 장래에 우리 삶이 어떻게 달라질 것인지 예측하다 보면, 먼 미래를 미리 대비하는 것이 불가능한 일은 아닐 것이다.

우리의 먼 미래를 한마디로 말하라면 '어둡다'라고 말할 수밖에 없다. 환경파괴로 생태계는 변하고 대기 오염으로 공기는 제대로 숨쉴 수 없을 정도가 되어 인간이 자연 앞에서 지금처럼 노출된 삶을 살 수 없게 될지도 모른다.

어쩌면 고성능 핵무기 개발과 원자력발전의 급증, 그리고 인간을 적으로 대할 만큼 우수한 지능을 가진 컴퓨터의 개발, 자원의 고갈로 인한 제3차 대전, 신에게 대항하는 인간에 대한 벌로 등장한 불치병으로 100년도 넘기지 못하고 멸망할 수도 있을 것이다.

그러나 10년, 20년 앞을 예측하고 미리 대비하여 준비한다면 개선하지 못할 것도 없다. 그렇게 우리 후손들도 가까운 미래를 예측하고 대비하는 길이 최선의 방법이 아닐까 싶다.

이제 가까운 미래를 예측하고 대비하는 방법에 대해 언급하고자 한다.

미래의 주거 시설

아파트 몰락과 실버타운의 번성

현재 아파트라는 주거 형태는, 우리나라 국민의 60% 이상이 살고 있을 만큼 많아졌고 지금도 새로운 구조와 내장재의 발전으로 인기가 식지 않고 있다. 30년 전에 지은 아파트들은 보수하는 것만으로도 충분한 경우가 많지만, 돈을 벌기 위해 부수고 새로 짓는 일을 반복하고 있다.

과거에 삶의 질을 높여주고 편안하다는 장점으로 아파트가 들어서면서 단독주택이 몰락했듯이, 아파트보다 훨씬 더 편안한 주거형태가 나타나게 되면 아파트라는 주거 수단도 점점 몰락할 수밖에 없을 것이다.

몰락하게 되는 이유는 지극히 단순하다. 과거 단독주택보다 아파트가 삶의 질을 높여주고 한국인의 적성에 잘 맞고 편했기 때문에 단독주택이라는 주거 형태가 퇴조했듯이, 이제 아파트보다 더 편리하고 삶의 질을 높여주는 주거형태가 나타날 때가 되었기 때문이다.

우리나라 노인 인구는 계속 늘어나고 있으며 시간이 지날수록 그 증가 속도는 더 빨라질 것으로 보인다. 10년쯤 지나면 '베이비 부머'라고 부르는 새로운 노인들이 나타나게 될 것인데, 그들은 이제까지의 노인들과는 판이하게 다른 양상을 띨 것이다. 그들은 재력을 갖고 있으며, 지식과 안목을 갖추고 신체적으로도 건강하며 인구분포도에서 눈에 띌 정도로 급격하게 늘어나 힘 있는 집단으로 등장하게 될 것으로 보인다.

이러한 새로운 집단이 나타나게 되면, 그들만을 위한 주거 공간이 필요해질 것인데, 이것이 바로 우리가 알고 있는 '실버타운'이다. 현재 초기단계에 있는 실버타운들은 많은 문제점을 가지고 있지만, 계속 늘어나는 평균수명으로 미래에는 보다 더 나아진 새로운 주거 공간으로 반드시 자리를 잡게 될 것이다.

현재 실버타운은 경험이 부족한 정부의 복지 정책에 따라 자격 미달인 업체들이 돈을 벌겠다는 욕심으로 덤벼들어 사업을 시작하게 된 곳이 많다. 그러다 보니 생각지도 못한 상황이 여기저기서 벌어지게 되었다. 많은 노인들이 업체의 선전에 속아 평생 모은 돈을 한순간에 잃게 되는 불행한 일이 벌어지기도 했고, 심지어 자살을 선택한 경우도 적지 않았다.

실버타운을 하겠다는 업자가 특혜를 많이 받을 수 있도록 각종 법을 개정해 부도덕한 자들이 몰리게 만든 정부의 책임이 크다 하겠다. 이것은 정부 정책이 잘못되었다는 뜻이 아니다. 경험이 부족하면 다른 나라의 성공과 실패 사례를 면밀히 분석하고 검토하여 시행해야 하는데, 정부가 정책 시행에만 급급하여 성급하게 시작했던 것이 잘못되었다는 뜻이다.

좋은 뜻을 가지고 시작하는 일에는 뒷받침할 수 있는 좋은 법과 제도가 있어야 하는데 그 이치를 몰랐던 것이다. 하루속히 법을 개정하고 승인 과정을 비롯한 모든 과정이 공정하게 이루어져 위와 같은 가슴 아픈 일이 더는 생기지 않도록 해야 한다.

실버타운 사업을 하려면 영리 목적뿐만이 아니라, 사회사업을 하고자 하는 비영리 목적을 함께 갖고 있어야 한다고 생각한다. 그러므로 현재 양로원이나 고아원을 운영하고 있는 사회복지법인과 같은 성격을 조금이라도 가지고 있는 새로운 형태의 법인만이 사업자로 선정될 수 있도록 하는 것도 한 가지 대안이 될 것이라고 본다.

그러나 규정을 까다롭게 하면 실버타운 사업을 하겠다는 사업자가 현저히 줄어들게 될 것이며, 민간주도로 하려는 실버타운 사업에 차질이 올 것이라고 잘못된 주장을 하는 공직자들도 있을 것이다.

아파트가 처음 개발되고 분양이 시작되었을 때도 마찬가지였다. 그때에는 아파트에 대해 부정적인 생각을 가지고 있는 사람들이 많았다. 부족한 택지와 주택난을 해결하기 위해 아파트를 처음 짓기 시작하였을 때 사람들은 '닭장 같은 콘크리트 상자 안에서 어떻게 사람이 사느냐' 혹은 '땅을 밟지도 못하고 대지의 기운을 느끼지 못하니 병이 날 것이다' 라고 하며 실패를 예견했다. 그렇지만 그것은 대세를 간과하고 민족성을 제대로 파악하지 못한 잘못된 예측이었다.

현재 우리나라에서는 아파트 주거비율이 가장 높다. 그리고 우리나라 아파트는 전 세계에서 가장 발전된 형태의 아파트라고 공언해도 될 만큼 첨단시설을 갖추고 있다. 아파트가 여러모로 편리하다는 장점을 갖고 있지만, 그보다 우리 민족의 특성인 끼리끼리 문화에 알맞은 주거 형태이기 때문에 아파트 문화가 성공한 것이라고 나는 생각한다.

머지않아 베이비 부머 신세대 노인들은 엄청난 구매력을 갖고 있는 새로운 집단으로 우리 사회에 등장하게 될 것이다. 그때 새로운 주거 형태인 실버타운 산업과, 건강에 관련이 있는 바이오산업이 엄청난 수요와 함께 커질 것으로 보인다.

현재 선진국을 모방하며 운영되고 있는 대부분의 실버타운들은 지나치게 높은 월세와 보증금을 떼일지도 모른다는 불안감 속에서 제대로 된 프로그램이나 시설도 부족한 상태이다. 경험과 인력과 자금 부족 등으로 열악한 시설에 노인들을 방치하는 수준에 머물러 있다고 해도 과언이 아니다. 노인들은 특별한 소일거리도 없이 하루하루를 지내고 있기 때문에 없던 병도 생길 것 같다며 실버타운을 떠나고 있는 실정이다.

한국형 실버타운

하지만 수요가 있으면 반드시 공급이 생기게 되어있는 곳이 자본주의 사회다. 사회 경험과 지식, 그리고 경제력을 가진 신세대 노인들이 늘어나면서 이들을 만족시킬만한 수준의 실버타운이 나타날 것은 분명하다. 이러한 분야에서 경험이 쌓여 성공을 거두게 되면 새로운 모델을 개발하여 한류의 영향권 아래 있는 일본과 중국은 물론 세계로 수출하는 날이 올지도 모른다.

좋은 시설에서 신선한 프로그램으로 양질의 서비스를 제공하다보면 수요는 얼마든지 늘어나게 되어 있다. 브랜드화 된 실버타운을 만들어 모델하우스 개장과 함께 장점을 부각시키면 여생을 편안하고 즐겁게 보내기 위한 노인들이 저절로 찾게 될 것이다. 그리고 그곳에서 사는 노인들의 입소문이 더해지다 보면, 새로운 주거공간으로 자리 잡게 되는 것은 시간문제이다.

그러기 위해서는 선진국의 실버타운을 모방만 해서는 안 된다. 한국인의 정서와 체질에 맞는 프로그램이 있어야 하고, 자식들과 멀리 떨어져 있는 곳이어서는 안 된다. 우리나라 부모들에게 자식의 존재는 설명할 수 없을 만큼 중요한 존재이기 때문이다.

자식들이 찾아오거나 자식들을 만나고 싶을 때 어렵지 않게 만날 수 있으려면 자동차로 1~2시간 거리에 있어야 한다. 자식들과 손자들이 방문해도 전혀 불편함 없는 시설과 환경이어야 함께 보낼 수 있는 기회가 자주 생긴다. 자식들 역시 실버타운을 방문했을 때 즐거운 시간을 보낼 수 있고, 손자들도 다시 가고 싶어 하는 곳이라면 효도하는 보람으로 한 달에 한두 번은 방문할 수 있게 될 것이다. 이것은 아주 중요한 키포인트다. 실버타운 사업을 하려는 사람들은 이것을 고려하여 우리 정서에 맞는 환경을 만들어야 할 것이다.

현재 운영되고 있는 노인들을 위한 시설은 빈약하기 그지없다. 쉽게 볼 수 있는 것이 동네 노인정인데, 가보면 허허공간에 화투, 바둑판, 장기판 정도가 있을 뿐이다. 정도의 차이는 있겠지만 어느 노인정에 가 봐도 크게 다르지 않다.

그러나 노인들에게 그 공간은 꼭 필요한 곳이다. 이렇게 열악한데도 노인정 문화는 대한민국에 완벽하게 뿌리를 내린 것으로 보인다. 부모를 모시고 사는 자식들 중에는 정든 노인정을 떠나기 싫어 이사를 거부하는 부모 때문에 어려움을 겪은 적이 있다고 할 정도이다. 심지어 경제적 여유가 있는 노인들은 자식들과 따로 사는 것을 마다하지 않고 정든 노인정을 떠나지 않으려 한다.

그런데 실버타운은 노인정과는 비교가 되지 않을 정도로 좋은 시설과 프로그램, 무엇보다 건강을 지켜주는 시스템이 잘 갖추어져 있다. 의사와 간호사를 통해 정기적으로 건강검진을 받고, 자신이 좋아하는 일이나 취미생활을 하며 시간을 보낼 수 있는 것이다.

제대로 운영되는 실버타운에서 생활하고자 하는 노인들이 많아지게 될 무렵이면, 우리나라 주택 보급률이 150%를 넘어서게 될 것이므로 건설 회사들은 신규 아파트를 분양하기가 쉽지 않을 것이다.

또한 거의 완성 단계인 사회 간접자본 시설 공사 후 북한에서 건설 붐이 터지지 않는다면, 더 이상 일감이 없게 될 건설 회사들은 실버타운으로 눈을 돌릴 것이다. 우리나라 국민의 약 20%가 이러한 새로운 주거 형태인 실버타운에서 살게 될 무렵이면 많은 사람들이 당연시하는 주거공간으로 자리 잡게 될 것이라고 본다.

주상복합시설

미래에는 지금의 주상복합시설보다 훨씬 큰 규모로 초고층의 주상복합건물이 아파트를 대신하여 새로운 형식의 주거형태로 나타나게 될 것이다. 새롭게 택지를 개발하여 건설되기도 하겠지만 주로 재건축을 통해 생겨날 것이라고 예상한다.

여기서 말하는 미래의 주상복합건물은, 현재 건설되고 있는 주상복합아파트와는 다른 형태가 될 것이다. 물론 지금도 주상복합건물은 최고급 마감 자재로 치장한 새 건물이므로 많은 사람들이 선호하고 있다.

그러나 인간의 주거환경은 사무실과는 달리 녹지 공간이 있어야 한다. 현재의 주상복합아파트는 녹지공간이 없다는 것이 가장 큰 문제이다. 그럼에도 불구하고 주상복합건물이 가격이 비싸고 인기가 있는 이유는 아파트에 비해 장점이 많기 때문이다. 주상복합의 장점을 정리해보면,

첫째, 헬스클럽이니 수영장과 같은 각종 편의시설과 상가들이 단지 내에 있으므로 취미생활과 각종 구매를 단지 내에서 쉽게 해결할 수 있다.

둘째, 모든 시스템이 대부분 자동으로 되어 있어 관리가 쉽고 편하다. 특히 방범은 거의 확실하다.

셋째, 호텔과 같이 운영하는 프론트를 가진 최신 초고층 고급주택에 산다는 것을 과시할 수 있으므로, 부자들만의 특권의식을 만족시켜줄 수 있다.

넷째, 대부분 새 집이므로 기존 아파트와 비교될 수 없을 만큼 인테리어가 우수하다.

다섯째, 주거공간이 아파트보다 밀집되어 있어 우리 민족의 끼리끼리 특성을 더욱더 만족시켜줄 수 있다는 것이 가장 큰 장점이다.

큰 콘크리트 덩어리로 만들어져 있고, 녹지 공간도 아파트에 비해 턱없이 적으며, 가격도 비싼 주상복합이 사람들에게 인기가 있는 이유를 이해하지 못할 수도 있다. 그러나 현재 주상복합건물이 가지고 있는 장점에 부족한 부분을 개선해간다면 지금과는 차원이 다른 새로운 형태의 주거형태가 나타나게 될 것이다.

멀지 않은 미래에 우리나라에서는 건축 경기 침체로 많은 건설업체들이 도산할 가능성이 크며, 우리 경제는 걷잡을 수 없는 불황으로 엄청난 어려움에 처해질 것으로 보인다. 이러한 불황과 구조조정을 거친 후 살아남은 건설 회사들은 분양이 될 수 있는 새로운 형태의 주택 건설을 시도하게 될 것이다.

그들이 새롭게 선택할 모델은 50층 이상의 초고층 주상복합건물에, 용적률은 지금 아파트의 200% 정도를 유지하고 넓은 야외공간을 가진 아주 단순한 변화일 것이라고 예측한다. 물론 지금의 주상복합 건물은 상가지역에 건설했기 때문에 땅값이 너무 비싸고 용적률이 1000%가 넘는 지역이대부분이므로 사용할 땅이 거의 없다.

그러나 지독한 불황으로 인해 분양이 힘들어지면 건설업자들은 새로 짓는 아파트의 분양률을 높이기 위해 정부와 협의를 하여 승인을 받으려고 할 것이다. 요즘 아파트가 주차장을 제외한 후 사용하고 있는 땅의 20배 이상 되는 면적을 확보할 수 있는 초고층건설을 통해, 녹지공간과 다양한 놀이시설, 테니스장, 농구장, 족구장, 실외수영장, 실외 골프연습장 등 각종 체육시설과, 공연장, 소공원까지 설치할 수 있게 될 것이다. 물론 주차장은 전부 지하로 들어갈 것이다.

대단위 단지라면 텃밭이나 축구장 겸용 야구장, 소규모의 골프장까지 제공할 수 있을 정도의 더욱더 많은 땅을 단지 내에 확보할 수 있기 때문에 지금과는 비교할 수 없는 쾌적한 주거 공간이 될 것이다.

얼마나 환상적인가? 현재 주상복합의 모든 장점을 다 가지고 있으면서 지금의 아파트보다 훨씬 넓은 야외공간에서 친환경적인 삶을 살 수 있고 옥외 취미생활도 할 수 있다면, 누가 그것을 마다하겠는가?

이처럼 낮은 용적률의 초고층 주상복합아파트는 극도의 불황을 거친 후에 새로 건설되는 신도시에서 먼저 시작될 가능성이 높으며 재건축을 통해 활성화 될 것으로 보인다.

예상하건데, 미래의 실버타운도 수도권 변두리 자연 속에서 이와 비슷한 형태로 건설되고 운영될 것이다. 이런 모든 것은 건설회사 주도 아래 시행될 것이며 분양도 잘 되리라 예상된다. 여유가 있는 사람이라면 누구나 동경의 대상인 새로운 주거환경으로 옮겨가려고 노력할 것이다. 그때 재건축을 하지 못하는 소규모 단지 아파트라면 지금의 연립주택처럼 투자가치가 없는 애물단지취급을 받게 될 것이다.

새로운 주거 공간은 재산의 가치를 올려주고 안락한 환경을 제공해줄 것이다. 머지않은 시기에 실버타운은 자연친화적인 곳에, 아파트는 재건축을 통해 수도권 초고층 주상복합 건물로 건설되어 대부분의 사람들을 위한 주거 수단으로 자리 잡게 될 것이다.

강원도 시대

컴퓨터 통신의 발달로 회사와 필요한 정보를 교환하면서 업무를 볼 수 있게 되면 출퇴근 시간은 물론, 사무실 공간도 절약할 수 있게 될 것이며, 가정을 가진 여성의 잠재 노동력을 활용할 수도 있다는 이점 때문에 재택근무의 형태는 날로 다양해질 것이다.

이처럼 재택근무자의 비율이 급속도로 늘어난다면 뜻 맞는 사람들과 좋은 환경에서 끼리끼리 문화를 형성해 살고자 하는 새로운 수요가 생겨날 것이다. 그러한 조건을 충족시키려면 강원도가 가장 적합한 곳이라고 생각한다.

머지않은 시기에 초고속 고속도로가 건설되고 교통수단이 발달하게 되면 오염되지 않은 자연 속에서 재택근무를 하고 싶은 사람이 늘어나게 되어, 생각보다 빨리 강원도 시대가 열릴 수 있게 될 것이다.

초고속 고속도로와 고속전철이 개통되어 출퇴근 시간이 줄어든다는 점도 강원도 시대를 여는데 한몫 하겠지만, 영상회의나 이메일을 통해 모든 일을 지시하고 결재할 수 있다면 영업직이나 현장에 있어야 하는 직종이 아닌 경우 굳이 출퇴근을 하지 않아도 되는 시대가 오게 되어 있다.

직장 문제가 해결되고 신도시가 건설되어 자식들의 교육이 문제가 없다면 대도시를 떠나지 않을 사람이 얼마나 되겠는가? 수도권 주택 가격의 1/3도 안 되는 비용으로 자연 속에서 꿈꾸던 삶을 살 수 있는데 마다할 이유가 없다.

강원도는 서울에서 멀지 않은 곳에 있으면서도 오염되지 않은 산과 강, 바다가 있는 곳이다. 그렇기 때문에 제대로 개발한다면 대도시에서 각박한 삶을 살아가고 있는 사람들이 가장 살고 싶어 하는 주거 1순위가 될 것이다.

지금 건설하고 있는 춘천을 경유하는 서울 속초 간 고속도로가 개통되면 서울에서 속초까지 2시간 정도면 갈 수 있고, 고속전철이 건설되면 한 시간도 채 걸리지 않게 된다. 서울에 볼 일이 있는 경우 당일치기가 충분히 가능하다는 얘기다. 그리고 주말이면 가족들과 함께 설악산, 오대산, 치악산 등을 찾거나, 아직 덜 오염된 동해 바다에서 각종 해상스포츠를 즐길 수 있으니, 일거양득이라 하겠다.

지금 장담할 수 있는 것은, 머지않은 시기에 강원도에 새로운 신도시가 개발되어 성공하게 되면서 강원도의 시대가 열리게 될 것이라는 점이다. 그렇게 되면 주택 수요가 분산되어, 현재 지나치게 가격이 올라버린 수도권 부동산은 투자 가치가 떨어지게 될 것이다.

작은 왕국 기업도시

조금 이른 생각이기는 하지만 미래에는 또 다른 형태의 주거시설이 생겨날 것으로 예상된다. 20년 정도 지나면 다국적 글로벌 기업들이 국가가 해

온 많은 부분을 대신하는 시대가 오게 될 것으로 보인다. 그때 과연 어떤 변화가 올 것인지 한 번 살펴보기로 하자.

글로벌기업들이 여러 나라에 흩어져 있는 현지공장의 생산직과 지사 근무자, 혹은 영업직에서 판매나 A/S 업무 등을 담당하는 특별한 경우를 제외한다면, 직원들 대부분을 한 곳에 모을 수 있는 기업 도시를 만들어 작은 국가처럼 운영할 가능성이 높다고 생각한다.

경제 효율성과 생산성이 높아질 것이며, 애사심이 더 생기게 될 것이기에 미래의 경영자들은 당연히 추진할 것이라고 믿는다. 그렇게 되면 뛰어난 자연환경 속에서 지내며 외부와 떨어져 있기 때문에 회사의 기술이 밖으로 유출되는 것을 막을 수 있고, 직원 간에 가족 같은 친밀감이 생기게 될 것이다.

어떤 기업은 개발이 전혀 되지 않은 남태평양의 섬을 구매하여 자기들만의 왕국을 건설하려고 할지도 모르겠다. 어쨌든 지금 생활과는 비교할 수 없을 만큼 차원이 다른 환경이 될 것이다.

맑고 깨끗한 자연 속에서 각종 취미활동은 물론, 자녀들 또한 뛰어난 환경 속에서 국제적인 교육을 받을 수 있게 될 것이며 출퇴근하는데 많은 시간을 낭비하지 않아도 된다. 생필품은 운송비가 추가로 많이 든다고 해도 수익을 추구하지 않는 회사 직영 대형 유통할인점에서 도시와 비슷한 가격에 구입할 수 있을 것이다. 또한 모든 문화·체육시설을 갖추고 있고, 교통의 발달로 자유로운 여행이 가능하다면 실현이 불가능할 것도 없다. 과연 누가 이것을 마다하겠는가?

무선통신과 교통수단의 발달로 세계 어느 곳에 있더라도 화상 회의가 가능하며, 초고속비행기의 등장으로 한국에서 미국까지 3시간이면 갈 수 있을 정도가 될 것이니, 지구상 어디라도 7시간 내에 갈 수 있는 시대가 열릴 것이다.

더구나 과학의 발달로 지금과 같은 넓은 활주로가 필요하지 않게 될 것이므로, 작은 섬에서도 공항을 운영하여 얼마든지 비행기를 운항할 수 있을 것이라고 믿는다.

그때 삼성과 같은 글로벌기업에 근무하면서 그런 곳에 살 수 있다면 누가 마다하겠는가? 주택비는 줄어들고 적은 생활비로 수준 높은 삶을 살 수 있으며, 자녀들 또한 양질의 교육을 받으며 국제적인 양식과 언어능력을 가진 인재로 키울 수 있는 환경이 조성된다면, 조국에 사는 것을 고집할 젊은이가 과연 얼마나 될까? 언젠가는 이런 일들이 분명히 실현 가능해질 것이라고 본다.

미래의 국가관

국가와 종교 간의 관계

동서고금을 막론하고, 어느 나라에서나 애국심은 모든 가치관에 우선하도록 강조해 왔다. 그래서 인간으로서는 할 수 없을 만큼 잔인한 악행도 국가를 위한다는 명분이 있으면 양심의 가책 없이 저질렀으며, 사회적으로도 용서가 되었고, 심지어 그러한 악행이 선행으로 변질되기까지 했다.

현재 당장 이라크나 이스라엘, 러시아 등에서 일어나는 많은 테러는 국가를 위한다는 명목으로 아무 죄도 없는 시민들을 처참하게 죽이기도 한다. 이러한 만행을 일삼고 있는 테러리스트조차 신과 국가를 위한다는 명분이 있을 땐 자신의 목숨을 걸고 선행을 행한 순교자로 자신들의 역사에 기록되고 있는 실정이다.

종교가 국가보다 우선하지만, 결국 종교란 것도 국가를 기반에 두고 국가가 부흥하느냐에 따라 종교의 흥망성쇠가 달려있다고 볼 수 있다. 기독교가 오랜 기간 동안 번성했던 거대한 로마제국의 국교가 되지 않았다면, 과연 오늘날 세계의 종교로 발전할 수 있었겠는가? 그만큼 국가란 울타리는 우리 삶에 매우 중요한 것이다.

종교는 국가마다 서로 해석이 다르다는 이유로 전쟁도 불사한다. 과거 유럽을 암울하게 만들었던 100년 종교전쟁에서는 같은 하느님을 부르며 수많은 목숨들이 희생되었다. 1980년대 이란과 이라크의 7년 전쟁에서도 마찬가지였다. 두 나라 젊은이들은 서로 자신들의 알라 신을 부르며 죽어갔다.

기독교나 천주교가 같은 하느님을 숭배하는 종교이고, 이란과 이라크가 같은 알라신을 섬김에도 불구하고 서로 철천지원수처럼 싸웠던 것이다. 알라신이나 하느님이 각각의 유일신인데 불구하고 서로 다른 주장을 해왔던 것이다. 국가의 지도자들이 명분을 만들어 평민들을 앞세워 전쟁을 벌인 것은 결국 국가의 이익을 위해 종교를 이용했다고밖에 할 수 없다.

특히 강대국 지도자들은 애국심을 담보로 국민들에게 목숨과 양심을 내버리게 했다. 히틀러가 수많은 유대인을 잔인하게 학살했을 때, 그 당시 독일 국민들은 애국심에 눈이 가려 죄의식을 느끼지 못한 채 그 일을 저질렀다.

역사를 돌아보면 강대국으로 인해 행해진 악행이 얼마나 많았는지 알 수 있다. 정상적인 사고방식이나 상식으로는 이해할 수 없을 정도의 지독한 악행들이 벌어졌던 것이다. 특히 전쟁은 인간성을 철저히 말살시키기 때문에 모두를 비참하게 만들고 이러한 모든 일은 국가가 있기에 일어난다. 그만큼 국가는 우리 삶에서 중요한 부분을 차지하고 있다.

지금도 무기에 의한 전쟁은 아니지만 눈에 보이지 않는 무역전쟁과 기술전쟁이 계속되고 있다. 그리고 다른 나라의 기술을 몰래 훔쳐와 그 나라에 엄청난 피해를 주는 불법적인 행위도 국가에 도움이 된다면 애국자로 대우한다. 그러다 보니 지금도 양심의 가책 없이 이러한 일들이 비일비재하게 일어나는 것이다.

국가를 대신할 거대 기업

하지만 미래에는 국가관도 바뀌어 질 것이다. 세월이 흐른다고 해서 국가가 없어지는 것은 아니지만, 지금과 같은 애국심을 기대하기란 어려울 것이다.

앞으로 경제가 정치보다 우선인 세상이 되면, 기업이 국가를 대신할 수 있을 만큼 규모가 엄청나게 커질 것이라고 생각한다.

이러한 글로벌 기업들이 전 세계를 상대하다 보면 국가를 초월해 경제적으로 얽히고설켜 소규모 국지전을 제외하고는 국가 간의 전쟁이 사라질 수도 있을 것이다.

말도 안 되는 소리라고 할 사람도 있겠지만 이러한 현상은 이미 시작되고 있다. 세계 어디를 가도 코카콜라가 없는 곳이 없고, 세계적인 대기업 중에 각 나라에 지점을 두지 않은 기업이 있는가? 이것과 무슨 관계가 있을까 생각하겠지만 자본주의 사회에서는 빈부의 차가 계속해서 벌어질 수밖에 없다. 자본주의의 속성인 경쟁을 피할 수는 없으므로, 치열한 경쟁에서 살아남는 소수는 경제적 부를 독점하면서 더욱더 거대해질 것이다.

금융계 역시 마찬가지다. 지금도 세계에 흩어져 있는 수많은 금융회사들이 피 말리는 경쟁을 하고 있다. 수십 개의 거대 금융회사와 수백 개의 중간 규모 금융회사가 있지만, 머지않아 대부분이 합병되거나 망할 것이다.

제조업 분야에서도 살아남을 수 있는 기업이 많지 않겠지만, IT나 통신 산업 중에서는 많은 기업들이 살아남을 것으로 생각된다. 왜냐하면 통신과 IT산업의 발전은 상상할 수 없을 만큼 신규 수요가 계속 창출될 것이기 때문이다.

치열한 경쟁을 거쳐 망하지 않고 살아남은 제조업 회사 규모는 웬만한 국가를 대신할 정도로 커질 것이다. 가까운 시기에 이루어지진 않겠지만, 결국 그렇게 될 것으로 생각한다. 아무리 빈부의 차이가 나더라도 인류가 자본주의를 버리고 공산주의로 회귀할 일은 없기 때문이다.

자본주의의 피할 수 없는 어두움

요즈음 대형 할인점들에 밀려, 개인이 운영하는 소규모 자영업과 시골 동네 가게까지 대부분 문을 닫고 있다. 영세한 시장 상인들 역시 인터넷 몰과 홈 쇼핑에 밀려 언젠가는 도태될 것이다. 음식점이 가장 오래 버티겠지만, 결국 상상을 불허할 대규모 식당과 주점 때문에 개인이 하는 업종은 거의 살아남을 수 없게 될 것이다.

그리고 마침내 기계가 할 수 없거나 기술을 필요로 하는 업종, 즉 이·미용업, 마사지, 자동차 정비, 수선업, 퇴폐업소, 24시간 가게 문을 여는 업종 등만이 살아남을 것으로 보인다. 그러다 보면 대다수 자영업자는 가난해질 수밖에 없으며, 빈부 격차는 더욱더 벌어지게 될 것이다.

그럴 리가 없다고 생각하는 사람도 있겠지만 이것은 필연적이다. 미국뿐만이 아니라 우리나라도 시간이 지날수록 빈부 격차가 커지고 있는 것을 보면 알 수 있다.

세금을 많이 거둬들이고 독과점을 규제한다고 해서, 또 복지제도가 아무리 잘 되어 있다고 해서 막을 수 있는 일이 아니다. 왜냐하면 자본주의는 수요 공급의 균형 속에서 처절한 경쟁을 통해 이겨야만 살아남을 수 있기 때문이다.

지금도 경쟁은 계속되고 있으며 앞으로는 더욱 심해질 것이다. 부동산,

주식 투자는 물론 어떤 사업도 성공하기 위해 경쟁을 치러야 하며 경쟁에서 낙오한 능력 없는 사람들은 신용불량자가 될 수밖에 없다. 결국 경쟁에서 살아남은 소수만이 더 많은 부를 쌓게 된다. 국가가 세금을 더 많이 부과한다고 막을 수 있는 일이 아니다.

기업도 마찬가지다. 과거 거대 자동차 회사들이 망하거나 합병되어 지금 자동차 회사는 그 숫자가 상당히 줄었다. 그렇다고 자동차 수요가 줄어 사양 산업이 된 것은 아니지 않은가? 결국 자본주의를 택하고 있는 한 경쟁은 계속 이루어질 것이며 결국 몇 개 기업만이 살아남아 부를 독점하게 될 것이라고 생각된다.

그런 시절이 온다면, 국가 간의 경쟁심이나 애국심 같은 것이 형식적으로만 남게 될 것이다. 그리고 국가 간의 빈부 격차는 기업 간의 차별로 바뀌고 피부색이나 성별, 나이가 문제가 되는 세상이 아니라, 능력으로 모든 것을 결정하는 시대가 된다. 국가에는 최소 정예화 된 공무원들만이 존재하게 될 것이라 생각한다.

더 먼 미래에 환경오염으로 인해 인간이 자연 속에서 지금과 같은 형태로 살 수 없게 된다면, 기업들은 도시 규모의 거대한 빌딩을 건설하여 운영하게 될 가능성이 크다. 한 층의 규모가 축구장 수백 개 정도 되며 지상은 물론 지하 수백 미터까지 건설하여 그 안에 도시의 모든 기능이 다 들어있는 시대가 열리게 될 것이다.

그곳에는 완벽한 방범 장치, 오염된 외부 환경과 격리시키기 위한 장치, 인공태양을 이용하여 지하에서도 농산물을 생산하고 가공할 수 있는 장치가 갖추어져 있으며, 이 모든 일의 주체는 국가가 아닌 기업이 될 확률이 높다.

이미 선진국에서는 국가가 주는 연금보다 기업이 주는 연금이 훨씬 더 많다. 먼 미래의 일이기는 하지만, 빈부 격차는 더 벌어져 일류기업에 소속되지 못한 사람들은 오염된 환경에 노출된 채 살아가야 할 것이다. 상상 속의 일이 현실이 된다면, 미래의 사람들은 자연을 즐길 수 있는 지금의 환경을 그리워하게 될 지도 모른다.

우리나라에 이러한 거대 도시를 이룰 수 있는 기업은 현재로선 삼성이 가장 유력하다. 하지만 이건희 회장의 후계자가 미래에 어떤 능력을 갖추고 있을지 지금 어찌 알 수 있겠는가?

생각지도 못했던 다른 대기업이나 IT기업 중에서 강력한 리더십을 가진 거대기업이 탄생할 수도 있을 것이다. 하늘이 도와주고 훌륭한 지도자와 기업의 우수한 인재들이 한마음 한뜻으로 최선을 다한다면, 어떠한 기업이라도 가능하리라 본다.

미래의 자동차

가치관의 변화

자동차산업도 우리 민족성과 잘 맞는 산업이다. 새로운 모델을 끊임없이 단기간에 개발해야 하는 것만 보아도 잘 알 수 있다. 새로운 세대들에게 주택이 더 이상 재산 증식의 수단이 되지 않는다는 인식이 자리 잡게 되면, 자동차가 단순한 교통수단이 아니라 주택을 대신하는 시대가 오게 될지도 모른다.

일반적인 상식으로는 믿어지지 않겠지만, 세상은 변화하고 있으며 그 변화의 중심에 젊은이들이 있기에 그 가능성은 매우 높다.

20년 전에는 상상도 하지 못했던 일들이 현실이 된 것을 생각하면, 앞으로 우리의 미래가 어떤 변화를 겪게 될지 아무도 모르는 일이다. 인터넷과 자극적인 방송의 영향으로 신세대들의 가치관이 급격히 변했으며, 상상을 초월하는 IT산업의 발전으로 진실이라고 믿어왔던 상식이나 관념이 송두리째 무너지고 있지 않은가.

20년 전만 해도 아이 딸린 이혼녀가 연하의 총각과 재혼한다는 것은 거의 있을 수 없는 일이었다. 그런데 지금은 다들 그럴 수도 있다고 인식을 달리하게 되었다. 성에 관한 가치관을 비롯해 젊은이들의 가치관 변화의 폭은 참으로 크다.

예전에는 이혼을 하면 자식을 서로 양육하겠다고 법정싸움을 했지만 지금은 그 반대가 되었다고 한다. 실제로 고아원에는 부모가 없는 아이들보다 부모가 있는 아이들이 대부분을 차지하면서 국가의 부담은 더욱 커졌다.

또한 우리나라 출생률은 세계 최저를 기록하고 있는데 과다한 사교육비 지출로 적게 나아 잘 기르자는 풍토가 출생률을 떨어뜨리는 원인이기도 하지만, 그보다 우리 민족의 전통적인 풍토가 서구화되어 가는 것이 가장 큰 이유라 생각한다.

요즘 신세대들은 자식을 자신의 목숨보다 소중히 여기고 살았던 예전의 부모들과는 다르다. 지금은 자신의 미래를 위해 얼마든지 이혼할 수 있으며, 재혼에 걸림돌이 된다면 자식을 고아원에 버릴 수 있다고 생각하는 사람들이 늘어나고 있다. 자식을 위해 자기 삶을 희생하겠다는 마음이 점점 없어지고 있다.

자식이란 부부관계 유지를 위한 필수조건이라고는 생각하지만, 가능하면 적게 나아서 돈과 노력을 집중하여 남들에게 뒤지지 않게 키우고자 하는 것이 유행처럼 번져 저출산으로 이어지고 있다. 과거 자기가 못했던 것을 자식에게 다 해주면서 자식을 통한 대리만족을 느끼고자 하는 것도 심하다고 생각한다.

아직 전통적인 사고방식을 갖고 있는 젊은이가 훨씬 많지만 이런 젊은이들 숫자가 줄어들고 있다는 데 문제가 있다. 이런 풍토에서는 아이들의 사교육비를 정부가 책임진다고 해도 신생아 출산율이 크게 늘어나지 않을 것 같다.

자동차가 주택을 대신한다

자동차 이야기를 하다가 불확실한 미래에 대해 이야기를 한 이유는 가족관이 달라져 점차 자기중심적으로 변하면서 자동차가 주택을 대신하게 되는 새로운 세상이 올 것이라는 것을 설명하기 위해서이다.

가치관의 변화로 말미암아 자동차는 모든 세대들이 아니라 젊은 세대들에게 주택의 개념 대신 자리를 잡게 될 것이다. 그 구체적인 이유는 다음과 같다.

첫째, 집을 구입할 이유가 없다. 비싸기만 하고 가격이 오르지 않아 재산 증식수단이 안 된다면, 집을 구입하는 것은 돈의 낭비라고 여길 것이다. 단지 잠을 잘 수 있는 곳이 필요하다면, 차의 형태와 기능을 발전시켜 얼마든지 그러한 목적을 충족시킬 수 있게 될 것이다.

둘째, 과도한 사교육비와 저출산, 개인적인 삶을 추구하는 젊은이들로 아이들의 교육을 정부가 맡아야만 하는 세상이 올 가능성이 크다. 당장은 아닐지라도 자식의 양육을 위해 자신의 재산과 삶을 손해 보지 않으려는 젊은이들이 점점 늘어나게 되면서 그러한 대중의 요구에 부응하는 정치가가 나타날 것이다.

그런 시대가 되면 정부가 아이들의 양육과 교육을 대신 맡고, 여성은 직업을 갖는 것을 당연하게 생각하게 될 것이다. 크게 보면 국가가 공동으로 양육과 교육을 하게 되므로 사교육 열풍에서 벗어나 국가적으로는 훨씬 경제적일 수 있다.

물론 정부가 아이를 양육한다하더라도 자식에 대한 사랑과 양육은 인간의 본능이기에 평상시에는 화상 전화를 이용해 언제라도 볼 수 있게 될 것이다. 또 학교나 양육기관에서 문제가 생기면 찾아가 해결하고, 주말에 함께 여행이나 식사를 하며 가족끼리 시간을 보내는 새로운 형태의 가족사회 시스템이 생겨날 수도 있을 것이다. 그렇게 되면 매일 가족이 함께 잠자고 식사하고 시간을 보내는 큰 공간의 주택이 필요할 이유가 없다.

셋째, 엄청난 규모의 대형 식당들이 새로운 모습으로 나타나면서 지금의 일반 음식점은 대부분 문을 닫게 될 것이다. 현재 정부에서는 정치적 논리로 재래시장의 활성화를 위해 연간 수천억에 이르는 지원을 하고 있지만, 경제적인 낭비. 이것은 과거에 정부가 농민을 살린다고 국민의 혈세 수십 조를 낭비하고 수많은 농민들을 빚쟁이로 만든 것과 같다. 오히려 IT산업 같은 발전적인 곳에 투자했더라면 큰 효과를 봤을 것이다.

무턱대고 영농지도자만 많이 양성해 영농자금을 빌려주고, 영농공장을 지어 농사만 계속하도록 장려할 것이 아니라, 우리 농업이 경쟁력을 가지도록 했더라면 그렇게 많은 돈을 낭비하지 않고도 농업을 살릴 수 있었을 것이다. 이 나라는 자본주의 사회이기에 철저히 경쟁의 원칙을 고수해야만 했다.

미래에 여자들 대부분이 일을 하는 시대가 열리면 더 이상 집에서 살림할 여유가 없어질 것이다. 또한 외식 산업의 발달로 외식 비용이 집에서 식사를 해결하는 비용보다 더 저렴하게 되면 당연히 번거로운 집안일에서 손을 떼게 될 것이다. 그렇게 되면 주방이니 싱크대니 하는 것들 또한 필요 없게 될 것이다. 그런데 왜 집이 필요하겠는가?

넷째, 지금도 찜질방이 성행하지만 앞으로는 훨씬 크고 시설이 좋은 초대형 대중목욕탕이 아주 많이 생겨날 것이다. 지금보다 더 저렴한 비용으로 월이나 연간 단위로 사용할 수 있으며 문화 공간까지 곁들여 있어서 출퇴근 시간에 들러 피로를 풀 수도 있다. 현재 찜질방에서 공동으로 잠을 잘 수 있는 공간이 있듯이 그보다 더 안락한 공동시설이 된다면 잠시 낮잠을 자면서 휴식할 수도 있을 것이다. 그런데 왜 주택이 필요하겠는가?

다섯째, 자동차가 주택을 대체할 수 있는 시대가 오면 화장실까지 해결할 수 있는 주차 공간이 많아질 것이다. 마치 지금의 여관이나 모텔과 비슷한 형태의 주차건물이 많이 생겨날 것이며 변두리에 있어도 아무 문제가 없을 것이다. 하지만 현재의 모텔처럼 여러 부대시설이나 인테리어가 전혀 필요 없고, 청소를 자주하지 않아도 되며, 차가 들어갈 정도의 작은 방에서 단지 환기와 냉난방, 독립성과 방범, 공동 화장실만 해결할 수 있도록 한다면 아주 저렴하게 사용할 수 있을 것이다. 봄가을에는 방범과 공동 화장실만 해결되면 야외주차장에서 잘 수도 있으므로 전혀 주택의 필요성을 못 느끼게 될 것이다.

여섯째, 차안에서 음악이나 TV 수신은 위성 DMB로 해결이 가능하다. 지금의 DMB 산업은 초창기라서 미비한 점이 발견되고 있지만 앞으로는 희망적인 산업이다.

휴대용 무선 노트북을 이용하여 언제든지 업무와 게임이 가능하며, 차 시트 단추만 누르는 것으로 순식간에 침대로 전환된다면 차안에서 침대에서 할 수 있는 모든 행위가 가능해질 것이다. 그렇다면 미래의 젊은이들은 다른 곳에 투자하거나 소비를 하게 될 것이다. 집값이 오르지 않는다면 누가 지금처럼 빚을 내면서까지 투자가치도 없는 비싼 주택을 구입하려고 하겠는가?

이렇게 많은 기능을 가진 차를 만들기 위해서는 변화에 빨리 적응하여 소비자의 욕구를 충족시킬 수 있는 제품을 출시해야 한다. IT산업의 새로운 기술들은 자동차산업에 모두 적용될 것이다. 차량은 달리는 오디오, 무선전화기, 디지털 카메라, 컴퓨터, TV와 냉장고가 되고, 기타 새로운 발명품도 모두 적용되는 공간으로 바뀌게 될 것이다.

차량 가격이 지금보다 많이 비싸지겠지만 부품 제작 기술의 발달로 품질이 더욱 향상될 것이므로 한 번 구입하면 최소한 15년~20년 이상 사용할 수 있게 될 것이다.

지금처럼 주택에다 엄청난 비용을 투자하지 않는다면 차량 가격이 어느 정도 올라간다고 해도 훨씬 경제적이므로 젊은 세대들은 얼마든지 구입할 수 있게 될 것이다.

그래서 변화에 빠른 우리의 민족성에 아주 적합한 자동차산업 역시 미래가 밝다고 볼 수 있다. 미래의 자동차산업은 단순한 자동차가 아닌 첨단 IT산업의 복합물이기 때문에 제조업이라기보다는 미래 IT산업의 하나라고 볼 수도 있을 것이다.

자동차가 우리 민족에게 잘 맞는 산업이라는 것을 증명하는 좋은 증거가 바로 현대자동차라 할 수 있다. 파업을 밥 먹듯 하고 기능 인력의 급여가 미국보다 떨어지지 않는데도 세계적인 기업으로 성장한 것이다.

얼마 전까지만 해도 전문가들은 우리나라 자동차산업은 별로 희망이 없으며 머지않아 하나 정도만 살아남아 국내 수요의 일부를 충족시키게 될 것이라고 예측했다.

하지만 지금 현대자동차는 단기간에 전 세계 여러 곳에 부품 공장을 지었으며 품질 또한 세계적 수준으로 성장했다. 아무도 현대차가 이렇게 빠른 기간에 세계적인 글로벌기업으로 성장하리라고 예측하지 못했다.

2006년에 현대 자동차의 정 명예회장이 잠시 구속되고 원화의 급속한 상승 등으로 일시적으로 힘든 상황이긴 하지만, 반드시 극복하여 업계 선두권으로 도약할 것으로 믿는다. 귀족 노조의 대명사인 현대자동차 노조가 파업을 중단한다면 아마 그 시기는 훨씬 빨리 앞당겨질 것이다.

미래의 IT산업

변화의 흐름을 따르라

머지않은 시기에 우리는 놀라운 성능의 새로운 기기를 보게 될 것이다. 그것은 지금의 핸드폰처럼 빠른 속도로 대중화될 것으로 보인다. 그 제품은 지금 사용하고 있는 기능에 새로운 기술이 더해져 온갖 기능이 하나로 집약된 제품으로, 크기는 소설책 정도쯤 되고 가벼워서 모든 사람들이 가지고 다니는 물건이 될 것이다.

이러한 흐름을 따라가는 개인이나 기업은 살아남겠지만, 자기만의 의견이나 기술을 고집하는 기업은 반드시 도태될 수밖에 없다. 수많은 시행착오를 거쳐야겠지만, 모든 기술이 집약되어 있는 편리한 제품이 성공하는 것은 당연한 사실이다.

얼마나 많은 시행착오를 거쳐야 그러한 제품이 성공하게 될지 모르지만, 물이 위에서 아래로 흐르는 것과 이치가 같은 것이 바로 시대의 흐름이다. 그 변화는 현재까지와는 비교가 되지 않을 정도로 더욱 급격해질 것이다. 그러므로 IT 관련 업체에 종사하는 사람들은 반드시 이 흐름에 따라야 한다.

이삼십 년 전만 해도 소니 워크맨을 가진다는 것은 부잣집 아이들이 아니면 누릴 수 없는 특권이었다. 워크맨은 세계를 주름 잡던 소니의 기술력으로 만든 제품으로, 모든 사람들이 그들의 기술을 인정했으므로 눈부신 성장을 거듭하고 있었다.

하지만 그런 소니조차 변화에 재빨리 대처하지 못했기 때문에 예전에 소니가 갖고 있던 명성을 잃어버리고 말았다. 워크맨을 몰락시킨 제품이 바로, 엠피맨닷컴이란 한국회사에서 세계 최초로 개발한 디지털 제품, 'MP3 플레이어'였다.

MP3 플레이어가 탄생했을 때 그 기술력은 정말 경이로웠다. 많은 양의 음악을 미리 저장해놓거나 다운을 받아 들을 수 있으며, 음악의 품질 역시 워크맨을 훨씬 능가했으므로 소비자는 CD나 카세트, 음반을 구입할 필요가 없게 되었다. 그리고 가장 큰 구매자였던 청소년들의 음반 구입이 현저하게 감소되자, 거대한 음반시장은 몰락할 수밖에 없었다.

엠피맨닷컴을 인수한 '레인콤'에서는 MP3 플레이어 시장에 '아이리버'란 제품을 출시했다. 그리고 디지털의 강자이며 세계적인 기술력을 보유한 삼성전자를 누르고 세계 1위를 차지했다. 레인콤의 아이리버는 한동안 초고속 성장을 지속하며 시장 중심에 서 있었다.

하지만 변화의 흐름을 앞질러 읽어내지 못하는 사이, 레인콤 역시 소니와 같은 길을 걷게 되었다. 매출이 줄어든 가장 큰 이유는, 휴대폰 기능에 MP3 기능이 추가되고 음악품질이 향상되자 일부 청소년과 최상의 음질을 원하는 음악 마니아만 아이리버를 찾게 되면서부터 시작되었다.

게다가 미국 애플사가 '아이팟'이라는 제품을 출시하며 강력한 경쟁자로 등장하게 되자 수출이 힘들어지면서 결국 한계에 부딪치고 만 것이다.

한때 6만 원을 넘던 주가가 1만 원 이하로 떨어진 레인콤은 과거의 영광을 영원히 회복하지 못할지도 모른다. 레인콤은 핸드폰에 MP3 기능이 추가된 제품이 처음 나왔을 때, 음질이 떨어진다며 무시하는 대신, 위기의식을 가지고 적극적으로 대처했어야 했다.

그 당시 레인콤은 여유 자본이 많았다. 그러므로 핸드폰 회사를 인수하거나, 핸드폰 시장에서 중소기업의 선두주자였던 팬택과 같은 회사와 합작하여 MP3 기능 핸드폰을 선점할 수도 있었다. 그런데 그만 그 기회를 놓쳐버린 것이다.

IT산업에서는 선점하는 것이 무엇보다도 중요하다. 레인콤이 그 당시 우수한 기술을 이용해 기존의 핸드폰 회사들보다 월등히 우수한 MP3 기능 핸드폰을 앞서 생산했더라면, 지금은 훨씬 경쟁력 있는 핸드폰 제조회사로 탈바꿈해 성장을 계속하고 있을 것이다.

디지털 카메라도 마찬가지이다. 아날로그에서 디지털 방식으로 바뀌게 되자 신규 수요가 창출되었다. 그리고 카메라 해상도가 급격히 좋아지게 되자 초창기 PC처럼 교체 주기가 짧아졌으며, 계속되는 수요로 지금까지 엄청난 호황을 누리고 있는 것이다.

아직까지는 핸드폰의 카메라 기능이나 품질이 떨어지기 때문에 사람들이 고가의 디지털 카메라를 구입하고 있지만, 이 또한 오래가지는 않을 거라 생각한다.

핸드폰의 화면이 2배 정도 커지고 카메라 품질에 큰 차이가 없게 되면, 상황은 바뀔 수밖에 없다. 기존의 핸드폰과 디지털 카메라를 각각 구입하는 가격보다 조금만 더 싸다면, 사진 마니아 외에는 따로 디지털 카메라를 구입할 사람이 거의 없게 될 것이다. 현재 디지털 카메라 시장을 장악하고 있는 캐논, 올림피아, 삼성테크윈 같은 회사들은 멀지 않아 레인콤과 같은 길을 걷게 될 것이라고 생각한다.

시장에서 살아남기 위해서는 새로운 도약이 필요한데 가장 유리한 고지에 있는 회사가 삼성테크윈이 아닐까 생각한다.

삼성테크윈은 막강한 기술력을 가진 삼성전자라는 모회사가 있기 때문이다. 두 회사의 기술력을 합해, 핸드폰 속에 고급화된 디지털 카메라 기능을 먼저 탑재할 수 있기 때문이다. 구조조정을 해야 하는 아픔이 뒤따르겠지만, 다른 카메라 회사들을 누르고 유일하게 살아남는 회사가 될지도 모르겠다.

또 다른 예를 들어보자. 국내의 대표적인 네비게이션 중소기업 중에 '아이나비'란 상표를 가진 회사가 있다. 이 회사는 대기업을 능가하는 지도의 품질로 매출 1위에 올라 있었는데, 2006년이 시작되면서 매출이 급격히 떨어졌다.

왜냐하면 새로운 시대의 흐름인 DMB 방송 시대가 열리면서, DMB 수신기 기능을 가진 네비게이션을 경쟁회사들이 이전보다 싼 가격으로 먼저 출시했기 때문이다.

아직까지는 지도 품질 면에서 앞서고 있지만 디지털업계의 선두주자인 삼성전자까지 뛰어들 추세여서, 아이나비는 더욱 어려운 상황에 놓이게 되었다.

뒤늦게 DMB 기능을 추가한 제품을 출시했으나 이미 너무 많은 시간이 흘렀고 다른 업체들이 선점한 탓에 예전의 선두자리를 찾는 일이 쉽지는 않을 것으로 보인다.

IT산업의 최종 결과물

앞에서도 언급하였지만 이처럼 IT산업이 통합되는 과정은 앞으로도 끊임 없이 계속될 것이다. 이러한 통합 과정에서 마지막으로 나타날 결과물은 작은 소설책 같은 크기의 가벼운 노트북이 될 것으로 보인다.

화상 무선전화, MP3 플레이어, 네비게이션, 디지털 카메라, DMB, PC, DVD, 전자사전, 인터넷, 신분증, 간단한 건강진단 기기, 3차원 영상게임기, 기타 새로운 영역들이 하나로 통합되며 10~20년 안에 우리 일상생활 속에 자리를 잡게 될 것이다.

그 과정에서 얼마나 많은 회사들이 생겨나고 또 도태되겠는가? 하지만 이러한 흐름을 잘 따른 부품회사와 소프트웨어 회사들을 제외한 수많은 중소기업들이 도태될 것이며, 결국 10%도 안 되는 소수의 강자만이 살아남게 될 것이다.

수많은 IT 중소기업들이 대한민국 미래에 크나큰 부와 발전을 가져다 줄 것이며, 나아가 우리나라를 세계 최고의 IT강국으로 자리 잡게 해 줄 것이라고 믿는다. 그러나 마지막까지 살아남는 기업이 10%도 안 될 것이라는 사실이 참으로 안타깝기만 하다.

소형 노트북과 핸드폰과의 전쟁

지금 이 추세로 나가면 소형 노트북과 가장 오래까지 버티면서 경쟁할 수 있는 제품은 핸드폰이 아닐까 생각한다. 핸드폰은 이미 디지털 카메라, MP3 플레이어, 녹음기, 게임기 등 여러 기능을 가지고 있기도 하지만, 가장 큰 장점은 휴대하기 편리한 간편성에 있다.

하지만 인간을 만족시켜주는 기능면에서 소형 노트북에게 많이 뒤지고 있기 때문에 마지막 경쟁에서는 질 것으로 보인다.

노트북은 점점 얇고 가벼워지면서 휴대하기 편하게 변하고 있다. 물론 이 과정에서 해결해야 할 문제들이 많이 있다. 무엇보다 배터리가 소형화되면서도 2~3일 이상 사용할 수 있으면서 비싸지 않고, 현재 데스크 탑 PC 이상의 용량과 속도를 유지하게 해줄 고성능 플레시 반도체가 가격 인하와 함께 개발되어야 한다.

또한 가격과 기능을 그대로 유지하면서 노트북 전체의 무게와 크기를 줄이기 위한 부품과 소재의 발전, 전 세계적인 무선 인터넷망의 설치 등, 장기간에 걸쳐 해결해야 할 사항들이 아직도 많다. 하지만 시대의 흐름을 거스를 수는 없을 것이다.

그것이 완성된 후에는 소형 노트북을 편하게 착용할 수 있도록 디자인된 옷이나, 보조기구가 나오게 되면 지금 핸드폰처럼 분실하는 일 없이 손쉽게 가지고 다닐 수 있게 될 것이다. 그리고 새로운 패션의 장에서 새로운 시대의 흐름을 창조하는 필수품으로 자리 잡게 되리라 믿는다.

지금의 핸드폰을 발전시키면, 미래에 소형 노트북이 할 수 있는 대부분의 기능이 얼마든지 가능해질 것이다. 사실 기능면으로 보면 80% 정도까지는 도달할 수 있으리라 생각한다. 그러나 인간은 감성을 갖고 있으므로 지금 핸드폰 크기로는 한계가 있다.

머지않아 핸드폰의 두께는 더욱 얇아지고, 화면은 주머니에 넣을 수 있는 한도 안에서 최대한 커질 것이다. 하지만 핸드폰은 그 정도가 한계다.

집이나 사무실, 전철이나 버스 안, 카페나 술집, 산과 바다 어디에서라도 회사 업무를 처리하고, 그래프나 자료화면을 보며 신속하게 주식투자를 하기 위해서는, 지금보다 고작 2배 정도 큰 핸드폰 화면으로는 답답하고 아주 힘들다. 어디에서든지 방송이나 DVD를 시청하고 컴퓨터 게임을 즐기기 위해서는 핸드폰 크기로는 많이 아쉬운 것이다.

장문의 메일을 주고받거나, 신문이나 잡지를 읽거나, 인터넷 검색을 하거나, 영상통화를 하면서 서로의 감정을 제대로 나누기 위해서는 핸드폰 크기로는 도저히 만족할 수가 없다. 또한 아무리 반도체를 발전시킨다고 해도, 용량과 속도 면에서 핸드폰 크기로는 도저히 따라오기가 어렵다.

인간은 기계와 달리 감성이라는 것이 있으므로 더 큰 만족감과 기쁨을 느끼고 싶어 한다. 그래서 핸드폰의 기능과 크기로는 그러한 인간의 감성을 만족시키는 데 한계가 있는 것이다.

물론 소형노트북이 나타나지 않아 다른 선택의 여지가 없다면 사람들은 핸드폰을 계속 많이 사용하겠지만, 시대의 흐름에 따라 소형노트북은 반드시 나타날 것이다.

물론 최후에도 휴대의 간편성이라는 큰 장점이 있기에 완전히 몰락하지는 않겠지만, 수요가 점점 줄어들어 사양 산업이 되는 것은 피할 수 없을 것이다.

미래에 택해야 할 직업

미래의 의사

일제시대에 신랑 후보가 가질만한 최고 인기 직업은 선생님과 운전기사였다고 한다. 1985년에 150이던 종합주가지수가 1989년 초 1000을 넘으며 사람들의 관심이 주식에 쏠릴 때는 증권회사 직원이 최고 신랑감으로 꼽혔다.

이처럼 시대에 따라 새로운 직종이 개발되고 있으며, 선호하는 직업 또한 다양해져 어느 직업의 미래가 밝은지조차 판단이 불가능할 정도로 세상은 급변하고 있다.

이 장에서는 젊은이들을 위해 미래에는 어떠한 직업을 선택하는 것이 좋을지 여러 관점에서 살펴보기로 하자.

예나 지금이나 가장 선호하는 직업은 판검사와 의사가 아닌가 싶다. 특히 요즘은 의과대학에 들어가기 위한 과열 현상으로 다니던 공과대학을 그만두고 다시 입시 공부를 하는 사람을 주위에서 어렵지 않게 볼 수 있다.

그렇다면 10년, 20년 후에도 그럴까? 몇 년 앞도 내다볼 수 없을 만큼 빠르게 변하고 있으니 10년, 20년 후를 예측하기는 쉽지 않지만, 그때도 지금과 같이 의사들이 인기가 있을 것 같지는 않다.

지금 초등학생들이 의사가 될 때가 되면 지금처럼 의사가 많이 필요하지 않게 될 가능성이 크다. 힘들게 공부해서 사람의 목숨을 다루는 의사의 수요가 줄어들게 된다면 그 이유는 무엇일까?

첨단 과학과 BT, IT산업의 발달로 의료기기는 상상할 수 없을 정도로 비약적인 발전을 하게 될 것으로 보인다. 환자의 상태를 기계가 정확하게 파악하고 약까지 처방한다면, 의사가 그리 많이 필요하지 않게 될 것이며, 오진률도 현저히 줄어들게 될 것이다. 그때는 직접 수술해야 하는 외과의사와 기능적인 일을 하는 성형, 치과 분야 의사들만 살아남게 될지도 모른다.

사람들이 가장 많이 걸리는 질병인 감기도 그때쯤이면 극복할 수 있게 될 것이다. 감기가 없어지면 현재 의사 숫자의 60%가 필요 없게 될 것이라는 조사 결과가 있는데, 이 말대로라면 많은 소아과 병원은 필요 없게 될 것이다.

미래에 의료기기가 더욱 발전하게 되면, 지금 의사 수 5% 정도 되는 인원만으로도 훨씬 더 정확하게 처방을 할 수 있게 될지도 모른다. 기본적인 의료 교육을 받은 컴퓨터 기술자들이 기계나 장치를 통해서 내린 처방을 의사들이 최종 확인하고 승인하는 일을 하게 될 터이니, 지금과 같이 많은 인원이 필요하지 않게 된다.

그렇다면 10년, 20년 후에 과연 다른 첨단 산업 전공자들에 비해 월등히 나은 대우를 받을 수 있겠는가?

자본주의 사회에서는 결코 있을 수 없는 일이다. 사람의 목숨을 다루는 의학 공부가 얼마나 어려운가? 직장의 환경 또한 얼마나 스트레스를 받게 하는가? 그런데 그 긴 공부가 끝난 후 취업하기도 힘들고 다른 업종에 비해 봉급도 많지 않다면 누가 의대에 가려고 하겠는가? 많은 의과대학들이 미래에는 문을 닫게 될 것이다.

그러나 한의사는 그렇게 큰 영향을 받지 않을 것 같다. 한의학 이론은 체질에 따라 세분화되어 있고, 환자 체질과 상태에 따라 조제법이 다르므로 의료기기가 그 역할을 대신하기는 쉽지 않은 일이다. 특히 한의원의 주된 매출원은 보약이고, 침술 역시 기기가 대신하는 것이 쉽지 않으리라 본다.

건설업 종사자들의 몰락

1970년대 우리나라에서는 본격적인 고속도로 개발이 시작되면서 각종 항만과 공항, 댐, 공단지역의 건설 등 SOC(Social overhead capital), 사회간접자본 건설 붐이 일어났다. 그리고 아파트라는 새로운 주거시설이 건설되기 시작하자, 강남 지역을 중심으로 엄청난 주택건설 바람이 일게 되었다.

게다가 오일 쇼크로 비롯된 중동 건설 붐으로 건설 회사들이 대부분 해외로 진출하게 되면서 국가 발전에 결정적인 도움을 주게 되었고, 건설회사 역시 호황을 누리던 시절이었다. 그때는 공과대학 건설 계통을 전공하겠다며 우수한 학생들이 떼를 지어 몰려들었다.

건설 일이 그때나 지금이나 현장 근무 군기도 세고 사람들이 기피하는 3D 업종임에도 불구하고 많은 학생들에게 인기가 있었던 이유는, 지금 의사만큼은 아닐지라도 대우가 타 업종에 비해 월등히 좋았기 때문이다.

다른 직종보다 50%이상 봉급이 더 높으면서도 가욋돈이 많이 생겼고, 건설회사 과장 봉급이 은행 지점장보다 더 많았다. 해외 현장에 나가면 회사에서는 국내 월급의 2.5~2.8배를 해외수당으로 줬고, 국가는 국가대로 외화획득을 한다며 월급에서 세금을 아주 적게 떼어갔다. 회사에서 숙식을 제공해주는데다, 이슬람 문화권이라 술집과 유흥시설이 없으니 총각 신입사원도 그 돈을 고스란히 모을 수 있었고, 2년 후 귀국해 강남에 17평 아파트를 사고도 돈이 남을 정도였다.

그런데 지금은 어떤가? 건설업이 아직도 3D 업종에서 벗어나지 못했으니 위험수당이 포함되어야 함에도 불구하고 예전에 비해 봉급수준이 몹시 낮다. 인간의 기본권인 주거에 관한 직업이 절대로 사양 산업이 될 수는 없다. 게다가 먹는 것, 입는 것은 수입을 할 수 있지만 자는 것, 즉 집은 수입할 수 있는 것이 아니다. 결국 자본주의 수요공급이 무너진 결과인 것이다.

나아진 장비와 시설로 필요한 인원이 많이 줄었고, 과거에 벌였던 대규모 SOC 건설이 대부분 끝나 공사 규모도 많이 줄었다. 그리고 주택보급율이 월등히 높아졌고, 신도시 건설이 완료됨에 따라 전반적으로 일은 줄어들게 되었지만, 건설을 전공한 사람들은 과거에 비해 몇 배나 늘었다.

게다가 IMF를 계기로 해외 건설도 수익이 발생하지 않을 것 같으면 수주하지 않는 긍정적인 방향으로 바뀌게 되자, 해외공사 물량이 급감하여 예전처럼 해외파견 인력이 많이 필요하지 않게 된 것이다.

하지만 대한민국 대부분의 대학교에는 공과대학이 있으며 건축이나 토목공학과가 없는 곳이 거의 없는데다가 대학교는 과거에 비해 기하급수적으로 늘어난 상태이다. 이렇게 수요공급의 법칙이 깨지면서 급여 수준은 떨어지게 되었고, 휴직하거나 직종을 바꾼 사람들이 많아졌다. 그렇다고 지금까지 해오던 일을 버리고 다른 일을 다시 시작한다는 것은 쉬운 일이 아니다.

지금 우리나라 이공계 최고의 인재들 대부분은 의대로 몰리고 있다. 일부 학생들은 멀쩡히 잘 다니던 서울대 공대를 포기하고 지방대 의대에 가는 경우도 있으며, 심지어 군 제대 후 그동안 다니던 학교 공부는 포기하고 의대에 들어가고자 다시 대학 입시학원에 다니는 현상도 생겨나고 있다.

과연 이러한 선택이 옳은 것일까? 그들에게는 미안한 말이지만 국가적으로도 크나큰 손실이고, 그들 개인의 장래를 보더라도 잘못된 선택이라고 말해주고 싶다. 그들이 앞으로 의사면허를 따고 개업을 시작할 때면 이미 의사는 넘쳐날 것이며 그것은 시간이 갈수록 더욱 심해질 것이다.

의사라는 직업은 사회에 꼭 필요하며 오랫동안 공부해서 어렵게 얻게 되는 것이지만, 수요가 넘쳐 의사가 남아돌게 된다면 어떻게 대우를 잘해 줄 수 있겠는가?

이 나라는 수요와 공급을 중시하는 자본주의 사회이다. 그리고 배운 것이 도둑질이라는 말이 있듯이, 긴 기간 동안 의학 공부만 한 사람들이 아무리 대우가 나빠진다 해도 다른 직업을 가질 수는 없을 것이다.

물론 다른 일반 직종 종사자보다 봉급 수준은 좀 높겠지만, 투자한 돈과 시간과 노력에 비하면 상대적으로 아주 낮다고 할 수밖에 없다. 또한 의사라는 직업은 근무 여건과 환경이 좋지 못한데, 그것은 결코 개선될 여지가 없다.

하루 종일 작은 방에 틀어박혀 아프다고 호소하는 환자들을 상대해야 하며, 외국이나 지방으로의 출장은 꿈도 꾸지 못한다. 개인적인 일이나 휴식을 위해 휴가를 내기도 쉽지 않기 때문에 어떻게 보면 드라마의 허준과 같은 사명감이 없이는 하기 힘든 고달픈 직업이다. 그래서 스트레스를 많이 받는 의사들은 대부분 주량이 만만치 않다.

급여 수준이 낮다고 해서 개업을 하는 것도 쉬운 일은 아니다. 다른 봉급 근로자들 역시 자기 사업을 하고 싶어도 실패 후에 오게 될 경제적 두려움 때문에 쉽게 실행에 옮기지 못하고 있는 것이다.

특별한 사명감 때문이 아니라, 안정되고 부유한 미래를 보장 받기 위해 의대에 지원하겠다면 오히려 무한한 장래성을 보장하는 첨단공학이나 첨단 과학 분야를 전공하는 것이 나을 것이다. 20년 후에는 첨단공학을 전공한 사람들이 의사와는 비교할 수도 없을 만큼 좋은 대우를 받을 수 있을 것이라고 본다.

미래를 예측한다는 것이 얼마나 중요한지 예를 들어 보겠다.

오래전 수의학과는 공대보다 훨씬 인기가 없었으며 입학점수 또한 높지 않았다.

동물들이 아프다고 의사를 부르는 것은 가난한 농민들의 입장에서는 쉬운 일이 아니었으므로, 수의사 역시 송아지나 교배시키고 가축이나 돌봐야 하는 3D 업종이라 생각했던 것이다.

그런데 그렇게 힘들면서도 수입은 형편없던 수의사가 지금은 어떤가? 폭발적으로 증가한 애완동물 때문에 수의사가 절대적으로 필요하게 되어, 어느 직업 못지않게 인기가 좋고 경제적인 부도 이루게 되지 않았는가.

일찌감치 멀지 않은 장래에 선진국처럼 애완동물의 시대가 올 것을 미리 예측하고 수의학과를 선택한 사람들의 판단은 매우 현명했다고 할 수 있다. 그들은 처음 폭발적인 붐이 일어나면서 수의사가 절대적으로 부족했던 시기에 급격히 늘어난 애완동물 덕분에 많은 부를 축적할 수 있었던 것이다.

우리 민족은 냄비근성이라는 특성으로 멀지 않은 장래에 세계에서 가장 먼저 진단과 처방이 가능한 종합 의료 진단기기를 만들어 낼 가능성이 크다. 그러므로 국가의 미래를 위해 이 분야에서 일할 소수의 우수한 천재들이 절실히 필요하기는 하다. 하지만 요즘처럼 우수한 인재들이 모조리 의대로 몰리는 이러한 현상은 국가를 위해서도 개인을 위해서도 하루속히 없어져야 할 것이다.

1%의 의사들만 보장받는 미래

컴퓨터가 처음 개발되었을 때 컴퓨터공학은 전자공학 커리큘럼 속에 포함되어 있었다. 특출한 학생들은 장래가 밝은 첨단산업 분야라며 너도 나도 전자공학과로 몰렸다.

그런데 10년 가까이 의대보다 합격 가능 점수가 높았던 전자공학과의 우수한 인재들은 지금 어디서 무얼 하고 있는가?

그 우수한 인재들이 지금쯤은 자신의 탁월한 능력을 인정받으며 자기 분야에서 두각을 나타내고 있어야 옳은데, 대부분 그렇지 못한 게 현실이다.

컴퓨터공학의 생명은 새로운 하드웨어를 계속 개발하는 일이다. 그런데 그것은 극소수의 천재들만으로도 가능한 일이기에, 나머지 우수한 인재들은 개발 분야에 참여할 여지가 없다.

물론 전자공학은 광범위한 학문이어서 취업하기가 어렵지는 않다. 하지만 탁월한 인재들이 한꺼번에 전자공학 쪽에 몰리게 되는 바람에 그들은 자신의 능력에 알맞은 대우를 받지 못하게 된 것이다. 우수한 그들이 다른 공학 분야를 전공했더라면 오히려 장래가 촉망되는 인재로 성장했을 터인데 참으로 아쉬운 일이다. 한창 유행이거나, 장래가 밝을 것이라며 모두가 선호하는 직업을 선택하는 것이 꼭 좋은 것만은 아니라는 것을 보여주는 좋은 예라 하겠다.

지금의 의대도 크게 다르지 않다. 의대를 선택한 뛰어난 인재 중에서 극소수의 천재들은 IT와 결합된 BT를 발전시켜 기업과 국가의 장래를 책임지는 위대한 존재로 자기 자신의 이름을 남길 수 있게 될 것이다.

불치병을 낫게 하거나, 노화를 방지하고 평균 수명을 연장해 줄 특수 신약, 줄기세포를 이용한 치료법, 최첨단 의료기기 등을 개발한 의대 졸업생들은 최상의 대우를 보장받겠지만 그들은 극소수에 불과하다. 그 외 대다수 의사들은 투자한 것에 미치지 못하는 평범한 삶을 살게 될 것이라는데 문제가 있다.

지금 미국에서 컴퓨터공학은 인기가 거의 없다. 왜 그럴까? 컴퓨터가 더 이상 필요 없어서 사양 산업이 되었단 말인가? 컴퓨터 없이는 단 하루도 살지 못할 정도인데, 그럴 수는 없을 것이다.

다만 미국에서는 컴퓨터 성능을 더 좋아지게 만들 사람들은 계속 필요하지만, 그 일이 소수의 인원만으로도 가능하다는 것을 깨닫게 된 것뿐이다. 또 사람들은 자신이 대단한 천재가 아니라면 컴퓨터공학을 전공해서는 안 된다는 것을 알게 된 것이다.

이건희 회장이 '21세기는 탁월한 천재가 10만~20만 명을 먹여 살리는 인재경쟁의 시대, 지적 창조력의 시대'라고 말했듯이 이제는 똑똑한 사람 하나가 만 명을 먹여 살리는 시대가 열렸다.

현재 의대로만 몰려들고 있는 대한민국 최고의 인재들 덕분에 머지않은 장래에 우리나라에서는 첨단산업인 바이오산업 분야가 두각을 나타내게 될 것이라고 믿는다.

하지만 그런 일부 천재 의대 졸업생들이 모든 병을 진단하고 처방할 수 있는 의료기기를 만들어내어 수많은 의사들의 일터를 잃게 만든다는 것은 아이러니가 아닐 수 없다.

IT산업의 어려운 현실

지금 IT산업에 한두 가지 어려움만 있는 게 아니다. 우리 민족의 장래를 책임 질 IT산업이 과열된 업체 간의 경쟁, 하루가 다르게 변하는 시장에 대한 대응, 코스닥시장의 불황으로 인한 자금난, 방송과 통신을 하루속히 합쳐야 하는데도 시대에 뒤떨어진 법에 따라 밥그릇 싸움을 하느라 늦장만 부리는 정부 정책, 와이브로*와 IPTV* 등 기술개발은 세계에서 제일 먼저 하고도 정부의 늑장 대응으로 늦어져 울고 있는 수많은 중소업체들, 시장이 당연히 열릴 것이라고 모든 것을 올인 했다가 1년 넘게 늦어져 적자를 감수하고 있는 이 땅의 수많은 IT기업들의 자금 압박 상황은 생각보다 심각하다.

왜 이런 일이 벌어지는가? 이 모든 것이 공직의 밥그릇 싸움에서 비롯된 것이다. 이래서야 어떻게 우리가 선진국이 될 수 있단 말인가?

그리고 우수한 인재들이 의대로 지나치게 쏠리는 현상은, 우리 민족의 장점을 살리고 선진국으로 가는데 일등공신이 될 IT산업에 치명적일 수 있다. 거의 10년 가까이 진행된 의대 광풍으로 앞으로 한국과 세계를 끌어갈 젊은 IT인 절반 이상이 사라져버렸다고 해도 지나친 말이 아니다.

요즘 우리 IT산업이 과거에 비해 주춤하고 있는 사이 다른 나라에게 추월을 당하고 있는 것도 이와 절대로 무관하지 않다. 세상 모든 일에는 인적자

---

* 와이브로WiBro : 이동하면서도 초고속 인터넷을 이용할 수 있는 무선 휴대인터넷
* IPTV (Internet Protocol Television) : 초고속 인터넷을 이용하여 정보 서비스, 동영상 콘텐츠 및 방송 등을 텔레비전 수상기로 제공하는 양방향서비스

원이 가장 중요한데, 지금 IT산업은 정부 규제와 우수 인력난이라는 두 가지 어려움으로 위기상황에 빠져있다. 모세를 닮은 현명한 지도자가 나타나 이러한 잘못을 하루속히 바로잡아야 할 것이다.

심각한 공직사회 문제

더 심각한 사회 문제 중의 하나는, 젊은이들이 공무원이 되겠다고 지나치게 많이 몰려들고 있다는 점이다.

예전에는 9급 공무원 시험에 고등학교를 졸업하고 응시하는 사람들이 대부분이었는데 요즘은 대학 졸업생들이 훨씬 많다. 심지어 다른 취업은 포기한 채 오로지 공무원이 되겠다고 '공무원 고시'라는 이름으로 몇 년에 걸쳐 공부하는 젊은이들이 많다는 데 문제가 있다.

공직을 갖기 위해 취업을 포기한 채 공부하고 있는 젊은이들 때문에, 현재 우리나라 상황이라면 실업률이 선진국보다 당연히 더 높게 나오는 게 옳은데도 불구하고 데이터 상으로는 실업률이 낮게 나온다는 점이다. 참으로 국가적인 낭비가 아닐 수 없다.

우리나라가 1960년대나 1970년대처럼 후진국이라면 충분히 이해가 간다. 왜냐하면 어느 나라를 막론하고 후진국일 때는 자본과 기술이 없기 때문에 우수한 인재들이 공직에 가서 정책을 세우는 일을 하고, 기업들을 가르치고 감독하면서 끌어가고, 외국에서 돈도 빌려오는 등의 모든 것을 총체적으로 관리하며 앞장서야 하므로 당연히 공직으로 나라의 인재들이 몰려야 했다.

하지만 나라가 점점 부강해져 선진국 대열에 들어서려는 상황에서는 복

잡 다양하며 세분화된 여러 분야에서 최선을 다해야 할 전문가가 필요한데, 이러한 문제를 과거와 같이 모두 국가에서 총체적으로 관리한다는 것은 규모면으로나 질적으로 도저히 불가능한 일이다. 그래서 선진국에서는 대부분의 사업을 민간 기업에 자율적으로 맡기고, 국가는 기본적인 감독과 관리만 하고 있다.

그동안 우리나라 기업들은 우수한 인재들을 발굴하여 전문가로 육성시키며 선진국과 겨뤄도 손색없을 정도로 시스템을 향상시켜 왔다. 그런데 이제 와서 젊은 인재들이 기업으로 가서 최고의 전문가가 될 생각은 하지 않고, 낙후된 시스템의 공무원이 되기 위해 시간과 돈을 낭비하고 있다는 것은 참으로 한심한 일이라는 생각이 든다.

과거에 비해 오히려 더 시대에 역행하며 공직으로 몰리고 있는 이 참담한 상황의 원인은 어디 있는 것일까?

우리나라가 기업들을 통해 세계적인 수준의 기술로 이룬 경제발전과 비교해 보면, 공직사회는 아직도 일제의 잔재에서 비롯된 군사문화의 틀을 벗어나지 못하고 있다고 보인다. 여전히 힘과 권력을 누리고 있으며, 봉급은 타 직종에 비해 급상승해 버렸다. 각종 이권 개입은 물론이고, 국민 위에 군림하고 있다는 생각을 버리지 못하고 있으며, 확실한 근무 시간과 봉급 외에 각종 특혜, 구조조정이 없는 그야말로 '신이 내린 직장'이 되어버렸다.

일반 기업에서는 사오정이라 하여 50살을 넘기는 것도 쉬운 일이 아닌데, 공무원은 능력이 좀 부족해도 특별한 부정이 적발되지 않는 한 60살 정도까지 근무할 수 있다.

우리나라 공무원처럼 웬만한 기업보다 더 많은 각종 혜택을 누리면서 급여를 많이 받는 나라는 극도의 후진국이 아니라면 전 세계 어디에서도 찾아볼 수 없다. 우리나라에서는 왜 이런 현상이 심화된 것인가.

과거 개발도상국 시절, 지금보다 훨씬 우수한 인재들이 몰려 국가를 끌어가던 공직사회는 지금과는 달랐다. 기술고시에 합격하여 구청 과장으로 임명되어 사명감 하나로 밤낮으로 일해도 기업의 신입사원보다 봉급이 적었다.

그런데 우리의 국치라고 떠들던 IMF를 넘기며 공직사회는 너무나도 혜택을 많이 보게 된 것이다. 기업들은 봉급을 동결하고 보너스도 반납하며 몇 년을 보내는 사이, 공무원 봉급은 해마다 연 7~8%씩 상승하면서 일반 기업과 역전이 된 것이다. 이러한 사회 구조에서 어떻게 젊은이들이 공직사회로 몰리지 않겠는가?

현재 공무원이 되고자 준비하고 있는 젊은이들 중 1/3만 3D 업종에 취업해도 한국에는 외국인 노동자가 전혀 필요하지 않게 될 것이다. 반드시 시정되어야 할 부분인데, 아무도 이것을 바로 잡으려고 하지 않으니 참으로 안타까운 일이다. 역대 많은 대통령들이 부르짖었던 개혁은 도대체 무엇을 위한 개혁인가? 반드시 해야 할 진정한 개혁을 왜 못했단 말인가?

10년 전만 해도 부정부패가 만연했던 중국은 지금 우리보다 더 앞장서서 기업을 도와주는 나라로 발전했다. 그 덕분에 중국에 진출하려는 외국 기업들로 봇물을 이루고 있다. 물론 우리나라도 예전에 비해 많이 나아지긴 했다. 하지만 구석구석 남아 있는 부정부패를 뿌리 뽑지 않고 선진국이 되기를 기대한다는 것은 어불성설이다.

부동산으로 인한 부의 확대나 공돈이나 뇌물과 같은 부정한 방법으로, 노력하지 않고도 부자가 될 수 있다는 이러한 잘못된 인식이 이 나라에서 하루속히 사라져야 한다. 노력하는 사람만이 성공할 수 있다는 인식이 공직사회뿐만 아니라 우리 사회 전체에 뿌리내릴 때, 우리는 진정한 선진국으로 도약할 수 있게 될 것이다.

많은 공무원들이 이 점이 잘못되었다고 인식하고는 있지만, 과거 군사독재 시절의 조직 문화가 공직에 아직 많이 남아있다 보니, 누군가 나서서 개혁을 주장할 수도 없는 실정이다.

모세와 같은 지도자가 목숨을 걸고 개혁하지 않으면 안 될 정도로 잘못된 이 나라 공직사회 문제는 한민족이 넘어야 할 가장 큰 장벽이 되었다고 생각한다. 동서고금을 막론하고 가장 큰 기득권 세력인 공직사회를 개혁한다는 것은 보통의 지도자가 엄두를 낼 수 없는 일이다. 무리하게 강행하다가 도리어 지도자가 쫓겨나는 경우도 많았다.

21세기 치열한 국제경쟁 시대에는 우수한 인재들이 사기업으로 몰려서 기업을 발전시키고 자기 분야의 전문가가 되기 위해 밤낮으로 노력해야 한다. 자본주의 사회에서는 기업의 미래가 곧 국가의 미래이기 때문이다. 그런데 이렇게 낙후된 공직사회에 나라의 희망이 되어야 할 젊은이들이 돈과 권력만 보고 과거보다 더 많이 몰려든다면, 어떻게 이 나라가 발전을 지속할 것이며 선진국이 될 수 있단 말인가? 현재 공직자가 혜택을 누린다는 것은 하늘의 이치에도 맞지 않는다.

특히 공기업 같은 곳은 웬만한 대기업보다 봉급이나 특혜가 많으며, 근무시간이나 업무량도 적고, 상관에게만 잘하면 특별한 잘못 이외에는 결과에 따라 책임질 일도 없다. 또한 큰 문제없이 시간만 흐르면 진급하고, 훨씬 정년이 길다. 가끔 눈먼 돈도 생기는데다 사기업들에게 발주처로서 감독권을 내세워 큰소리칠 수 있는데 선호하지 않을 사람이 어디 있겠는가? 자본주의 체제에서 어떻게 이럴 수가 있단 말인가?

이것은 하늘의 이치에도 맞지 않는 일이다. 과거 우리 조상들은 돈과 권력을 동시에 탐하지 말라고 가르쳤으며, 동시에 탐하는 사람들은 파멸되는 경우가 많았다.

이러한 모순으로 자본주의의 근본원칙인 자유경쟁체제가 무너지고 있는 것이다. 평소 자기에게 로비를 잘 하는 기업, 학연과 지연으로 얽힌 기업들을 정보와 힘을 가진 공무원이 음양으로 도와 더 많은 일감을 주는 나쁜 풍토가 이 나라에 뿌리내려 버렸다. 겉으로는 나아졌다고 하지만 속으로는 한층 더 은밀해지고 심화 되어, 이 민족의 앞날에 참으로 통탄할 모순의 사회상이 되어버린 것이다. 이것이 누구의 잘못 때문인가? 정녕 이러한 잘못을 진정으로 바로잡을 지도자는 언제 우리에게 나타난단 말인가? 하늘을 향해 빌고 또 빌고 있다.

공직 개혁, 어떻게 할 것인가

현직에 있는 수많은 공무원들에게는 참으로 미안한 말이지만 국가의 미래를 위해 장기간에 걸쳐 공무원의 숫자를 반 이상 줄이고, 평균적인 공무원의 봉급이 과거처럼 사기업보다 훨씬 적어질 때까지 장기간 동결시켜야 한다.

숫자가 반 이하로 줄어들면 국가운영이 제대로 되겠느냐고 걱정할 사람들도 있을 것이다. 그러나 결코 문제가 되지 않는다고 필자는 목숨을 걸고 확신하며 단언하는 바이다.

예를 들어 보자. 공사장에 감독이 2명 있는데 10명으로 늘린다고 해서 공사 진행이 잘되고 우수한 품질로 완공되겠는가? 그렇다고 해서 공사 기간이 단축되거나 경비가 절감되겠는가?

결코 아니다. 사공이 많으면 배가 산으로 간다고 하지 않는가? 실제로 시공하는 건설회사 직원이나 기능 인력이 중요한 것이지, 감독이 직접 작업을 하고 장비를 운전하는 실질적인 일을 하는 것이 아니기 때문에 도움이 되기는커녕 방해만 될 뿐이다.

두 명의 감독 중에서 한 명을 다른 곳에 파견한다고 해도 그 현장의 공사 진행이나 품질에는 문제가 절대 발생하지 않는다. 왜냐하면 실제로 시행하는 사람들이 반으로 줄어든 것이 아니기 때문이다.

물론 한 명도 없다면 나태해져서 안전사고가 날 수도 있고, 규정을 어기면서 공기를 단축하고 공사비를 줄이기 위해 부실공사를 할 위험성이 있기에 감시 감독하는 사람이 한 명은 반드시 필요하다.

결국 공사의 기본적인 부실이나 하자는 직원들의 나태와 실수에 의해 발생하는 것이므로, 이를 막기 위해서는 감독이 아니라 직원의 숫자를 늘려야 품질이 좋아지고 공기가 빨라지며 경비도 절감되는 법이다.

그런데 감독이란 직책은 열 명이 있다고 해도 절대로 일을 분산해서 하지 않기 때문에 공사 진행을 도와주지 않는다. 도리어 공사 진행을 방해하는 쓸데없는 규제와 규정을 찾아내거나 만들어내게 되어있다. 이는 자기 밥값을 하고 자존심을 세우고자 하는 인간의 본성에 기인한 것이다.

실제로 우리나라 공무원 숫자는 앞에서 말한 두 명이 아니라 세 명은 되는 것 같다. 이 중에서 두 명을 줄인다고 해도 아무 문제가 없을 것이라고 확신한다. 그렇게 되면 자기 부서의 존폐를 위해 유지했던 쓸데없는 규제나 규정은 자연스럽게 없어지거나 완화될 것이다.

지금 기업인들이나 언론, 지도층에 있는 사람들이 규제 완화를 아무리 외쳐본들 결코 반영이 되지 않는 이유가 바로 여기 있다. 자기 밥줄이 걸려있는데 누가 규제를 완화한단 말인가?

기업의 채용인원이 늘지 않았는데 공무원이나 공기업 직원을 그렇게 많이 줄이면 실업이 사회문제화 될 수 있다고 말할 사람도 있을 것이다. 하지만 그건 축소된 공무원으로 인한 직접인건비와 그와 관련된 간접비만큼 기업의 법인세를 삭감해주면 된다.

이 돈은 엄청난 액수여서 경제를 부양시키는 확실한 효과가 있을 것이다. 기업은 이익이 늘면 반드시 투자와 신규채용을 늘리게 되어 있는 생리를 갖고 있다. 그렇게 이익이 늘어나게 해주는 것이 이 나라를 떠나려는 기업의 마음을 바꿔 기업을 확장하고 투자를 늘리도록 할 수 있는 방법이기도 하다.

공무원 감원 정책은 하루아침에 이루어질 수 있는 일이 아니다. 하지만 국가 발전을 위해 반드시 넘어야할 장벽이기도 하다. 시간을 두고 성과에 따라 조금씩 추진하며, 신규 채용은 특별한 경우를 제외하고는 하루속히 중단해야만 한다. 또한 이러한 구조조정을 통해 공직사회에 기업 마인드를 주입하는 개혁을 단행할 수도 있을 것이다.

어떤 방식으로 구조조정이 되어야 하는지 전담반을 구성하고 연구해서 낙후된 공직사회 시스템을 발전시켜야 한다. 또한 부정이 발각되었을 때, 당사자에게는 과할 정도로 민형사상 처벌을 받도록 하는 것은 물론, 자식들도 공무원이 되는 길을 막는 등 강력하게 조치하여 도태시켜야 한다. 그러는 한편 성과에 따라 감원을 하고 우수한 사람에게는 인센티브를 적용하여 일반 기업보다 나은 대우를 해주어야 할 것이다.

중국에서는 부정부패한 공무원들을 공개 처형시키면서 부정부패가 현격하게 줄어들었다고 한다. 강력한 처벌과 성과에 따른 지원이 따를 때, 개혁은 더 빠른 속도로 진행될 것이다.

공무원 사회에도 열심히 일하고 능력 있는 사람들이 많다. 그런 사람들은 이러한 개혁을 진심으로 반길 것이다. 왜냐하면 누구보다도 그들이 현재 공무원 사회의 문제점을 잘 알고 있으며, 국가의 진정한 발전을 위해 반드시 개혁이 필요하다는 것을 피부로 체험하고 있기 때문이다. 무사안일 복지부동에 빠진 공무원 사회에서 자기들처럼 능력 있고 열심히 일하는 사람들이 튄다고 책망 받지 않으며 보상받을 수 있는 길이 열리기 때문에 크게 환영할 것이다.

우리나라는 해마다 공무원 숫자를 늘리는 등, 정책성 일자리를 만들어내기만 하고 있다. 근본적인 문제를 해결하는 것이 더 중요한 일이라는 것을 왜 우리 지도자들이 인식하지 못하고 오히려 시대에 역행하는 정책만을 남발하는지 안타깝기만 하다.

IMF 경제 위기를 겪으며 사회 곳곳에서 근본적인 변화와 개혁이 일어났다. 그러나 공직사회는 어떤 곳에서도 변화가 일어나지 않았다. 그래서 공직사회 개혁은 미래의 우리 지도자가 반드시 이루어야할 가장 중요한 임무라고 생각한다.

많은 젊은이들이 공직이 아닌 기업으로 자신의 진로 방향을 전환하여 국가 발전에 도움이 되도록 해야 한다. 그렇게 되면 지금과 같은 공무원 고시

열풍에서 당연히 벗어나게 될 것이며, 국가 경제 성장률도 훨씬 높아질 것이다.

자영업, 더 이상 안 된다

IMF 때 지나친 구조조정으로 실직한 많은 사람들이 가게를 열고 장사를 시작하여 우리나라에는 자영업을 하는 사람들이 너무 많아졌다. 게다가 부동산 투기 붐으로 상가가 지나치게 많이 건설되는 바람에 자영업을 더욱 부추기게 되었다. 직장 근무와 비교할 수 없을 정도로 많은 시간 동안 일을 하는데, 제대로 이익을 내는 자영업이 과연 얼마나 될지 의심스럽다.

우리나라 자영업자는 선진국에 비해 3배 정도 많다고 한다. 이러니 경쟁이 너무 심해 자본주의 경제 체제 아래 이익을 제대로 낼 수가 없다. 더구나 앞으로는 대형할인점과 기업화된 초메머드급 대형식당과 대형목욕탕의 출현으로 인해 자영업체의 설자리는 하루가 다르게 좁아질 수밖에 없을 것이다.

그러므로 젊은이들은 당장 자신을 필요로 하는 직장이 없다하더라도 꾸준히 능력과 자질을 키우는데 시간과 노력을 기울여 취업을 하는 것이 좋다고 본다. 앞으로는 자영업을 선호하는 것을 지양해야 할 것이다.

미래의 최고 직업

미래에 어떤 방향으로 흘러갈지 예측하고, 또 우리 민족성에 잘 맞는 직업은 무엇인지 생각해 볼 필요가 있다. 미래에는 지금보다 훨씬 다양한 직업이 생겨날 것이다. 그 중에서 우리의 민족성과 가장 잘 맞는 IT산업은 눈여겨봐야 할 직업 중의 하나이다. IT기업들과 종사자들이 지금은 경쟁이 너무 심해 견디기 어렵겠지만, 시간이 지나면서 IT업계는 현재로서는 상상할 수 없을 만큼 비약적인 발전을 하게 될 것으로 보인다. 빠르면 2007년부터 다시 한 번 도약을 시작하게 될 것이다.

그것은 새로운 차원이라 할 수 있는 '윈도 비스타'*라는 획기적인 운영 프로그램의 출시에 의해 가능해 질 것이다. 출시는 인텔이나 마이크로 소프트 MS사가 하게 되겠지만, 점점 새롭고 폭발적인 IT붐을 즐기면서 중심에서 발전하는 나라는 반드시 대한민국이 될 것이라고 생각한다. 그리고 그 여세를 몰아 우리 국민소득은 단기간에 급속도로 늘어나 3만 불 가까이 갈 것이다.

불행한 것은 이러한 IT산업의 엄청난 호황이 세계 경제 흐름에 따라서 닥칠 불황으로 인해 3년 정도면 그치고 말 것이라는 점이다. IT호황이 온 후 닥쳐올 불황은 상당히 오랜 기간에 걸쳐 진행될 것으로 보인다. 하지만 우리 민족은 남아있는 마지막 관문을 잘 극복해 반드시 선진국이 될 것이라고 믿는다.

대통령이 누가 되는 것이 중요하지 않은 때가 없었겠지만 특히 다음 정권을 맡을 대통령은 우리 민족 미래의 흥망을 좌지우지하게 되는 만큼 그 역할이 참으로 중요하다고 하겠다. 진정한 영웅은 나라가 위기일 때 나타나는 법이다. 우리 역사상 최고의 명장인 이순신 장군도 임진왜란이 없었다면 과연 영웅으로 남을 수 있었겠는가?

많은 우수한 인력들이 무한한 가능성을 갖고 있는 미래의 IT산업에 지원해 최선을 다한다면, 반드시 머지않은 시기에 IT산업의 규모가 급속도로 커지면서 기회가 많이 찾아오게 될 것이라 믿는다. 그 산업 분야가 급속도로

---

* 윈도 비스타 : 윈도우 XP 이후 새로이 개발된 OS version

커지면 감원이나 해고에 대한 위험부담이 없고, 진급도 빠를 것이며, 성과를 달성한다면 보상도 엄청날 것이다. 가능하다면 우리의 우수한 젊은이들이 IT산업으로 많이 지원하길 바란다.

또 다른 하나는 연예산업Entertainment이다. 현재는 이 분야에 종사하는 사람이 많지 않지만 미래에는 분명히 달라질 것이다. 지금도 우리나라는 '한류'라는 이름으로 아시아 최고의 자리를 지키고 있지만, 앞으로는 유럽이나 중남미에서도 미국과 쌍벽을 이루는 국가가 될 것으로 확신한다.

우리 민족에겐 끼가 있고 변화에 적응하는 힘이 남다르다. 하루가 다르게 변화하는 연예산업은 우리 냄비근성에 아주 적합한 분야이므로 세월이 지나면 자연스럽게 세계 최고 수준이 될 것이다.

연예산업 분야 즉 영화, 드라마, 연극, 쇼, 콘서트, CF, 패션, 음악, 뮤직비디오, 컴퓨터게임, 애니메이션, 인터넷 등의 장르에서 일하는 사람들의 숫자가 지금보다 수십 배가 늘어날 것이므로, 이 분야에서 자기만의 전문 분야를 지키며 꾸준히 노력하면 반드시 좋은 결과가 있을 것이다.

그러므로 과거처럼 특별한 사람들만이 하는 분야라는 생각을 버리고 끼가 있는 우수한 우리 젊은이들이 나라를 위해 연예산업에 많이 뛰어들어야 한다.

미래의 중국

다른 또 하나는 대 중국 관련 서비스산업을 들 수 있다. 기술 개발을 한다고 해도 한계가 있기 때문에 제조업에서 우리는 중국에게 밀릴 수밖에 없다. 또한 고가의 제품으로 일본이나 독일을 이기는 것도 쉬운 일이 아니다.

특히 우리는 중소기업 분야에서 일본을 당할 수가 없다. 해방 후부터 계속해서 엄청나게 손해를 보고 있는 대일 무역 적자는 대부분 일본 중소기업의 부품 공급에서 기인한 것이다.

고가의 품질은 일본이나 독일이 우위를 계속 점거할 것이라고 예상할 때, 우리는 일본이 포기한 철강과 조선, 기타 제조업 분야에서 경쟁력을 유지해야 하지만 그것도 언제까지 이어질지 장담할 수 없다.

우리 제조업 분야는 과거 유럽과 미국의 경험에서 볼 수 있듯이 공동화가 진행될 수밖에 없다. 포항제철이나 중공업 3사는 살아남기 위해 인건비가 싼 중국, 인도, 베트남, 동유럽 등에 공장을 설립하게 될 것이며, 중소기업들도 외국에 나가 현지화한 기업 외에는 대부분 도태되게 될 것으로 보인다.

국내에 남아있는 제조공장들은 수출보다 국내 수요를 충족시키기 위한 구조로 축소 변형되어 유지될 것이고, 이때 우리는 일본이나 중국에서 대부분의 제품을 수입할 수밖에 없게 될지도 모른다. 그렇다면 젊은이들은 미래의 제조업 분야에서 직업을 갖는 것을 가능하면 피해야 될 것이다. 앞으로 상당기간 중국과 제조업에서 경쟁할 수 있는 나라가 나오기는 힘들 것으로 본다. 이미 확고한 위치를 차지하고 있는 중국은 앞으로 세계의 중심 역할을 하며 성장하고 발전할 것이다.

과거 영국은 산업혁명과 더불어 수많은 식민지를 이용해 자원을 공급받고 제품을 팔 수 있는 시장이 있었기에 세계 경제를 이끌 수 있었다. 하지만 제2차 세계대전이 끝나면서 연합군이 전쟁에서 이기는데 주도적인 역할을 했던 미국이 독일과 일본을 물리치면서 상황은 급변했다.

미국은 전쟁을 통해 엄청난 군사무기를 생산하면서 제조업을 발전시켰으며, 독일의 뛰어난 기술까지 흡수하면서 영국을 대신하는 무역대국으로 올라서게 된 것이다.

하지만 미국은 1980년이 지나면서 일본과 독일의 추격으로 자기 나라 안에서조차 제조업이 차지하는 비율이 10% 밖에 안 될 정도로 경쟁력을 잃게 되었다. 그 대신 IT산업, 금융, 서비스업, 우주선을 포함한 항공산업, 석유 산업 및 전쟁무기 사업과 핵무기를 통해 지금도 세계를 지배하고는 있다.

이처럼 영국에서 미국, 다시 일본과 독일을 비롯한 유럽 각지로 흩어졌던 제조업 공장들이 이제 중국으로 집결하고 있는 것을 눈여겨보아야 한다. 앞으로 10년 후 중국은 미국조차 쉽게 건드릴 수 없는 나라로 변모할 것이다. 중국에서 생산되는 생필품이나 공장 제품이 공급되지 않으면 미국은 물론 전 세계가 공황 상태까지 갈 수도 있다. 지금 문제가 되고 있는 석유와는 비교를 할 수 없을 정도로 혼란이 예상된다.

석유는 세계 여러 나라에서 생산하고 있으니 선택의 여지가 있다. 또한 대부분의 나라가 일정 기간 동안 사용할 수 있는 많은 물량을 비축하고 있는데다, 에너지를 절약하거나 대체 에너지 사용이 가능할 수도 있다.

그러나 개개인의 생활에 당장 필요한 상품들은 그렇지가 않다. 그때가 되면 모든 나라가 중국의 눈치를 봐야할지도 모른다. 지금 미국은 이를 견제하기 위해, 경쟁 체제를 갖추려고 인도에 제조 공장들을 설립하고 있지만, 중국을 대신하기는 어려울 것으로 생각된다.

이렇게 제조 공장이 중국으로 집중되는 것이 문제가 될 수도 있겠지만 중국이 절대 강자인 미국을 견제할 수 있는 국가로 성장하는 것은 바람직하다고 할 수도 있다. 절대 권력은 부패할 수밖에 없다는 교훈을 우리는 역사를 통해 배워오지 않았는가.

　중국은 우리와 지리적으로 가깝고, 역사적으로도 밀접한 관계를 맺어왔으며, 정서적으로도 닮은 데가 많다. 이런 장점을 잘 살려 우리는 중국을 위한 서비스 산업을 발전시켜 새롭게 도약할 수 있는 원동력이 될 수 있도록 해야 한다.

　서비스 산업은 부가가치는 높지만 자원은 필요치 않는 산업이다. 그렇기 때문에 절대적으로 자원이 부족한 우리로서는 마땅히 지향해야 할 분야이다. 정부는 대 중국 서비스 산업을 발전시키기 위해 문제점을 개선하고 적극적으로 투자할 수 있게 제도적으로 보완을 해야만 한다.

　타국을 위한 서비스 산업에는 무엇보다 언어소통문제를 해결해야 하는 것이 중요하다. 다행히 중국에는 지금도 많은 교포들이 거주하며 일을 하고 있기에 이들을 고용하면 언어는 다른 국가들에 비해 그렇게 큰 장애가 되지 않을 것이다.

　중국을 위한 서비스 산업 중에서 게임업종도 우리 민족성에 맞기에 아주 큰 장래가 있다고 본다. 그러므로 이 방면에 소질이 있고 아주 좋아하는 젊은이라면, 괜히 PC방에서 노는 업종이라고 무시하지 말고 게임 개발 업종에 미래를 걸어야 할 것이다.

　세계 여러 나라들이 나름대로 자녀교육에 관심을 많이 갖고 있긴 하지만, 자신을 희생하면서까지 자녀교육에 목숨을 거는 민족은 우리 민족과 유대민족뿐일 것이다.

　2006년 초, 발표에 의하면 자녀를 2명 이상 둔 가족의 자녀교육비는 전체 생활비의 65% 이상이고, 1명일 때 40%라고 하는 통계를 본적이 있다.

65%이상을 교육비로 지출하고 남은 돈으로 저축을 하거나 기타 의식주를 해결하게 되면 정작 부모는 자신을 위한 지출은 엄두도 못 내는 것이 지금 우리 실정이다.

수십 년 동안 이처럼 비뚤어진 사교육 열풍에 휩싸여 있었던 까닭에 우리나라 학원들은 상당한 노하우를 쌓을 수 있게 되었고, 주입식 교육 분야에서 경쟁력을 갖추게 되었다.

중국 역시 우리보다 덜 하긴 하지만 자녀교육에 열의가 대단한 나라이다. 게다가 오랫동안 1자녀 정책을 고수하고 있는 까닭에 대부분의 부모들은 자녀 교육에 투자를 아끼지 않는다.

그러므로 7~8년 후 중국 국민소득이 3천 불을 넘어서게 되면 우리와 같은 사교육 열풍이 불기 시작할 것으로 본다. 그때 중국 학원교육 시장을 선점할 수 있도록 서두를 필요가 있다. 우리나라의 유명한 입시학원 시스템과 기타 장점을 가지고 있는 학원이 통합해 큰 규모로 브랜드화 한다면 큰 수익을 올릴 수 있는 새로운 시장을 형성하게 될 것이다.

인구가 13억인 중국 시장은 우리가 상상하는 그 이상이다. 국가적인 차원에서 학원들을 대형화하고 전문화시켜 육성해간다면 충분한 경쟁력을 갖출 것이라 생각한다. 21세기는 인터넷 시대여서 짧은 시간 안에 세계적인 홍보가 가능하며, 이를 위해 먼저 브랜드로 무장하는 것은 좋은 방법이다.

우리의 우수한 젊은이들이 일찌감치 학원산업에 진출하여 지금부터 준비하고 경쟁력을 키워나가는 것도 미래를 위한 좋은 선택이 될 수 있을 것이다.

중국에서 가장 성공한 할인점인 까르푸와 세계 최고의 할인점이라는 월마트조차 이마트, 롯데마트, 하나로와의 경쟁에서 밀려 결국 한국을 떠날 수밖에 없었다. 이처럼 우리 할인점이 가진 경쟁력은 대단하다. 이마트는 뒤늦게 중국시장에 합류했지만 우리와 정서가 비슷한 중국에서 까르푸를 이기는 것은 시간문제라고 생각한다.

한국까르푸는 이러한 점을 잘 알고 있었다. 그래서 머지않은 시기에 중국시장에서 맞붙게 될 한국의 대형 할인점이 더 커지는 것을 막기 위해 이마트, 롯데마트에 카르푸를 팔지 않았는지도 모른다.

또한 우리나라의 사이버 쇼핑몰 역시 엄청난 속도로 발전해가고 있으니 특성화해 경쟁력을 키워 중국에 진출한다면 충분히 승산이 있으리라 믿는다.

한국에서 성공한 음식점도 중국인의 입맛에 맞게 조금 바꾸고, 미국의 피자헛이나 KFC, 스타벅스처럼 브랜드화 한다면 국제적으로도 성공할 수 있을 것이다. 정부에서도 우리 외식산업을 전문 브랜드화 하여 외국에 진출할 수 있도록 국익을 위해 대기업에게도 길을 열어주어야 한다.

이러한 학원, 할인점, 쇼핑몰, 외식산업 등의 선전을 위해 우리 한류스타들이 나서는 것도 브랜드화를 앞당기고 매출을 늘리는 좋은 방법이 될 것이다.

또한 우리의 강점인 각종 IT산업 제품들과 시스템을 제공한 후, 유지 관리를 해주는 것도 미래가 밝은 서비스의 한 분야가 되리라 본다.

중국의 국민소득이 앞으로 10년 이내에 3천 불을 넘어서게 되면 우리나라 1980년대와 같은 현상이 나타날 것이고, 서비스 산업의 소비가 급속히 증가하게 될 것이다. 지금도 상위 약 5천만 명의 소비 수준은 이미 우리 평균치를 넘어선 상태이다.

현재 우리 젊은이들은 어떤 분야가 자신의 적성에 맞고, 앞으로 중국에 경쟁력이 있는 서비스 분야가 무엇일지 신중히 고려해 취업, 창업을 하는 것이 좋을 것이다. 하늘은 준비된 자에게 기회를 준다는 것을 명심하고 최선을 다해 후회 없는 선택을 하기 바란다.

NOM을 위한 직업들

'새로운 노인들'에 관해 앞 장에서 밝힌 바와 같이, 돈 많고 지적 수준이 높은 노인들이 큰 목소리를 내는 세상이 빠르면 10년 내에 찾아오게 될 것이다.

이제부터 당당하게 자신의 목소리를 내며 새롭게 등장하는 신세대 노인들을 편의상 New Old Men, 즉 NOM이라 명칭하기로 하자.

이들 NOM 세대는 국가 전체 재산의 절반에 가까운 자본을 부동산, 예금, 채권, 주식으로 소유하고 있으면서 사회 여러 분야에 투자하기도 하고, 여러 기업의 대주주로서 막강한 힘을 발휘하기도 할 것이다. 점점 고령화 사회로 가고 있는 우리 사회에서 NOM은 정치에 큰 영향을 주는 것은 물론, 무시할 수 없는 새로운 힘을 갖고 자리 잡게 될 것으로 보인다.

시간이 흐를수록 젊은 세대의 도움을 받지 않고 스스로 선택하고 판단하며, 자신이 번 재산을 자식들에게 물려주기보다 자신들을 위해 쓰고자 하는 소비성향이 강한 NOM 세대를 상대로 한 사업은 점점 더 다양해질 것이다.

지금부터 10년 정도 지나면 두각을 나타내기 시작해서, 실버타운은 물론 노인들만을 위한 취미·오락센터, 황혼 및 재혼 중매업, 외로운 노인들을 위한 대화 상대자 및 임시 파트너, 건강 관련 바이오산업, 건강식품 생산 및 판매업, 노인 특화 여행 및 노인 교육 센터 등등 수없이 많을 것이다.

특히 건강은 노인들에게 있어 가장 중요한 문제라 돈을 아끼지 않을 분야이므로, 건강 관련 직업을 선택하여 경쟁력을 키운다면 성공할 수 있을 것으로 생각한다.

죽음을 도와주는 직업

마지막으로 특이한 업종 하나를 추천하겠다. 인간은 누구나 언젠가는 죽음을 맞이하게 되어 있지만 편안하게 죽기 위해 준비하는 사람은 흔치 않다.

어찌 보면 태어나는 것보다 죽음을 준비하는 것이 더 중요하며 삶을 올바르게 알기 위해서도 죽음에 관해 알 필요가 있다. 나약한 인간이 종교로 귀의하는 것은 사후세계에 대한 두려움 때문일 것이다.

현재 일부 불치병이나 말기 암 환자들을 위한 호스피스가 죽음 준비에 대해 포괄적으로 도움을 주고 있기는 하지만, 거의 자원봉사 수준에 머물러 있는 편이다. 그러나 미래에는 호스피스 개념이 확대되어 단 한 번뿐인 죽음을 편안하게 맞을 수 있도록 도와주는 직업이 생길 것으로 본다. 물론 이러한 업종이 성공하리라 확신할 수는 없지만 충분히 가능성이 있으며 보람 있는 직업이 될 거라 생각한다.

의사들은 자신의 전공 분야에선 해박한 지식을 가지고 있지만 정신적으로 죽음을 앞둔 환자를 편안하게 대하는 법은 잘 모르고 있다. 노인 인구는 계속해서 증가할 것이고 NOM 세대가 사회 구성원으로서 목소리가 높아짐에 따라 사후세계에 대한 공포에서 벗어나려는 노력은 더욱 커질 것이다. 우리 민족은 정신세계가 깊은 까닭에 사후세계에 대한 두려움도 많다. 종교에 귀의한 사람들도 죽음의 공포에서 자유롭지 못한데 보통 사람들은 어떠하겠는가?

급한 것과 끼리끼리가 겹친 국민성으로 우리나라 대부분의 종교는 원래의 참 뜻을 벗어나 부정적인 방향으로 분파하고 변질되어 버렸고, 수많은 사이비 종교도 번성하여 자신들의 종교를 믿어야만 구원받을 수 있으며 사후세계를 보장받는다고 극성을 부리고 있다.

앞으로 의사들은 의술뿐만 아니라 죽음을 앞둔 사람들의 마음을 헤아릴 수 있는 법과 환자들의 죽음을 평화롭게 이끌어내는 방법도 배워야 된다고 생각한다. 하지만 자신의 일만으로도 벅찬 의사들에게 이런 것까지 기대하는 것 자체가 무리라면, 편안하게 죽음을 맞이할 수 있도록 도와주는 사람들을 양성하는 것도 좋은 방법일 것이다.

이러한 직업을 가진 사람들은 죽음에 접한 사람들뿐만 아니라, 심리적으로 공황에 빠진 사람들이거나, 스트레스로 인해 심한 우울증이나 불면증에 시달리는 사람들을 도와주는 카운슬러 역할도 해 줄 수 있을 것이다.

선진국으로 발돋움하며 국민소득이 높아지게 되면 사람들은 육체적인 건강뿐만이 아니라, 정신 건강을 위해서도 많은 돈과 노력을 투자하려고 한다. 그러므로 평소에 정신세계에 관심이 많고 수련을 생활화 하며 사는 것을 좋아하는 젊은이라면 굳이 다른 직업을 가지려하지 말고 수련을 통해 정진하여 어느 정도 경지에 다다르도록 노력하는 것도 괜찮을 것이다.

물론 이런 경지에 달해서 편안한 죽음을 도와줄 수 있는 능력이 생겼다고 해도 이러한 직업으로 지나치게 많은 돈을 벌고자 해서는 안 될 것이다. 본인이 좋아하는 일과 수련을 계속하면서 참으로 보람 있는 일을 한다고 생각한다면 만족스러운 인생이 되지 않겠는가?

PART 5

미래의 부동산

Real Estate Tomorrow

부동산의 과거, 현재, 미래

우리 민족의 부동산 욕심

우리 민족에게 과거 부동산은 어떤 의미인가? 지금은 투자나 투기의 대상이지만 과거 서민들에게 땅은 한 그 자체였다. 소작농으로 농사를 짓던 사람들은 힘들게 일해서 절반을 지주에게 주었고, 여기에 흉년이 들기라도 하면 먹고 살 수 있는 길이 막막했다. 이러한 악순환으로 결국엔 빚더미에 올라앉게 되어 자식을 종이나 첩으로 바치는 경우도 있었다. 우리 국민이 땅에 대한 욕심이 많은 이유도 한 많은 역사가 있었기 때문이다.

산업화가 시작되면서 농민들은 일자리를 찾아 도시로 몰려왔다. 하지만 도시의 비싼 집세를 부담할 수 있을 만큼 여유가 없어 야산의 나무들을 베어 무허가 집을 짓기 시작한 것이 산동네 판자촌을 이루게 되었고, 그것도 못했던 사람들은 단칸방에서 월세를 살면서 막일을 할 수밖에 없었다.

유행가 가사에 나올 만큼 전세살이의 설움이 얼마나 한스러웠었는지, 칠순을 넘기신 분들은 잘 알고 있다. 지금처럼 세입자를 보호하는 입법이 있었던 것도 아니고, 주인 마음에 안 들면 방을 빼라고 윽박지르는 것도 다반사였다. 수시로 오르는 전세 값을 감당하기 힘들었기 때문에 이사하는 것도 쉬운 일이 아니었으며, 주인집 아이들에게 얻어맞는 자식들을 보고도 참을 수밖에 없었다.

모든 삶의 목표가 바로 내 집 마련이었으니, 요즘 세대들이 이해할 수 있겠는가? 지금은 세입자를 보호하는 법도 만들어졌고 새로운 주거 수단이 많이 생기게 되어 예전과 같이 설움을 당하는 일이 많이 없어지긴 했지만, 우리는 부모로부터 영향을 받은 탓에 내 집 마련에 대한 욕망이 강하다.

오랫동안 절약하여 조금씩 저축하고, 부족한 돈은 은행에서 빌려 집을 마련했을 때 그 기쁨이 가장 크다고 말하는 부부가 아직도 많다. 현재 우리나라 주택 보급률이 100%를 넘었지만 집에 대한 욕심은 사그라지지 않고 있다.

다른 나라들도 후진국일 때는 절약을 미덕으로 삼지만 중진국으로 성장하면서 생긴 여유 자금으로 투기가 일어나고 부동산이 폭등하는 경우가 많았다. 특히 우리나라는 급한 민족성으로 인해 다른 나라에 비해 매우 짧은 기간 동안에 부동산 폭등이 일어났다.

서울 강남의 예를 들어보자.

강남은 한남대교 건설을 시작으로 본격적인 개발이 이루어지기 시작했다. 1960년대 초반 강남이 개발되기 전에는 평당 200원에서 500원 정도 하던 땅값이 46년이 지난 현재 평당 이천만 원 정도로 올랐다. 약 4만~ 10만 배가 오른 것이다.

세계 어느 나라 어느 역사에도 이렇게 큰 땅이 짧은 시간 안에 10만 배나 오른 경우는 없다. 우리 민족은 부동산 상승에 있어서도 세계 신기록을 세운 것이다. 아무리 좋은 아이템을 가지고 사업을 해도 단기간에 10만 배 성장시킨다는 것은 불가능에 가까운 일이다.

간단한 계산으로, 100만 원 투자하여 46년이 지나 천억을 벌 수 있다면 상상이나 할 수 있겠는가? 이렇게 되다 보니 우리 국민은 부동산에 대해 더욱 강한 믿음을 갖게 되었으며, 부동산 불패 신화를 이어가고 있는 것이다.

이렇게 온 나라가 부동산 투기로 몸살을 앓게 되자 참여정부에서는 각종 대책으로 부동산 시장을 안정시키려고 노력했지만 번번이 실패하고 말았다.

정부 시책이 아니더라도 자본주의 원칙인 수요공급의 원칙에 따라 부동산 시장은 더 이상 투기 대상이 되지 않는다는 통계가 나왔음에도 불구하고, 지금도 계속 사그라질 줄 모르는 부동산 열기를 어떻게 설명해야 할까?

2005년 상반기 판교의 높은 분양가를 미리 언론에서 발표하여 분당, 용인, 강남 지역의 집값을 폭등시킨 것은 정부의 대표적인 실책으로, 결국 부동산 상승을 부추기는 원인이 되었으며 지금도 걷잡을 수 없을 정도로 거품은 커져가고 있다.

여러분도 한 번쯤은 풍선을 불어본 적이 있을 것이다. 풍선을 불다보면 곧 터질 것 같아서 계속 커져가는 풍선을 보며 불안해지곤 한다. 지금의 부동산 시장은 언제 터질지 모르는 풍선 불기와 같다. 정확히 예측하기는 힘들지만 몇 년 내에 터질 것이 확실하므로 부동산 투자에 신중해야 한다.

부동산 거품이 치명적인 이유

부동산 가격이 너무 하락하게 되면 해외 자본가들의 먹잇감이 될 수 있으며, 어느 정도의 부동산 가격 상승은 경제에 활력을 주기 때문에 좋다고 할 수 있다. 하지만 부동산 가격이 폭등하게 되면 많은 해악이 따르게 된다. 그 대표적인 해악을 아래에 정리해 보았다.

첫째, 국가 발전에 암적인 존재가 된다.

적자를 내는 사업이나 장사를 장기간 계속해서 할 사람은 없을 것이다. 이럴 때는 하루 빨리 정리하는 것이 자신에게나 국가를 위해서도 좋은 일이다. 하지만 투자한 공장의 부동산 가격이 사업의 적자를 메우고도 훨씬 남을 정도가 되면, 사업을 절대로 그만둘 이유가 없다.

이렇게 부동산 가격이 올라서 쉽게 돈을 버는 것이 생활화 되다 보면 기업가들도 동참을 하게 된다. 사실 아무리 유능한 기업가라고 해도 기업을 운영해서 성공하기가 얼마나 어려운가, 그런데 아무것도 안하면서 1년에 몇 배씩 벌수 있는 아이템이 있다면 어떤 기업가가 동참하지 않겠는가? 기업이란 이윤이 최대목적인 것이다. 회사는 안 나가고 좋은 부동산 찾으러 다니는데 노력을 더 기울이다보니 기업 경영은 부업이고 부동산업이 주업이 되고 만 이러한 기업가들을 주위에서 많이 보는 것이 요즘 한국 실정이다.

기업을 할 유능한 인재들이 부동산 투기꾼이 되면 국가 경쟁력은 자연 떨어지게 되며, 나중에는 회복이 불가능한 상태에 이르고 말 것이다. 경쟁력을 잃어서 전체 살림살이가 가난해진 국가의 집값이나 땅값이 무슨 가치가 있다고 계속 오르겠는가? 결국 폭락하고 말 것이며 큰 불황이 찾아오게 된다.

둘째, 젊은이들이 꿈을 잃게 된다.

봉급을 아무리 저축해도 내 집을 마련할 수가 없다면, 어떤 젊은이가 미래를 위해 자신의 분야에서 전문가가 되겠다고 열심히 노력하며 공부하겠는가? 젊은이들은 미래에 대한 희망을 잃어버린 채 자포자기하여, 부당한 방법으로 큰 돈을 벌기 위한 한탕주의에 빠지고 말 것이다.

셋째, 노력하며 열심히 살아야 하는 모든 명분이 사라진다.

부동산에 잘 투자하면 아무것도 하지 않아도 노력한 것의 몇 배나 되는 이익을 챙길 수 있는데, 누가 열심히 일을 하겠는가?

편법과 한탕주의가 당연하게 여겨지면 정직하게 원칙을 중시하며 살아가는 사람들이 바보 취급받고, 시대에 뒤떨어졌다고 손가락질 받는 세상이 되고 만다. 이러한 사회에 무슨 정의가 있고 희망이 있고 미래가 있단 말인가?

넷째, 가장 큰 문제인데, 치유 불능의 장기 불황이 올 수 있다는 점이다.

이러한 거품이 다음 세대까지 계속되지 못하고 붕괴되어 제 가치를 찾아갈 때 문제가 발생한다. 부동산의 지나친 하락은 사회 전반에 걸쳐 심각한 불경기를 초래할 수가 있다. 이렇게 되면 재산의 80% 이상을 부동산으로 가지고 있는 대부분의 사람들은 예전처럼 소비를 할 수가 없어진다. 자신의 재산이 절반으로 줄어드는데 어느 누가 해외여행을 자주하고, 명품을 사고, 새 차를 사고, 비싼 외식을 할 수 있겠는가?

어느 정도의 소비는 경제를 움직이는 매우 중요한 요소이기 때문에 급격한 소비 감소는 국가 경제에 심각한 영향을 미치게 되므로, 수많은 기업들이 도산하고 말 것이다.

강남에 15억 원에 거래되고 있는 아파트를 갖고 있는 평범한 40대 후반의 봉급생활자가 있다고 하자. 이런 사람들은 우리 주위에서 많이 볼 수 있다. 이들의 꿈은 퇴직을 하게 되면 가까운 시골에 전원주택이나 실버타운 같은 곳에서 여생을 보내려는 생각을 가지고 있는 경우가 많다.

그런데 집을 살 때 쓴 대출금을 갚고 자식들 교육비와 결혼 등으로 지출하다 보면, 현금을 많이 갖고 있을 수가 없다. 이러한 상황에서 전 재산이라고 할 수 있는 집값이 계속해서 하락하여 지금 가격의 1/3 정도가 되면, 먹고 사는 문제 이외에 다른 여가 생활은 꿈도 꾸지 못하게 된다.

가까운 일본만 보더라도 12년에 걸쳐 부동산이 1/3가격이 될 때까지 서서히 하락하면서 몰락하게 되었다. 금리까지 고려한다면 예전 가격의 1/10로 하락한 것과 같다.

이렇게 오랫동안 불황이 계속되면서 모든 상품은 가격이 떨어지게 되고 자본주의 최악이라는 디플레이션 경제에 빠져 고전을 면치 못하게 되었다. 새로운 세계의 흐름에 뒤지게 되자, 과거 자신의 식민지였고 영원히 자신들을 쫓아오지 못할 거라 장담했던 한국에게 결국 디지털 산업분야에서 추월을 당하게 된 것이다.

그래도 일본은 제조업 분야에서 세계적인 경쟁력을 가지고 있으므로 12년 동안 수출이 꾸준히 늘어 천문학적인 무역 흑자가 난 덕분에, 줄어든 국가자본을 어느 정도 메워가며 비틸 수가 있었다.

엄청난 해외무역 흑자로 인한 일본 기업들의 자금 수혈이 없었더라면, 일본은 우리보다 먼저 IMF 경제 위기를 맞을 수도 있었다. 하지만 우리나라가 일본처럼 엄청난 무역수지를 유지한다는 것은 어려운 일이다.

다섯째, 역사에 두고두고 후손에게 죄를 짓는 것이다.

부동산의 폭등이라는 것은 결국 변하지 않는 가치에 거품을 만들어 소비를 촉진하는 폭탄 돌리기와 같다. 그 폭탄을 우리 후손에게 물려준다면 어떻게 되겠는가? 커지면 커질수록 더 크게 터지는 것이 거품이다. 거품은 반드시 터지는 것이 자연의 섭리이다. 거품이 터진 후 극심한 피해를 극복하기 위해 오랫동안 자손들이 못 먹고 못 쓰면서 두고두고 조상을 원망하게 되는 것을 바라는 사람은 없을 것이다. 부동산의 지나친 거품은 후손들로부터 잘 살 수 있는 권리를 빼앗는 도적질이라고 할 수 있다.

가까운 예로 DJ정권은 IMF가 터진 후 조기 극복을 위해 지나친 부동산 부양과 함께 신용카드 붐을 조성하여 호황을 유지하게 만든 적이 있다. 전 세계적으로 불경기가 찾아와 수출주도형 국가인 우리나라는 당연히 불황이었어야 했음에도 불구하고, 카드 빚으로 인한 과소비와 부동산 폭탄 돌리기의 시작으로 억지로 호황을 만든 것이다.

이것은 DJ정권의 큰 실책 중의 하니인데도, 언론은 IMF 금융 위기를 1년이라는 짧은 시간 안에 극복한 것처럼 연일 보도했었다.

하지만 몇 사람의 잘못된 정책으로 인한 카드사태의 후유증은 2004년부터 나타나기 시작했다. 그리고 수많은 젊은이들과 가장들을 IMF 때보다 훨씬 더 많이 거리로 내몰았으며 회복하기 힘든 신용 불량의 나락으로 떨어뜨렸다.

2004년부터 세계 경제가 회복되어 우리 기업들의 수출이 급속도로 늘어나게 되었다. 그럼에도 불구하고, 우리는 국가 전체 경제 인구의 1/3에 달하는 4백만 명 가까운 신용 불량자들과 4백만 명 가까운 예비 신용 불량자들로 인해 어려움을 겪고 있다. 그리고 지금도 계속해서 아주 낮은 경제성장률과 내수 불황에 허덕이고 있는 것이다.

지금 언론에서는 우리나라가 3~4%대 선진국 형 저성장 국면에 들어섰다고 하는데, 절대로 그래서 그런 것이 아니다. 우리는 뛰어난 지도자만 나타난다면, 앞으로 7%대의 성장을 계속 할 수 있는 잠재력이 분명히 있다. 단지 카드문제로 인해 지난 몇 년간과 앞으로 몇 년 동안 저 성장이 불가피한 것이다.

그러므로 큰 대가를 치르더라도, 카드로 인한 신용불량자와 신용불량 대기자들 문제를 우리의 새로운 지도자가 단기간에 해결해야만 한다. 카드로 인한 이러한 불황은 미래의 소득과 소비를 빚을 내서 미리 앞당겨 사용했기에 그렇게 된 것이다.

카드로 인한 불황만 없었더라면 1970년대 후반 중동 붐이 일어났을 때와 같은 호황과, 1980년대 중반 3저 현상으로 찾아왔던 큰 호황을 7%대 이상의 경제성장률과 함께 우리는 지금 즐기고 있을 것이다.

잘못된 카드 정책으로 이렇게 엄청난 대가를 치르고 있는데, 그보다 규모가 훨씬 더 크며 대부분의 국민이 연관되어 있는 부동산 거품이 터진다면, 얼마나 크나큰 불황이 찾아 올 것인가는 생각만 해도 끔찍한 일이다.

IMF 위기 때 부동산 가격과 전세가가 폭락하면서 부동산을 잡을 수 있는 절호의 기회가 찾아왔건만, 일부 정치인들의 야망 때문에 부동산 투기를 조장하는 결과를 낳고 말았다.

현 정권 역시 정책의 미숙함으로 실책을 거듭하여 부동산 가격의 폭등을 부채질하였으며 부동산 불패의 신화를 가슴 깊이 심어놓았다. 하지만 가까운 미래에 거품이 꺼지는 상황은 반드시 올 것이다.

후손에 대한 죄, 땅값 폭등

땅에는 한계가 있다. 판교 대형 평수 평당 분양가가 천팔백만 원(2005년 언론에는 2천만 원이라고 발표를 했었다)이라고 발표된 것도 토지개발공사로부터 분양 받은 땅값이 평당 천삼백만 원 정도이기 때문에 어쩔 수 없었다고 한다.

1990년대 초반 분당 신도시 개발 막바지에 토지개발공사는 평당 20만 원에 건설회사로 땅을 분양했고, 그 당시 표준 건축비가 약 70만 원 정도였으므로 99만 원에 아파트를 분양했다.

현재 아파트를 건설하는데 드는 비용은 고급형으로 짓는데 삼백오십만 원 정도라고 한다. 그러면 건축비가 5배 정도 오른 셈이다. 그런데 땅값은 무려 70배가 오른 것이다.

이 땅은 갑자기 우리 민족에게 떨어진 것이 아니라 조선 시대에도, 고려 시대에도 있었으며 앞으로도 영원히 존재할 땅이다. 그런데 지금 불과 40년 동안 이렇게 지나친 거품을 만들어 놓으면 미래의 역사는 우리를 어떻게 평가하겠는가? 거품은 반드시 꺼지게 되어있는 것이 자연의 섭리인데, 그 엄청난 고통을 자손들이 감당하도록 만든 죄인이 되어 역사에 기록된다면 창피한 노릇이 아닐 수 없다.

지금까지는 계속 상승하고 있지만 하락의 조짐이 여러 곳에서 감지되고 있다. 우리는 부동산 거품이 꺼지는 것으로 파생되는 불경기가 아무리 힘들고 어렵더라도, 우리 당대에 극복해야만 한다.

그리고 후손들에게 가난과 고통을 전가하는 일이 없어야겠다. 그러한 고통을 교훈 삼아 다시는 거품이 생기지 않는 사회적인 시스템을 반드시 만들어야 한다. 참담한 고통이 따른다 할지라도 아직은 극복할 수 있는 것이기에 참으로 다행이라는 생각이 든다.

그러나 많은 사람들이 의아해 하며 그럴 리가 없다고 반박할 지도 모른다. 부동산이란 것은 공급의 한계가 있기 때문에 잠시 불황을 겪을 수는 있지만 하락하지 않고 4~5년 정도의 사이클을 타고 다시 올라갈 것으로 믿고 있기 때문이다. 그들은 정부의 부동산 규제가 강하기 때문에 주춤하고 있지만, 정권만 바뀌면 다시 올라갈 수밖에 없다고 주장할 것이다.

일본 부동산 거품 붕괴의 교훈

일본인들도 부동산 불패의 신념에 빠져서 과거 오랫동안 부동산 투자에 모든 것을 다 걸었다. 하지만 자본주의에서 수요와 공급의 원칙이 무너지면서 거품은 결국 터지고 말았다.

일본은 과거 백약이 무효인 부동산 폭등을 막기 위해 금리를 2.5%에서 6%로 1년 3개월 사이에 급등시켰다. 그러자 갑작스런 이자 부담으로 인한 매물로 부동산 시장은 무너졌고 장기 불황이 시작된 것이다.

그로부터 몇 년이 지난 후 경기를 살리기 위해 정부는 오히려 부동산 부양정책을 썼다. 그리고 계속되는 금리 인하로 제로 금리상태를 오랫동안 유지했지만, 부동산 불패의 신화가 깨지는 것을 경험한 사람들에게는 아무런 소용이 없었다. 일본은 계속 하락을 거듭하다가 유명한 '일본의 잃어버린 10년'이 되면서 경제대국에서 밀려버렸다.

일본 경제가 2004년부터 나아지고는 있다. 하지만 부동산은 2006년에 와서 도시 지역 일부 가격이 오르고 있다고는 하나, 지금까지 계속 하락하고 있는 중이다.

2006년에 들어와서 부시 행정부와 긴밀한 관계를 유지하던 고이즈미 수상이 달러 강세를 지켜주기 위해 일본 국채의 지나친 발행을 통해 일본 통화량을 엄청나게 증가시켰고, 이로 인해 일본은 경제 회복과 국제적 위치 상승이라는 두 마리 토끼를 잡기는 했다.

화폐가치가 급속히 떨어져 엔 저低 시대를 맞게 되자 수출경쟁력이 높아지게 되었다. 그리고 통화량 증가로 인플레이션 조짐이 나타나게 되자 오랫동안 일본 경제를 괴롭혔던 디플레이션이 사라졌으며, 불황의 악몽에서 벗어나 경제가 다시 성장하기 시작한 것이다.

하지만 하루가 다르게 변화하는 21세기에 잃어버린 지난 10년을 어디서 다시 찾을 것인가? 경제력으로 세계를 지배하려던 1980년대 일본은 완전히 사라져 버렸다.

2006년에 와서 일본의 부동산 가격 하강곡선이 예전에 비해 조금 덜 가파르게 된 것으로 위안을 삼을 수는 있을 것이다. 그러나 최근 몇 년 동안 다른 나라의 부동산이 많이 상승한 까닭에, 현재 일본의 부동산 가격이 비싸다고 할 수는 없지만 그렇다고 해서 아직 싸다고 볼 수도 없다.

일본 부동산이 가장 비쌌을 때 일본인들은 "동경만 팔아도 미국을 전부 살 수 있다"고 건방을 떨면서 미국을 이겼다고 자랑스럽게 주장했던 시절이 있었다.

이것은 참으로 순리에 맞지 않는 주장이다. 그 많은 석유와 각종 자원들, 거대한 땅덩어리에 세계 경제를 좌지우지하며, 군사적으로 보더라도 초강대국인 미국과, 제대로 된 자원 하나 없이 수많은 섬으로 구성되어 있으며, 지진과 태풍으로 항상 피해를 보고 있는 작은 섬나라의 가치를 어떻게 비교할 수 있겠는가? 거품이 커지기 시작했을 때 일본 지도층이 재빨리 깨닫고 강도 높은 규제를 했더라면 부동산 하락을 좀 더 빨리 막을 수 있었을 것이다. 우리 정치도 수준이 많이 뒤떨어진 편이지만, 일본 정치는 후진국 수준을 벗어나지 못한 3류라고 할 수 있다. 이런 정치권에서 인기에 반하는 극약 처방을 할 수가 있었겠는가?

우리나라 역시 일본과 마찬가지로 제대로 된 자원 하나 없는 나라이다. 수도권 역시 일본에 비해 특별히 뛰어난 것이 없으며, 내세울 만한 관광지가 있는 것도 아니고, 천혜의 자연 환경이 있는 것도 아니다. 게다가 일본처럼 세계를 끌어가는 경제 선진국도 아니며, 군사적으로도 강대국에 끼지 못한다. 오히려 북한과 대치하고 있는 상황이라 전쟁에 대한 잠재적 불안으로 위험 부담이 높은 나라가 아닌가?

어떻게 강남을 세계 경제의 중심지라고 하는 뉴욕의 맨해튼이나 동경의 일급 주택가와 비교할 수 있단 말인가? 특히 집값이 강남보다 약간 비쌀 정도인 맨해튼 같은 곳은 전체 넓이가 81㎢로 그렇게 넓지 않은 땅이다.

그런데 강남은 세계적인 도시 서울의 절반에 가까운 거대한 땅이다. 이렇게 큰 땅이 그렇게 비쌀 수가 있단 말인가? 상식과 순리를 벗어난 일이 이 나라에서 일어난 것이다. 국민소득에 대비해 비교해보면 강남 아파트 가격은 전 세계에서 2등과 큰 격차가 나는 1등일 것이다.

지금 우리 부동산을 다 팔면 브라질이나 아르헨티나, 인도 정도는 전부 사고도 남을 것이다. 하지만 그것이 이치에 맞는 말인가? 그들의 천연자원과 어마어마한 땅덩어리를 생각해보라. 도저히 논리가 맞지 않는 얘기다.

2005년 초 노무현 정권 핵심 실세인 이정우 대통령 자문정책기획 위원장이 발표한 '경제 양극화와 한국의 미래 – 사회통합의 길'이란 책에 의하면, '우리나라의 땅값은 세계 최고 수준이다. 몇 년 전 자료에 의하면 우리나라 땅을 팔면 캐나다를 6번, 프랑스를 8번 살 수 있다. 만일 땅값 올림픽 대회가 열리면 한국은 세계 최상의 성적을 거둘 것이다'고 언급하고 있다. 이 자료의 수치가 정확히 맞는지는 모르겠지만, 여러 유명한 전문가들과 함께 만들었으니 틀린 얘기는 아닐 것이다.

그렇다면 이러한 자료가 나오고 2년 가까이 지난 지금, 우리 부동산은 어떻게 되었을까? 아파트 폭등, (강남과 분당, 용인은 2006년 11월 현재, 1년 반 동안 약 2.5배 이상 뛰었다), 지방기업도시 선정, 행정수도 이전 등으로 충청권을 중심으로 한 전국의 여러 도시들이 50% 이상 폭등하였다. 이정우 위원장의 말대로라면 지금은 캐나다를 8번, 프랑스를 10번 이상 살 수 있다는 말인가? 이러한 모순이 어디 있는가?

프랑스는 영국이나 독일 등 북유럽과는 달리 기후가 온화하고 일조량이 좋으며 비옥한 토지가 많아 농업이 발달한 나라이다. 포도주와 요리의 왕국이라 널리 알려져 있을 정도로 자연 조건과 기후가 유럽에서 제일 좋다. 인구는 약 6천만 명이라고 하며 서유럽에서 가장 넓은 나라로, 땅 넓이가 남한의 약 5.5배 정도이다. 프랑스는 역사적으로 최강대국이었고 지금도 경제적으로나 정치적으로 세계 7대 강국에 들며, 첨단무기, 비행기, 고속전철, 교량, 화장품, 유행을 선도하는 패션과 고급 의류, 각종 명품 등으로 세계 최고를 자랑하는 선진국 중의 선진국 아닌가? 게다가 조상이 물려준 각종 유물 덕분에 일년 내내 관광객이 끊임없이 몰려오고 있으며, 일인당 국민소득도 우리보다 3배 가까이 높다.

그런데 우리나라는 어떤가? 나라의 60% 이상이 개발이 아주 힘든 높은 산이며, 제대로 된 자원이나 유물이 있는 것도 아니고, 늘 전쟁의 위험 속에 살아가고 있다.

그런 우리나라가 프랑스를 열 번 이상 살 수 있다는 것이 말이 된다고 생각하는가? 오히려 프랑스가 10배 비싸다면 이치에 맞을 것이다.

부동산 폭등의 사이클

한국의 부동산은 급속한 경제발전과 더불어, 지나간 수십 년 동안 강남의 소형아파트 값이 오르면서 전국적으로 붐이 일어났다고 볼 수 있다.

강남에서 소형아파트 값이 오르고 대형 아파트가 오르기 시작하면 강북의 단독주택이 동시에 오르고, 그 후에는 서울 전체의 땅값과 수도권의 집값으로 범위가 넓어졌다. 마지막으로 지방의 논과 임야까지 오르면서 막을 내린 후, 부동산 거래가 한동안 급격히 줄어드는 부동산 불황이 시작되었던 것이다. 이것이 1970년대부터 최근까지 주기적으로 진행되어 왔던 우리나라 부동산 사이클이다.

이렇게 지난 수십 년간 강남의 작은 평수가 3~5년 주기로 폭등하는 데는 타당한 이유가 있었다. 인구 증가로 급속히 늘어나던 신혼부부 숫자에 비해 집, 특히 신혼부부가 선호하는 아파트는 절대적으로 부족했기 때문이었다.

부동산의 상승 사이클이 끝나 매매 가격은 별로 오르지 않아도 전세가는 신혼부부로 인해 매년 꾸준히 오르다가 3~5년 정도 걸려 매매가의 80% 정도까지 결국 오르게 되는 것이다.

그러면 전세가에 은행 융자를 조금 더 보태어 주택을 구입하려고 젊은 부부들이 시도하면서 17평 규모 아파트가 오르고, 그 아파트를 판 사람들이 조금 큰 25평 아파트를 사려고 하면서 25평이 오르기 시작해, 전국적인 부동산 상승 사이클이 반복된 것이다.

강남의 소형아파트가 오르기 시작하면 부동산 사이클이 시작한다는 것은 과거에 아파트가 대부분 강남에 있었기 때문이다. 그리고 이러한 부동산의 주기적인 상승은 공급부족으로 인한 것이었다. 그러므로 지나간 수십 년 동안 가수요가 아닌 실수요자에 의해 부동산 상승이 촉발되었다는 것은 매우 중요한 현상으로 볼 수 있다.

부동산이 하락할 수밖에 없는 이유

부동산 하락의 신호는 무엇을 보고 알 수 있는가? 그것은 매우 단순한 것으로 수학과 통계로 쉽게 알 수 있는 일이지만 우리가 깨닫지 못하고 있을 뿐이다.

오랫동안 반복되어 온 대한민국 부동산 시장의 흐름에 변화가 오기 시작하였다. 그래서 미래의 부동산은 하락할 수밖에 없다고 확신한다. 그 이유를 4가지로 정리해보면 아래와 같다:

첫째, 2000년대 들어서면서 부동산 상승의 선도 역할을 했던 신혼부부 숫자가 급격히 줄어들게 되자 전세 수요도 급격히 줄기 시작한 것이다. 강남의 소형 평수에 입주할 전세 수요가 급격히 줄어들게 되자 과거와 같은 꾸준한 전세가 상승을 기대 할 수 없게 된 것이다.

DJ 정권 때 수도권 분양가 자율화로 규제가 풀리자 막대한 이익을 노리고 건설 회사들이 난개발을 포함해 수도권 위주로 전국에 매년 50만호 이상을 분양했다. 그때 분양한 아파트에 2003년 하반기부터 몇 년에 걸쳐 입주를 하게 되면서 신규주택이 급격하게 늘어나기 시작하였고, 2003년 하반기부터 몇 년 동안은 전세가가 거의 오르지 않는 현상이 지속되었다.

과거에는 집값이 오르면 전세가도 동시에 오르는 것이 흐름이었다. 그런데 2000년도 들어서서 약 5년 동안 집값은 거의 3배 이상 폭등했지만 전세가는 과거와 달리 그렇게 오르지 않는 현상이 벌어진 것이다. 그래서 강남 같은 곳은 전세가가 집값의 평균 20%대 정도밖에 되지 않는 현상이 지속되고 있다.

과거 수십 년 동안 아파트 전세가가 최소한 매매가의 절반 이상을 유지했었는데 공급 증가와 매매가의 거품으로 인해 새로운 현상이 나타나게 된 것이다.

특히 분당 전세가는 용인 수지와 죽전으로 이어지는 신규 물량 때문에 2년 이상 보합세를 유지하고 있다. 죽전과 수지의 입주가 거의 완료되면서, 2006년 초반에 급격히 오르던 분당과 용인의 전세가가 상승한지 불과 3~4개월만인 2006년 4월부터 하락세를 보이거나 정지상태에 있는 것이다. 용인 동백지구에서는 2006년 6월부터 3,600가구 입주를 시작으로 연말까지 1만 6000가구가 입주하였다. 그리고 동백지구보다 입지와 교통이 좋다고 볼 수 있는 화성 동탄지구와 판교에 대량 입주가 시작되면 용인과 분당 지역이 아무리 넓다 하더라도 전체적인 전세가가 과거처럼 오를 수 없을 것이다. 이러한 이유로 전세가는 더 이상 크게 오르지 않을 것으로 보인다.

이렇게 전세가가 상승하지 않기에 전통적인 3~5년 부동산 상승 주기는 과거의 유물이 될 수밖에 없다. 또한 부동산 불황으로 인해 분양이 잘 안 된다고 하더라도 기업의 특성상 대형 건설 회사들 절반 이상이 문을 닫을 때까지 계속 집을 지을 것이므로 공급 우위는 상당기간 유지될 것이다.

하지만 2006년 초반에 판교 효과와, 계속되는 정부의 신규 세금 부과로 인해 전세가를 억지로 올려 보상받으려던 주부들의(부녀회와 반상회를 통해서) 보상심리와 쌍춘년이 맞물려 2006년 가을에는 전세가가 상당히 올랐다.

2006년 가을에 일어난 전세대란의 원인은 결국 그동안 결혼을 미루어왔던 사람들이 쌍춘년을 맞아 해를 넘기지 않기 위해 서둘러 결혼하다보니 생긴 현상이다. 예년에 비해서 두 배 가까운 신혼부부가 생겨났고 이들의 전세 수요가 갑자기 몰렸기에 일어난 일이지만 이것이 전세가 상승의 마지막이 될 것이라고 생각한다.

둘째, 수도권을 포함한 주택 보급률이 이제는 예전처럼 절대적으로 낮지 않다는 점이다.

예전의 수도권 주택 보급률은 40% 정도 수준으로 절대적으로 공급이 부족했지만 불과 15년 전 5대 신도시를 시작하면서 65%대까지 올랐고, 2003년부터 급격하게 상승하기 시작하여 현재 90%이상 되었지만 입주 물량은 끊임없이 늘어나고 있다.

현재 수도권 주택 보급률에다 지금 참여정부가 늦게나마 깨닫고 공급 위주로 정책을 바꾸면서 시도하는 신도시가 모두 건설될 2012년 정도에는 수도권 주택 보급률이 120% 정도에 달하지 않을까 생각된다.

과거에 바나나는 아주 값비싼 과일이었기에 특별히 부유한 사람들이 아니면 먹을 수 없는 참으로 맛있는 과일이었다. 하지만 수입자유화가 되어 거리에 넘치게 되면서 지금은 가장 싼 과일이 되어버렸다. 인간의 습성은 참으로 이상한 것이다. 그렇게 맛있던 바나나가 거리에 넘쳐 값싼 과일이 되니 똑같은 바나나인데도 별로 찾지 않게 된 것이다.

이와 마찬가지로 주택 보급률이 높아져 주택이 넘쳐나고 가격이 오르지 않으며 투자가치가 없어진다면 특화된 주택 이외에는 사람들이 별로 구매를 않게 될 것이다.

정부 또한 임대주택을 많이 지을 것이며, 젊은이들이 주택 구입에 투자를 하지 않게 되면 주택 구입은 삶에서 그다지 중요하지 않게 되어 순위가 아주 밑으로 떨어져 버리게 될 것이다. 그러나 주택은 단기간에 많이 건설할 수 없는 것이므로, 이러한 풍토는 10년, 20년 후에 조성될 것이다. 그러니 지금부터 거품이 많은 주택에 투자하는 어리석은 행위를 저지르지 않기 바란다.

셋째, 2005년부터 부동산 불패의 신화가 깨지는 확실한 신호가 통계에 나타나기 시작했다. 통계적으로 2000년 이전까지는 매년 우리나라의 새로운 가구 수요 증가가 약 35만 가구였으나, 그 후 조금씩 감소하여 2005년에 급격하게 줄면서 25만 가구 정도만 증가한 것으로 나타났다.

물론 1988년 5대 신도시 건설을 시작으로 연간 약 50만 가구씩 엄청난 신규 아파트를 건설했으나, 신규 세대 수의 증가로 실제 주택 신규 공급은 겨우 15만 가구밖에 되지 않았다. 때문에 아파트의 전세가와 매매 가격은 계속해서 상승하였다.

하지만 이렇게 18년 동안 15만 가구가 계속 누적되면서 주택 보급률은 상승되었고, 2007년부터는 신규 세대 수요와 신규주택 공급 차이가 25만 가구로 2003년 대비 약 70% 증가하며 급격히 주택보급율을 올리게 될 것이고 새로운 현상이 나타나기 시작할 것이다. 앞으로도 신규 세대 수요는 계속 감소될 것으로 분석되며, 10년 정도 지나면 10만 가구 중반으로 떨어질 것이다. 이 점은 젊은 인구가 감소되는 통계 결과를 보면 어렵지 않게 예측할 수 있는 일이다. 이러한 이유로, 아파트 가격은 계속 상승하기 힘들 것으로 생각된다.

또한 아파트를 대신하는 주택 수단인 강원도 실버타운 건설, 옥외 레저공간이 있으며 넓은 땅을 보유한 주상 복합 건설 등으로 아파트에 대한 선호도가 급속도로 떨어지게 되면서 지금과 같은 인기를 유지하기는 힘들 것이다.

현재 아이들을 상대로 하는 직업인 학교 교사, 학원 산업 종사자, 아이들 놀이상품 판매업, 출판업, 아동복 생산과 판매업, 소아과 병원 등등 모두 심각한 불황에 허덕이고 있다. 앞으로도 나아질 기미가 보이지 않으며, 사양 산업화 되고 있는 실정이다.

자식을 위해 지나치게 투자하는 우리 풍토 때문에 아이들을 상대로 하는 사업은 불황이 없다는 말을 하지만, 아이들 숫자가 급격히 줄어드는 것은 어쩔 수 없는 일이다. 출산율이 급격히 증가하는 이변이 보이지 않는 한, 외국으로 수출할 수 있는 품목이 아니라면 하루 빨리 업종을 변경하는 것이 좋다.

이들이 미래 주택의 신규세대이므로 수요가 계속 줄어든다는 것은 확실하다.

넷째, 참여정부의 계속되는 규제로 오히려 부동산 가격이 올랐느니, 시간이 지나면 원래대로 돌아올 것이라느니 말하는 사람도 있지만, 언젠가는 그 규제가 힘을 발휘할 것이라고 생각한다. 가랑비에 옷이 젖는 법이다. 지금은 느끼지 못하지만, 정부에서 시행하는 제도가 국회를 통과해서 입법화 되고 실제로 세금을 내야하는 상황이 닥치면, 가지고 있는 여유 부동산을 팔 수밖에 없을 것이다. 법이란 것은 만들기도 어렵지만 일단 한 번 만들어지면 없애기도 쉽지 않다는 것을 알아야 한다. 지금도 5공 시절에 만들어진 악법들에 의해 고통 받고 있는 사람들이 얼마나 많은가? 바꿀 필요를 느끼면서도 바꾸지 못하는 법이 아직도 많다.

주택 보급율의 실상

현재 수도권의 주택 보급률은 90%가 넘었는데도 무주택자의 비율이 40%가 넘는 기이한 현상이 벌어지고 있다. 이는 집을 한 채 이상 가지고 있는 세대가 무려 30%가 넘는다는 것을 뜻한다. 심지어 능력도 없는 사람이 3채를 보유한 경우도 있다.

이러한 비정상적인 모습은 집이 투자 대상이었기에 가능했으며, 이러한 가수요로 인해 수도권 주택 보급률이 90%를 넘는데도 집값이 계속 폭등했던 것이다.

이렇게 초과된 30% 이상의 주택들은 추후 순식간에 매물로 나올 가능성이 있다고 봐야 한다. 이러한 일이 없어야 하겠지만 폭락이 시작되고 늘어난 부동산 보유세를 계속 납부해야 되는 상황이 되면 부동산 불패의 믿음이 무너지는 것은 시간문제다. 1주택자는 관계없겠지만 2주택 이상인 사람은 문제가 심각해지게 된다. 가장 문제가 되는 사람은 여유 자금 없이 은행 빚으로 집을 두 채 이상 가지고 있는 경우이다. 집값은 계속해서 떨어지는데 은행에서 대출 받은 이자를 갚고 보유세도 물어야 하는 이중고에 시달릴 것이다. 결국 견디지 못하고 헐값에 주택을 급매물로 내놓거나 경매로 넘어가 파산하는 사람들도 많이 생길 것이다.

엄밀하게 따져보면 지금 수도권 주택 보급률은 이미 100%가 훨씬 넘었다고 해야 옳다. 왜냐하면 우리나라 절대 빈곤층 15%가 대부분 수도권에 몰려 있으며, 이들은 하루 벌어서 하루 먹고 살거나 정부의 도움 없이 살 수 없는 사람들이다.

이들의 집은 산동네 무허가 판잣집이 아니면 대부분 주택공사가 지은 장기 임대 주택에 살고 있다. 그나마 이 정도라도 가지고 있는 사람은 나은 편에 속한다.

절대 빈곤층의 70%이상은 주공 임대 아파트를 프리미엄 없이 그냥 준다고 해도(요즘은 주공 아파트가 싸지도 않다) 보증금 마련하기가 어려운 지경이다. 그리고 입주를 한다고 해도 매월 지불해야 하는 임대료와 관리비를 감당할 능력이 없어 이것조차 그림의 떡인 경우가 허다하다.

그런 사람들은 돈이 생기면 집을 구입하기보다 싼 집세를 내고, 나머지는 그나마 자식들 교육비에 보태려고 할 것이다. 이렇게 집을 구입할 생각을 포기한 15%의 빈곤층을 제외하면, 수도권 주택 보급률은 이미 110% 가까이 되었다고 볼 수 있다.

그렇다면 수도권에서 1가구 2주택 이상의 여분 주택은 전체 주택 수의 절반 가까이가 되며 매물의 폭탄으로 대기하고 있는 것이다. 지방은 주택 보급률이 이미 130%를 넘었고 수도권에 비해 가격이 많이 싸며, 부동산 가격에 영향을 거의 주지 않으므로 여기서는 논하지 않겠다.

주택 공급이 수요를 앞지르더라도 투자 수익이 발생하면 사람들은 계속 구입하려 할 것이다. 또한 가수요가 늘기 때문에 주택 가격은 하락하지 않을 것이라고 주장하는 사람도 있다. 맞는 이론이다. 자본주의 사회에서는 가치가 있다면 빚을 내서라도 투자할 수 있다. 하지만 언젠가는 터질 수밖에 없는 이러한 무모한 일을 계속한다는 것은 모험이 아닐 수 없다.

과거 네덜란드에서 튤립 투기가 절정에 이르러 튤립 하나 가격이 집값과 비슷했던 적이 있었는데, 순식간에 폭락하여 수많은 사람들을 울린 사례가 있다.

부동산에 대한 가수요가 안 통하는 곳이 있는데 바로 전세 시장이다. 이제 전세는 점점 더 포화상태로 몰려가고 있다. 또한 경제력을 갖춘 노인들은 가족과 따로 사는 경우가 많아지고 있으며 사별을 하여 혼자 사는 노인들도 점차 늘어가고 있다.

우리나라 연간 사망 인원이 약 25만 명 정도이다. 그 중에서 자식과 함께 살고 있는 노인세대가 40% 정도라고 생각할 때 노인 독립세대 16만 명의 주택 물량인 8만 세대가 매년 노인들의 사망으로 재공급되고 있는 것이다.

2007년의 신혼부부를 위한 신규 수요 25만 가구에서 사망자 가구 8만을 빼면, 새로운 신규 주택 수요는 약 17만 세대가 되어서 17만 가구의 공급만 있으면 수요와 공급이 일치해 가격을 유지할 수 있다는 것이 자본주의 이론이다.

하지만 현재 대한민국 신규 공급은 2006년 40만 가구를 제외하면 연간 평균 50만 가구 정도이다. 현재 아파트 가격은 돈을 벌기 위한 비정상적인 투기 때문에 올랐을 뿐, 진정한 수요에 의해 오른 것이 아니다. 그러므로 아파트 가격은 반드시 내릴 수밖에 없다.

전세가가 폭락하지 않았던 이유

1988년 분당 일산 5대 신도시를 시작으로 주택 200만호를 건설하면서 연간 약 50만 세대가 입주하였다. 그 후 지방과는 달리 수도권에서는 뜸하다가 2001년부터 연간 60만 가구 이상이 수도권 위주로 분양되었다. 그리고 2003년 하반기부터 다량 분양했던 신규 주택으로 입주가 시작되었다. 그렇다면 전세가 남아돌아야 하는데 수도권의 전세가가 하락하지 않는 이유를 모르겠다는 사람들이 있다.

주택은 한 사람이 여러 채를 투자 목적으로 소유할 수 있지만 전세는 정신병자가 아닌 이상 관리비를 내면서 2채의 주택을 전세 사는 경우는 없기 때문에 물량이 남아돌아 하락할 것이라 생각했는데, 그렇지 못했던 이유가 있었다. 이는 세상이 급격히 변화하는 과정에서 생긴 것으로 우리가 인식을 제대로 못했던 아래와 같은 4가지 이유가 있었다.

첫째, 지금까지 전세의 많은 부분을 차지했던 주택 전세가 강남을 제외하면 많이 사라졌다는 점이다. 젊은 부부들이 비록 조금 비싸더라도 독립성이 보장되는 아파트나 다세대주택을 선호하기 때문이다. 그럼에도 불구하고 단독 주택의 전세 공백이 드러나지 않는 것은 주인이 살고 있어서 아직까지는 심각하게 사회문제가 되지 않기 때문이다. 하지만 연립이나 다세대주택까지 전세 공백 현상이 심화되고, 낡거나 위치가 좋지 않은 아파트에까지 그 여파가 미치게 되면 큰 사회문제로 번질지 모른다.

둘째, 세태의 변화로 노인부부가 자식과 떨어져 살게 되면서 노인독립가구라는 신규 수요가 많이 생겨났다. 또한 많은 젊은이들이 성인이 되어 직업을 가진 후, 결혼하지 않은 채 부모로부터 독립해 살고 있다.

이러한 수요는 결정적인 영향을 미칠 만큼 그리 크지 않았으며 앞으로는 늘어나지 않을 것으로 보인다. 왜냐하면 독립하는 노인 부부가 새로 생기는 만큼 사망하는 노인들도 생기기 때문이다. 그리고 젊은 독립세대가 생기는 만큼 그들이 결혼하여 합치는 경우도 생길 것이므로, 이러한 새로운 사회 관습의 변화로 인한 더 이상의 추가 수요가 미래에는 없다고 볼 수 있다.

셋째, DJ정권시절부터 시행하고 있는 전세자금 대출은 참으로 잘못된 정책이다. 지금 다시 2006년 9월 쌍춘년으로 인해 일시적으로 전세가 오른 것을 가지고, 2조 원 이상의 전세자금 대출을 해준다고 한다. 이러니 어떻게 전세 가격의 폭등을 막을 수 있겠는가? 전세가가 올라 돈이 부족하면 이사를 가는 것이 자연스러운 치유 방법인데 그것을 막고 있는 것이다.

돈이 부족한 분들에게는 죄송스러운 말이 되겠지만 국가를 봐서는 마땅히 그래야 한다. 돈이 부족하면 결국 직장이 먼 수도권으로 이사를 가서 출퇴근 시간을 늘릴 수밖에 없다. 그래도 안 되면 지방으로 직장을 옮길 수 있는 사람은 옮기게 될 것이다. 무슨 일이 있어도 서울에 살아야 하는 사람들은 강북에 거의 비다시피 하고 있는 단독주택 2층, 3층으로 이사 가면 된다. 낡고 불편하며 춥고 덥다고 해도, 돈이 없다면 이사를 갈 수밖에 없지 않겠는가.

그 사람들이 빠져나간 만큼 서울 아파트 전세 물량이 늘어나 가파르게 오른 가격으로는 전세가 나가지 않게 되어, 자연스레 전세금 상승이 저지될 수 있을 것이다. 그런데 오히려 2조 원이라는 엄청난 자금을 은행 금리 이하로 전세가 지원을 해주니 누가 이사를 가려고 하겠는가. 이것은 자본주의의 근본 이치를 무시하는 정책이다. 이러한 정부의 거꾸로 된 정책이 높은 전세가를 유지시키고 있다. 또한 아무리 정책금리로써 저리라고 해도 이자는 있고, 그것은 가난한 사람들에게는 부담이 되는 것이고 국가적으로는 국민들의 혈세를 낭비하는 것이다.

넷째, 전세가 폭락을 막아준 가장 큰 이유는 단기간에 엄청나게 늘어난 이혼율 때문이다. 우리가 잘 인식하지 못하고 있었지만 이혼율은 그동안 신혼부부와 함께 전세 시장을 받쳐주고 있던 가장 큰 수요였다.

유교를 중시하던 시대에서 갑자기 여자의 정조가 문제되지 않는 시대로 바뀌면서 마지못해 참고 살던 부부들이 이혼한 것이다. 불과 15년 사이 우리나라는 미국 다음으로 이혼율이 가장 높은 나라가 되었다. 주위에서 이혼한 사람을 쉽게 볼 수 있을 정도로 우리의 이혼율은 심각한 사회문제가 아닐 수 없다.

2000년대에 들어와서 연간 30만 쌍이 결혼하고, 연간 16만 가구 이상이 이혼하고 있는 실정이다. 그렇게 되다보니 연간 46만 가구의 신규 전세 수요가 계속 발생하게 된 것이다. 이러니 50만 가구를 지어도 전세가 남아돌아가지 않았던 것이다. 예전에는 여자가 이혼을 하면 경제력이 없어 친정으로 돌아갔지만, 지금은 위자료도 받고 직업도 가질 수 있으므로 그 경제력을 바탕으로 독립가구를 형성하면서 주택 수요가 급증하게 된 것이다.

우리 사회를 받쳐주던 가치관이 파괴되며, 가정이 파괴되고 있는 것이다. 부모 없는 아이들이 가야할 고아원은 매년 부모가 버린 13만 명에 달하는 아이들로 채워지고 있다. 잘못된 서구 문화를 받아들이면서 이렇게 되었지만 이제는 어쩔 수 없는 사회의 한 모습이 되어버렸다.

하지만 이혼율은 지금이 최고 정점인 상태이다. 이혼하는 숫자보다는 작지만 그래도 재혼이 늘어나고 있으므로 앞으로는 이혼으로 인한 추가 전세 수요는 더 이상 크게 늘어나지 않을 것으로 본다.

세월이 지나면 수도권 외곽의 다세대나 연립주택 등은 빈집이 늘면서 슬럼화 되기 시작할 것이다. 그러한 빈집은 무허가 판자촌 재개발로 인해 갈 곳이 없어진 철거민들 여러 세대가 들어와 한집에서 동거하게 될 지도 모른다. 관리비가 비싼 아파트에는 들어갈 수 없고 연립주택이나 다세대는 관리비가 거의 없으니 이쪽으로 몰릴 것이라고 예상한다.

신규 아파트의 전세 공급이 늘면서 낡은 아파트들도 점점 빈집으로 남게 될 것이다. 비수기인 2008년 말이나 2009년 말이 되면 전세의 순간적인 폭락도 예상된다. 그것이 자본주의 법칙이고 이치이다. 똑같은 배추 값이 어떤 때는 오천 원을 하다가 어떤 때는 오백 원 하는 것도 자본주의의 수요공급원칙이 무너졌기 때문이다.

어쩔 수 없는 건설회사의 생리

건설회사의 생리에 대해 한 번 언급해 보도록 하자.

지금 일부 지방에서는 무리한 분양가로 인한 미분양 사태로 자금 사정이 어려운 건설회사들이 생겨나기 시작했다. 그렇다면 건설회사에서 신규 아파트 분양을 줄이거나 중지하는 것이 경제논리이겠지만 그것은 기업의 특성상 불가능하다.

수도권으로 올라와 분양을 하든지, 아니면 지방에서 분양이 안 되더라도 계획대로 계속 분양하는 것이 그나마 적자를 줄일 수 있기 때문이다. 분양 물량을 줄이면 일감이 없기에 직원을 놀리면서 봉급을 줘야하므로 적자가 더 커지게 된다.

만약 보유하고 있는 장비를 싼 값에 처분하거나 직원을 대폭 감원한다면 모르지만, 언제 분양이 다시 시작될지 모르니 그럴 수도 없다. 사세가 기울었다는 소문이 나게 되면 회사 이미지에 악영향을 주기 때문에 어쩔 수 없이 분양을 하게 되는 것이다.

현재 수도권 아파트 분양가에는 거품이 많은 것이 사실이다. 심지어 반만 분양되어도 적자가 아니라는 주장도 일리가 없지 않다. 이런데 분양하지 않을 기업이 있겠는가? 회사가 문을 닫지 않는 한, 계속 분양할 것이다.

예를 들어보겠다. 1989년 5대 신도시 주택 200만호를 건설할 때 건설회사들은 장비와 인원을 엄청나게 늘렸다. 그 덕분에 힘든 상황에서도 수도권 위주로 연간 50만 가구씩을 전국에 건설할 수 있었다. 분양도 잘 되었으며, 정부에서 땅값을 싸게 분양해 주었으므로 수익도 많이 발생했다.

하지만 5대 신도시 건설이 끝난 후 수도권에서는 더 이상 아파트를 지을 수가 없었다. 그 이유는 땅값은 비싸고 분양가는 규제를 받던 시절이었으므로 수지 타산이 맞지 않았기 때문이었다. 그런 이유로 땅값이 싼 지방으로 눈을 돌렸고, 지방아파트 시대를 열게 된 것이다.

그때까지 지방에는 제대로 된 아파트단지가 거의 없던 시절이었고 엄청난 물량을 지으면서 지방아파트 시대를 열었다. 처음에는 분양이 잘 되었지만, 나중에는 30%도 분양이 되지 않았다. 지방이라는 한계를 극복하지 못한 것이다.

그렇다면 분양을 중지해야 함에도 불구하고 건설회사 생리상 계속 분양을 했다. 한양, 우성, 삼익, 한신, 라이프, 청구 등 토목 일을 별로 하지 않고 건축 일을 위주로 하던 대형 건설회사들이 하나도 남김없이 부도가 나는 사태를 맞이하면서 지방아파트 건설은 현저히 줄게 되었다.

하지만 지금 수도권 지역 아파트 건설은 아직도 많은 이익을 보장받고 있으며, 인구밀도가 워낙 높기 때문에 일부 인기 없는 지역을 제외하면 미 분양되는 일이 거의 없다. 서울에는 재건축, 재개발이라는 또 다른 돌파구가 있기에 앞으로 5년 이상은 분양이 가능할 것으로 믿는다.

그 후 분양이 안 된다고 해도 건설회사는 망할 때까지 계속 지을 수밖에 없다. 앞으로 10년 내에 주택 구입을 포기한 빈곤층을 제외하면 수도권 주택보급률은 150%를 넘게 될 것이다. 앞으로 북한의 건설 붐이 터지지 않는다면, 많은 건설회사들이 또다시 도산하게 될 것이다.

주택을 지을 땅이 정말 부족한가

이쯤에서 좁디좁은 우리 국토의 땅 값은 어떻게 될 것인지 생각해보는 것도 의미가 있을 것이다. 우리나라는 국토는 좁은데 산림이 국토의 65%를 차지하고 있어 절대적으로 땅이 부족하다. 때문에 부동산 시장이 불황은 있을지라도 폭락하는 경우는 없을 것이라고 대부분의 부동산 업체들은 주장한다.

한편으로는 일리가 있는 말이지만 꼭 그렇지만은 않다. 가장 문제가 심각하다는 수도권에도 아파트를 지을 수 있는 땅은 아직 많다. 아파트 건설은 그렇게 넓은 땅을 필요로 하지 않는다는 특성이 있기 때문에, 지금이라도 강남 아래쪽에 있는 그린벨트 일부와 하남과 남양주 그린벨트 일부만 풀어도 강남과 강동 전체 규모보다 더 많은 물량의 아파트를 공급할 수 있을 것이다.

박정희 대통령시절에 만들었던 그린벨트는 벌거숭이산이 대부분이었던 그 당시에는 반드시 필요했던 것이었다. 그러나 지금은 상황이 많이 달라졌다. 어느 아파트 단지를 가도 7층 이하는 잘 보이지 않을 정도로 나무가 울창하며, 길가의 가로수도 훌륭하다. 그리고 전 국토의 65%인 산들은 하늘이 보이지 않을 정도로 울창하다. 물론 환경단체에서는 반대를 하겠지만 주택난을 해소하기 위해 서울 아래 지역 그린벨트 일부를 해제한다고 해도 전국적으로 울창한 산림을 가지고 있으므로 큰 문제가 없다고 생각한다. 우리처럼 산이 많지 않고, 도시 주변에 그린벨트도 없이 잘 살아가는 나라가 세계에는 얼마든지 있다.

우리나라 땅값이 이렇게 비싼 가장 큰 이유는 공장에서 생산하듯이 땅을 늘릴 수가 없다고 생각하기 때문이다. 하지만 이제 주택도 지을 만큼 지었고, 도시나 공업지역도 웬만큼 완성되었다. 도로나 항만 등 사회간접자본 시설공사도 거의 끝났으므로 땅에 대한 수요가 과거처럼 크지 않다.

주위를 한 번 둘러보라. 개발할 수 있는 땅이 아직도 얼마든지 있다. 땅이란 것은 개발 가능성이 있을 때 미래를 보고 투자하여 가치가 오르게 되는 것이다. 그런데 2016년경에 가서 수도권 주택보급률이 150%를 넘고 더 이상 주택을 지을 필요가 없을 정도로 포화상태가 되면, 과연 땅이 필요하겠는가? 새로운 신도시를 개발하거나 주거시설이 들어서지 않게 되면, 새로운 백화점이나 상가건물, 극장, 스포츠센터, 골프연습장, 학교, 공공기관 등의 건축물도 지을 필요가 없어지게 된다.

현재 우리나라에서 개발이 불가능한 높은 산지와 하천을 제외하고 나면, 개발이 가능한 땅 중에서 개발된 땅은 25% 정도이다. 새로운 공장 설립, 수도 이전, 기업 도시 건설 등으로 신규로 약간의 땅을 사용하게 되겠지만 전 국토에 비하면 극히 일부에 불과하다.

그렇다면 인구가 더 이상 늘지 않고 주택을 더 이상 지을 필요가 없다면, 경쟁력 없는 농사에 사용하는 방법 외에 쓸 곳이 없다. 하지만 미래에는 장비를 이용하여 넓은 평야에서 대규모로 지을 농사가 아니면 살아남기 힘들다.

지금은 유기농 쌀이 고가로 팔리고 있지만, 앞으로 농사 기술이 발달하게 되고 우수한 품종을 개발하게 되면 장비를 사용한 유기농이 가능해질 것이다. 지금은 소비자들이 유기농이라고 하더라도 완전히 신뢰할 수가 없으니, 빠른 시일 안에 큰 기업이나 정부가 품질 보증을 책임지기를 원한다.

그러한 것을 만족시키기 위해 미래의 쌀농사는 결국 기업화되고 브랜드화 될 것이므로, 일반 농민은 쌀 재배 기업의 근로자로 취업을 할 수밖에 없을 것이다. 그때가 되면 쌀 재배 기업들은 당연히 부가가치가 높은 평야에서 농사를 지으려고 할 것이 뻔하다. 그런데 그렇게 평야로서 넓은 땅은 이 나라에 그렇게 많지 않다. 그리고 그 정도의 넓은 땅에만 지어도 우리의 쌀은 자급자족이 될 정도로 미래에는 품종이 더욱더 개량될 것이다.

그렇다면 그 많은 야산의 밭이나 계단식 논은 어떻게 될 것인가? 앞으로 15년 정도 지나 시골에 사는 어르신들이 대부분 돌아가시고 나면 농민의 수는 급격히 줄게 될 것이다. 그렇게 되면 조건이 좋지 않은 땅에서 농사를 지어봤자 힘만 들고 경쟁력도 없으니 아무도 농사를 지으려하지 않을 것이다.

땅이란 사용할 수 없고 개발할 수 없게 되면 시간이 지날수록 가격이 하락할 수밖에 없다. 땅은 아파트나 주택과 달라서 꼭 필요한 경우가 아니면 아주 헐값에도 팔리지 않는 것이 시장의 속성이다.

규제와 세금으로는 안 된다

현재 부동산 투기 광풍에 속수무책인 현 정부는 수단 방법을 가리지 않고 부동산을 잡고, 시중 유동자금을 줄이기 위해 최선을 다하고 있다. 그러나 방법이 너무나 근시안적이고 효과가 불투명하여 힘을 분산시키고 있다. 이러한 문제를 해결하기 위해서는 두 가지만 하면 된다.

그 한 가지는, 강남의 아파트 가격을 잡는 일이다. 누구나 알고 있는 이야기지만 어떻게 잡아야 하는지 그 방법이 중요하다. 세금을 늘리는 등, 각종 규제를 해도 잠시 주춤하다가 다시 투기가 시작되기 때문이다. 자본주의의 핵심인 수요와 공급의 법칙에 따라 해결해야 하는데 이를 비껴가니 점점 문제만 커지게 되고, 시간이 지나면서 더 크게 폭등하고 있는 실징이다. 거품이 커지면 커질수록 후유증이 크므로 해결은 빠르면 빠를수록 좋다.

경제적으로 여유가 있고 어느 정도 사회적인 위치에 있는 사람들은 나름대로 모여 살고자 하는 특권의식을 갖고 있다. 세계 어느 나라를 가더라도 특급 주거지는 아주 비싸더라도 상류층이 모여서 자기들만의 특권의식을 누리며 살고 있는 것을 볼 수 있다. 물론 강남은 너무나 큰 땅이기에 특급 주거지라고 지정할 수는 없지만, 맥락은 같다. 강남에 살고 있는 사람들의 특권의식 역시 상당하고, 다른 곳에 사는 사람들을 은근히 경원시 한다고 느낀 사람도 많을 것이다.

그런데 이러한 특권의식을 가진 강남사람들이 다른 곳에 이사를 가는 경우는, 자녀들 교육을 위해 전세로 입주했다가 교육이 끝난 사람들을 제외하고는 거의 없을 것이다.

자녀교육과 무관한 사람이 아파트 관리비도 많이 나오고, 교통이나 공기도 좋지 않으며, 물가도 우리나라에서 제일 비싸며, 강북으로 이사하면 두 배 이상의 큰 평수에 살 수 있는데도 강남의 낡은 아파트를 떠나지 못하는 이유는 무엇일까?

이들에게는 특권의식과 계속 상승할 것이라는 믿음이 강하기 때문이다.

이들의 특권의식을 만족시켜 준 것은 경부고속도로가 가깝고 강남과 지역적으로 가까운 분당이나 용인 수지나 죽전, 안양 평촌 정도가 아니겠는가?

그렇다면 대규모 신도시 건설은 강남과 가까운 곳에 계획했어야 했다. 서울 외곽에 있는 김포나 파주 등지에 신도시를 건설한다고 해서 강남 사람들이 관심을 갖겠는가? 참으로 답답한 노릇이 아닐 수 없다.

현재의 참여정부는 세금으로 부동산 투기를 잡겠다고 계속해서 큰소리치다가 최근에 와서야 그것을 포기하고 공급 위주로 정책을 바꾸었다. 늦었지만 지금이라도 방향을 바꾼 것은 참으로 다행스러운 일이다.

세금만으로 안 되는 사례는 미국 주택의 경우에서도 볼 수 있다. 미국은 보유세를 시가의 거의 1%씩 매년 내고 있다. 강남의 40평대 아파트를 예로 들면, 요즘 시가가 20억 정도쯤이니 매년 2천만 원을 보유세로 내야한다는 얘기다. 봉급쟁이로서는 참으로 감당하기 힘든 액수다.

우리나라에서 그 정도까지 재산세가 오를 수는 없을 것이다. 미국은 그렇게 세금을 물리는데도 저금리로 인해 최근 몇 년 동안 주택 가격이 많이 올랐다. 이는 보유세만으로는 주택가격을 잡을 수 없다는 한 사례가 될 것이다.

주택은 사람의 기본권인 주거와 직결된 문제여서 규제와 세금만으로는 해결하기 힘들다. 공산주의나 전제주의 국가라고 해도 인간의 기본 욕구를 제어할 수 없다는 것을 역사를 통해서도 알 수 있다. 강제로 규제하면 일시적인 효과는 있지만 결국 부작용이 심해 대부분 실패할 수밖에 없다.

예를 들어 보자. 1920년부터 13년 동안 미국에서는 금주법이 시행되었다. 술을 팔거나 마시면 벌금뿐만이 아니라 감옥에 가는 황당한 법이었다. 청교도적인 의식을 가진 정치가들이 정권을 잡으며 시행했던 이 법은 많은 부작용과 함께 범죄조직인 마피아를 탄생시키는 결과를 가져왔다.

술이란 동서고금을 막론하고 음식이기 이전에 기쁠 때나 슬플 때 항상 같이 할 수 있는 친구처럼 우리 생활에 필요한 것이 아닌가? 이러한 상황에서는 감옥에 가는 위험을 무릅쓰고라도 비싸게 술을 만들어 파는 범죄조직이 생겨날 수밖에 없다.

위험부담이 큰 일에는 막대한 이권이 있게 마련이나. 그래서 불법적인 일 뒤에는 항상 조직이 생기게 되며, 큰 이권이 있는 사업에는 조직 간의 영역 싸움이 발생하게 된다. 결국 이러한 싸움에서 살아남는 조직은 강력한 힘을 가질 수밖에 없다. 그때 태어난 마피아라는 조직은 미국의 지하세계를 지배하게 되었다. 그리고 수많은 조직범죄와 불법, 탈법, 살인이 미국에서 성행하게 하는 계기가 되었다.

13년에 걸친 금주법에 문제가 있다고 판단하여 폐지가 되었을 때, 수많은 미국 국민들은 거리로 뛰쳐나와 환호를 했다. 하지만 금주법 폐지로 막대한 이권이 없어지게 된 마피아는 자금줄이 막히면서 다른 길을 찾을 수밖에 없었고, 그 해결책으로 마약을 선택하게 된 것이다.

유명한 영화 '대부' 1편의 주인공 돈 콜레오네가 국민의 정신을 망치는 마약의 해악을 지적하면서 마피아의 마약 밀매를 반대하다가 새로운 조직에게 총을 맞던 장면을 여러분도 기억할 것이다. 그 영화의 시대적 배경이 바로 이 시기다. 막강한 조직을 갖춘 마피아 덕분에 미국은 짧은 기간에 세계 최고의 마약천국이 되고 말았다. 지금도 마약은 미국의 가장 큰 골칫덩어리이다.

술이라는 인간의 기본적인 욕망을 규제하려다가 마피아라는 범죄조직을 낮게 되었고, 그로 인해 거대한 조직범죄가 횡횡하고 마약천국이라는 오명을 쓰게 된 것이다. 이 예를 보더라도 인간의 기본 욕구는 규제할수록 부작용이 심해진다는 것을 잘 알 수 있다.

부동산도 바로 같은 맥락이라고 할 수 있다. 강남지역을 대체할 수 있는 분당 같은 위치에, 분당 규모의 2~3배 정도 되는 신도시를 평당 5~7백만 원 정도로 분양한다고 2004년 중반에 발표했더라면 지금과 같은 부동산 가격 상승은 없었을 것이다. 지금은 그 가격이 아주 싸다고 생각되지만, 그 당시에는 그 정도면 적당한 가격이었다. 정부 관계자의 입장에서 보면 그렇게 싸게 공급할 수 있냐고 하겠지만 그린벨트 지역 일부를 해제한다면 그 이하의 가격으로도 분양이 가능했다.

그러나 정부는 판교에 모든 것을 걸었다. 그리고 강력한 시민단체에 끌려 다니며, 터무니없이 높게 책정된 보상가, 도로 등 판교지역 부대 시설비의 과다 책정으로 그것을 토지분양가에 전가시키게 되었으니, 정부의 잘못이 크다고 할 수 있다.

평당 1300만 원이라는 높은 가격으로 건설회사에 토지를 분양하면서, 큰 평수의 아파트 분양가가 평당 2000만 원에 달할 것이라는 언론보도가 나가게 되었고, 평당 8백만 원을 넘지 않던 분당의 기존 아파트 가격은 불과 몇 달 사이에 거의 두 배로 상승하였다. 지금 분당의 평균 아파트 가격은 평당 2천만 원 이상으로 올랐으며, 그것이 인근인 용인, 수지, 죽전과 강남 전체로 번지면서 계속해서 전국적인 상승세를 만들었다.

정부의 부동산 대책들, 2003년 5.23 대책, 9.5대책, 10.29 부동산 대책에 추가로 2005년 8.31 대책이란 것을 발표하여 일시적으로 잡히는 듯했지만,

재건축을 완화하는 것이 언론에 잠깐 유포되면서 강남의 부동산 가격은 다시 2006년 초 폭등했다. 그러자 다시 2006년 3.31 추가 대책을 내어 놓았지만, 거의 효과를 보지 못했고, 언론사를 통한 언론플레이로 잠시 효과를 보는 듯 했다.

하지만 은평 뉴타운의 고 분양가 언론 발표로 하루아침에 다시 불붙고 말았다. 그나마 이 과정에서 반상회와 부녀회의 담합을 제재한 것이 아파트 가격 상승을 잡는데 효과가 있을 것으로 생각한다.

강남이나 분당을 대체할 수 있는 지역에 대단지를 건설하여 싼 가격으로 공급을 하는 것이 맥점인데, 세금으로만 부동산을 잡으려는 현 정권의 정책으로는 거품만 커지는 등의 부작용만 초래했을 뿐이다.

2006년 11월 초에 발표한 분양가 규제와 공급 위주의 정책은 오랫동안 아파트 가격 폭등을 유발한 후에 제대로 찾은 부동산 안정대책이라고 볼 수 있다.

판교와 은평 뉴타운의 실패를 거울삼아 신도시 용적률을 높이고 신도시 간접시설비를 부담해서라도 분양가를 낮추어야 한다는 것을 깨달았다는 것은 그나마 참으로 다행한 일이다. 또한 분양가 상한제를 통해 자율화를 없애는 방향으로 돌아갔다는 것 역시 문제를 제대로 파악한 것이라고 생각한다.

하지만 그래도 미진한 것은 반드시 강남이나 강동 근처에 분당보다 몇 배나 큰 신도시를 만들어야 한다는 점이다. 판교보다 규모가 조금 큰 송파 신도시 건설을 발표했지만, 그 정도로는 강남과 용인, 분당의 고급 주택 수요와 투기 수요를 만족시킬 수 없으므로 효과가 크지 않을 것으로 생각된다.

그렇다고 그린벨트를 너무 많이 풀어 분양가 8백만 원 이하의 가격에 대규모로 분양해서는 절대로 안 된다. 이미 가격이 너무 올라버려 평당 3천만 원 이상 되는 강남아파트 가격이 하루아침에 폭락해 극도의 불경기가 찾아올 수 있기 때문이다. 선거를 앞두고 가난한 사람들의 표를 의식해서 그렇게 했다가는 큰 혼란이 날 것이다. 지금 정부의 미숙함으로 볼 때 국가 경제 역시 크나큰 혼란에 빠질 수 있다. 과거 약 2~3년 전에 그랬다면 참으로 좋았겠지만 이제는 너무 늦었다. 그래서 정책이라는 것도 시기를 놓쳐서는 안 되는 법이다.

민간아파트 원가공개 안 된다

2007년 1월에 논란이 되고 있는 민간아파트 원가 공개는 결코 실시해서는 안 된다고 생각한다. 분양가 상한제만으로도 충분한데 왜 이렇게 경제의 이치를 무시하는 정책을 집권당 일부에서 계속 주장하는지 이해가 안 된다. 표를 의식해서 그렇게 하려고 하는 것이겠지만, 이것은 공산주의 국가에서나 통용되는 것으로 자본주의에서는 절대로 해서는 안 되는 정책이라고 하겠다.

개개인이나 각 기업들이 서로 다른 장단점을 가지고 있다. 그래서 어떤 분야에서는 가격이 다른 기업보다 월등히 저렴할 수도 있다. 그런데 우리나라 시민단체들은 이러한 결과를 두고, 'A' 라는 회사는 100원에 할 수 있는데 당신네 ' B '회사는 같은 일을 왜 120원에 해야 하는가, 지나친 폭리이니 인정할 수 없다고 비난할 것이다. 하지만 그것은 자본주의에서는 당연한 것이다. 그 과정에서 경쟁하며 성공하고, 실력이 없으면 도태하게 되는 것이다. 그러한 경쟁의 원칙을 무시하고 각 기업들만의 노하우를 공개하라고 한다면 그건 공산주의가 아니겠는가?

그리고 이것이 시행되면 억지로 끼워 맞추기 위해 협력회사들과의 허위 계약서가 난립하게 될 것이다. 이렇게 되면 건설회사들 대부분이 탈법과 불법을 저지르는 나쁜 존재로 남게 될 수가 있다.

또한 정식으로 외부에 노출되면, 무서운 시민단체들과 공무원들의 질책을 피하기 위해 지금과는 근본적으로 다르게 완벽하게 하려고 할 터인데 그것은 정말 쉬운 일이 아니다. 결국 건설회사 인력이 약 10% 증가되어야 할 것이고 그것은 결국 분양가 상승으로 이어지는 부작용을 가져올 것이다. 집권 여당은 하루속히 이처럼 경제 이치를 벗어난 정책을 포기하기 바란다.

부동산 폭락은 언제 올 것인가

2006년 10, 11월의 부동산 폭등은 은평 뉴타운 고가 분양가로 시작되었다. 그리고 검단 신도시 발표로 인해 결국 전국이 다시 한 번 난리를 피우게 되었다. 그런데 이번의 부동산 폭등은 이전과 크게 다른 점이 있다. 그 전에 일부 큰손이나 작전세력들이나 부자들이 주체가 되어 만들어냈던 것과는 달리, 이번에는 강북이나 수도권 외곽지역에서 돈 없는 서민들이 폭등을 만들어 냈다는 점이다.

이들은 쌍춘년으로 인해 가을에 전세가가 폭등하자 돈이 부족해 이사를 가야하는 참담한 지경이 되었다. 그리고 정부와 대통령을 원망하는 정도가 아니라, 저주하는 정도가 되어 버렸다. 그동안은 그래도 정부 정책을 믿으면서 다른 사람들이 부동산으로 거액을 버는 것을 보고 원통하긴 하지만 참고 기다리며 신규아파트를 싸게 분양받으려고 했었다. 그런데 새로 분양하는 아파트가 더욱 비싸다고 발표하니(인천에서조차 검단 신도시 주변아파트 가격이 평당 500만 원대인데 검단 분양가가 1000만 원이라고 언론에서 발표했다) 도대체 어떻게 집을 장만하느냐고 하면서 자포자기에 빠져 버린 것이다.

그리고 이제는 정부를 믿지 못하겠다는 심정으로 서민들의 화가 폭발하면서, 부동산 투자에 동참하여 돈도 벌고 집도 장만하기 위해 여유 돈도 거의 없으면서 무리를 하여 은행 빚만으로 집을 장만했다.

그러다보니 이번의 또 다른 특징은 특히 소형 평수가 폭등했다는 점이다. 그동안 한 채를 가지고 돈을 벌었던 사람들도 합세하여 빚을 내서 한 채를 더 사거나, 작은 평수를 팔고 본인의 수입에 비해 관리비가 부담이 되는데도 불구하고 큰 평수로 빚을 내어 구입을 했다는 데 있다.

하지만 부동산 시장의 큰손 중 절반 정도는 이번에 발을 빼버렸다고 생각한다. 그들은 계속해서 부동산 시장을 떠날 것이다. 필자가 보기에는 과거 주식시장과 같은 마지막 막차가 이번에 터진 것이 아닌가 생각한다. 물론 당분간 폭락은 없을 것이다. 아주 조금씩 하락하다가 대통령선거를 전후해서 마지막 상승이 한 번 정도 더 있을 것으로 예상되지만 그것도 1년 동안 빠진 것을 겨우 만회하는 수준이거나, 그 이하가 될 가능성이 크다. 그리고 계속해서 아주 조금씩 빠질 것이다. 그렇다면 사람들이 가장 궁금해 하는 부동산 폭락은 언제 올 것인가?

잦은 정책의 실패로 현 정권 지지율은 10%대로 세계에도 유래가 없을 정도로 바닥을 치고 있고, 2008년 초가 되면 정권이 교체될 것이라고 많은 사람들이 기대하고 있다. 강남 사람들은 새롭게 들어서는 정권은 강남 아파트 공급을 늘리기 위해 재건축 규제를 완화하고, 지나치게 높은 보유세와 양도소득세를 크게 축소시킬 것으로 믿고 있다.

그런 탓에 수시로 참여정부가 부동산 정책을 발표하는데도 그때까지만 버텨보자는 심리를 가지고 있으므로 참여정부 기간에는 폭락이 일어나지 않을 것이다.

그런데 새 정권이 집권하고 어느 정도 시일이 지난다고 해도 일부 규제가 없어지거나 완화되는 정도일 뿐이지, 강남 사람들의 기대에는 절대적으로 미치지 못할 것으로 예상된다. 한 번 만들어진 법이 쉽게 없어질 수도 없고, 새로운 집권당 역시 가난한 사람들의 표를 의식해 규제를 쉽게 완화할 수 없을 것이기 때문이다. 이렇게 되면 늘어나는 보유세 부담으로 실망 매물이 조금씩 나오게 될 것이고, 부동산 가격 하락으로 이어질 것으로 보인다. 그러다가 2008년 말이나 2009년 말 비수기에 역逆전세 난이 본격적으로 심화되면서 아파트 가격 하락이 처음으로 이 나라에서 본격적으로 시작될 것이다. 물론 순식간의 폭락은 부동산 특성상 쉽게 일어나지는 않을 것으로 본다.

그러므로 만약 역逆 전세 난이 시작되고 언론에서 이 문제로 시끄러워지기 시작하면, 2주택 이상 보유자는 급매물로 주택을 처분해야 할 것이다. 가장 중요한 것은 역逆 전세가 사회문제로 부각되는 시점이다. 그 시점이 부동산 버블이 꺼지기 시작하는 시기라고 보면 된다.

그런데 문제는 우리 민족의 급한 냄비근성에 있다. 그 후 계속해서 6개월 이상 좀 지나치다싶을 정도로 부동산 가격이 하락한 후, 언론에서 우리 부동산 가치가 프랑스의 10배일 정도로 지나친 거품이 있었으며 일본의 경우

1/10토막으로 하락했었다고 연일 보도하기 시작하면, 순식간에 반 토막 이하까지도 폭락할 수 있을 것이다. 그렇게 되면 너도 나도 서로 팔겠다고 나서도 살 사람은 거의 없는 상황이 벌어지리라 본다.

그리하여 반 이하로 가격이 떨어지게 되면, 그 이후에는 이 나라에서 부동산으로 돈을 벌 수 있는 기회는 한 세대가 바뀌어야 가능해질 것이다.

PART 6

미래의 주식시장

Stock Market Tomorrow

자본주의의 꽃

왜 주식에 관심을 가져야 하나

주식은 자본주의의 꽃이라고 한다. 주식은 자본주의가 존재하기 위해서 반드시 필요하지만 우리 국민들에게는 소외되고 있다. 위험한 투기라고 생각하기 때문에 주식투자에 참여하기를 꺼려하는 것이다. 보통 사람들은 요즘 유행하고 있는 적립식 펀드에 대해서도 잘 모르면서 은행직원이 이자율이 높다고 하니까 그 권유에 이끌려서 참여하는 정도이다.

그러나 우리가 자본주의 국가에 살고 있는 한 주식을 외면하고 살기는 힘든 일이다. 시기가 문제이겠지만 한국의 주식시장도 언젠가는 반드시 이상적인 형태로 거듭나게 될 것이며, 앞으로 이 나라가 IT · BT · NT 강국으로 더욱 발전할 것이고 전 세계의 연예산업은 미국과 양분하면서, 더 많은 글로벌기업들이 생길 것이다. 현재의 글로벌기업들은 더욱 거대해지면서 우리나라가 선진국에 들어설 것을 확신하기에 비록 정확한 시기는 알 수 없지만 반드시 주식시장은 정상화될 수밖에 없는 것이다. 왜냐하면 자본주의가 우리의 국민성에 잘 맞기 때문이다.

그래서 그때를 위해 미리 대비해야 한다고 주장하는 것이다. 외국의 사례를 들자면 선진국 국민들은 재산의 반을 부동산이 아니라 주식에 직간접으로 투자하고 있다. 중진국 이상의 국가에서 우리나라와 같이 재산의 80%이상을 부동산에 투자하는 국민은 세계 어디에도 없다고 생각한다. 하지만 언젠가는 부동산 불패가 깨질 것이고, 우리나라도 선진국으로 발전하면서 여유 자금을 주식에 더 많이 투자하게 될 것이다.

지금은 주식을 도박이라고 생각하여 관심을 두지 않는 사람이 많기 때문에 주식 투자를 하는 국민의 수는 매우 적은 편이다. 하지만 앞으로 10년 내에 본인 재산 50%의 돈을 주식으로 보유하고 있다면, 주식에 관심을 가지지 않을 사람들이 얼마나 되겠는가? 지금은 대다수 국민들에게 주식시장이 외면 받고 있지만 이러한 현상은 절대 오래 지속되지 않을 것이기에, 하루속히 관심을 가져야만 후회하는 일이 없을 것이다.

이제 앞으로 주식시장이 장기간에 걸쳐 크나큰 상승이 올 수밖에 없는 여러 요인들을 이 장에서 설명하고자 한다.

외국인들의 일방적인 게임과 폭리

IMF 경제 위기는 우리에게 외자 유치를 할 수밖에 없는 상황을 만들었고 우리는 주식 시장을 100% 개방해야 하는 실책을 저지르게 되었다. 물밀듯이 밀려온 외국인들은 아주 헐값에 우리 주식의 40% 이상을 보유해 버렸고, 이로 인해서 외국인들은 계속해서 배당과 시세차익으로서 미래의 대세 상승 전에 이미 엄청난 돈을 이 나라에서 벌고 있는 중이다.

2006년 5월 11일 기준 대한민국 주식의 시가 총액이 773조 7천억이고, 이중 외국인들은 39.75%인 307조 5천억 원을 보유하고 있다. 그런데 그들이 한국주식시장에 투자한 돈은 겨우 40조에 불과했다. 그렇다면 그들은 이미 원금의 7배 이상인 260조라는 천문학적인 돈을 번 셈이다. 그동안 받았던 배당과 파생시장의 이익까지 생각한다면 9배 이상 되는 돈을 이 나라에서 주식으로 벌었다. 불과 8년이라는 짧은 시간에 320조라는 돈을 번 것이다. 이는 우리나라 전체 예산의 2년치에 해당하는 엄청난 돈이다. 세계적인 기업으로 우뚝 선 우리나라의 글로벌 기업인 삼성전자가 반도체, 핸드폰, 가전제품, LCD를 팔아서 1년 동안 겨우 8조 원 정도를 벌고 있는데, 320조 원이라면 상상할 수도 없는 큰 돈이다. 삼성전자가 40년을 벌어야만 가능한 돈을 그들은 적은 인원으로 불과 8년 만에 해낸 것이다.

게다가 앞으로 주가지수가 만약 4천 포인트를 넘는다면, 외국인들은 거의 25배를 벌게 되며, 그 돈의 액수는 1,000조 원으로 웬만한 나라도 살 수 있는 거금이 된다. 이 덕분에 미국이라는 나라는 유대인들을 앞세운 금융을 통해, 엄청난 무역 적자임에도 충분히 버틸 수 있는 근거를 갖게 되는 것이다.

우리나라에서만 이런 현상이 있었던 것은 아니다. 그들은 IMF 위기를 겪었던 남미와 러시아 등에서 10배 이상을 겨우 몇 년 사이에 벌어들였다. 게다가 부수적으로 선물 옵션 같은 파생시장까지 포함한다면 천문학적인 돈을 벌었을 것이다.

그동안 우리나라에서는 선진 시장을 표방한다고 외국인들의 압력(?)에 의해 선물 옵션이란 것도 시작하고, 지금까지 10년 동안 얼마나 많은 개인들의 피눈물 나는 돈을 외국인들에게 갖다 바쳤는지 모른다. 주식의 폭락을 헷징hedge 하기 위해 선물은 있어야 하겠지만 지나치게 투기성이 강한 옵션은 반드시 없어져야 할 것으로 생각한다.

하지만 정부에서는 해외 도박을 막는다는 명분으로 강원랜드 같은 도박장을 만들고 있으니 무슨 대책을 세울 수 있겠는가?

선물 옵션으로 인한 폐해는 너무 심각하기 때문에 반드시 없어져야 한다. 더구나 이러한 외국인 투기 세력들의 장난에 의해 건전해야 할 주식시장의 발전이 늦어지고 있다. 또한 예측이 불가능하게 되면서 많은 사람들이 주식시장을 떠나고 있으며, 엄청난 돈을 이러한 투기 세력에게 갖다 바치고 있는 실정이다.

이러한 상황에서 우리나라 주식시장의 발전을 위해 금융감독원 등 관련 경제 기관들은 어떠한 방해가 있더라도 옵션 시장만은 반드시 없애는 일에 앞장서야 한다. 그것이 불가능하다면 선물 옵션거래에서 발생한 이익의 30% 이상을 하루빨리 세금으로 환수하도록 제도화하여 투기를 줄여야 할 것이다.

외국인들로 인한 또 다른 우려는, 이들이 우리 자본시장의 핵심인 글로벌 기업들에 한해 60% 이상의 주식을 보유하고 있으므로 몇몇 외국인 큰손들이 마음먹고 동조하여 우리 글로벌 기업들을 삼키려고 한다면 얼마든지 장악할 수 있다는 점이다.

언젠가 주식이 지금보다 7배 이상 올라 주가지수가 만 포인트를 넘은 후에는, 주식 차익이 더 이상 발생하지 않고 배당도 적어지는 시기가 도래할 수 있다. 그런데 이러한 상황이 단기간으로 끝나지 않고 장기간 이어지며 계속 재미를 보지 못하는 상황이 되면, 외국인 펀드 매니저들이나 유대자금 관리자들은 다른 수익을 창출하기 위해 어떤 행동을 할지 모른다는 점이다.

그들이 합동으로 모의하여 주식시가 총액이 기업 실제 자산가치의 반도 안 되는 우량기업의 경영진을 바꾸거나 장악한 후, 감자나 과도한 배당을 통해 쉽게 이익을 낼 수 있는 상황이 벌어질 수도 있다.

그래서 지금 삼성전자, 포철, 현대자동차 등은 이를 예측하고 경영권을 방어하기 위한 방법을 모색하고 있으며, 특히 삼성전자는 매년 자사주를 엄청나게 매입하여 비상시를 위해 보관하고 있다. 예전에는 주주들에게 이익을 돌려주고 주식 가치를 올리기 위하여 이익의 일부로 자사주를 매입한 후 소각하여 주식수를 줄여 주식가치를 올리곤 했었다. 하지만 이제는 소각하지 않고 훨씬 더 자주 많은 금액을 투자해 자사주를 매입하고 있는 것이다.

자사주를 매입하면 이익이 줄어 배당이 더 적어지는 것이 정상이겠으나 외국인 주주들과 충돌을 피하기 위해 자사주가 충분히 확보될 때까지 배당을 많이 하고 있다.

과연 우리나라에서 지금처럼 자사주 매입이 활발했던 적이 과거에 있었던가? 지금처럼 주식 차익이나 배당에서 외국인들이 계속 이익을 낼 수 있다면 별문제가 없지만, 생각만큼 이익이 장기적으로 발생하지 않는다면 우리 기업들은 좀 더 조심해야 하고 국가적인 차원에서도 대책을 세워야 한다.

연기금의 주식 투자 금액을 외국처럼 전체 금액 대비 50% 이상으로 올리던지, 국민들에게 주식 투자를 권장하기 위한 여러 혜택을 주어야 할 것이다. 그래서 가능하면 외국인들의 우리나라 주식 보유 비율을 다른 나라처럼 30% 이내로 떨어뜨려야만 한다.

왜 주식이 외면 받아야 하는가

그렇다면 우리나라 주식이 저평가 되어 있고 대다수 국민들에게 외면 받고 있는 이유는 무엇일까? 그렇게 된 데에는 분명한 이유가 있다. 주식이 이렇게 저평가 된 것은 도박처럼 단기간의 승부를 좋아하는 급한 민족성 때문이기도 하지만, 개발도상국 시절 주식시장을 선거 자금의 창구로 이용한 정치권의 책임도 크다.

그러다 보니 시장이 기업 가치나 배당에 의한 투자를 외면하고, 단기에 연속 상한가를 치는 종목에 관심을 두게 되면서 주식시장은 도박판처럼, 너무나 취약하게 되어 버렸다.

지금과는 다르게 1994년에는 종합주가지수가 우리 기업의 가치에 비해 지나치게 고평가 되어 거품이 많았던 적도 있었지만, 결국 가치를 벗어난 거품으로 인해 무너지고 말았다.

그 당시 증권사에서 종합주가지수가 천을 넘자 그야말로 장밋빛 희망으로 1년 내에 지수가 2천이나 3천까지 갈 거라 선전하며 개인 투자가들에게 사기와도 같은 짓을 저질렀다. 소 팔고 논 판 농민들, 아기 업은 아줌마들, 일당으로 하루하루 살아가는 사람들, 그야말로 경제의 경자도 모르는 사람들로 객장은 발 디딜 틈이 없을 정도로 북새통이었다.

하지만 그 당시 우리 기업들은 어떠했는가? 부채가 자본금의 다섯 배가 넘어도 별로 신경도 쓰지 않고 수수방관했다. 그리고 배당금으로 은행금리의 10%도 안 되는 금액을 주면서, 주식회사를 구멍가게 운영하듯이 하며 오너 맘대로 회사 돈을 입·출금하다가 망하는 것이 다반사였다.

주식 투자를 해서는 안 되는 실정이었지만, 요즘 부동산처럼 폭탄 돌리기를 하면서 계속 커져가는 거품의 마력에 빠져 말도 안 되는 가격까지 오르기만 했던 것이다.

실제로 그 당시 우리 기업들의 가치로는 종합주가지수가 400정도면 적절한데 1150까지 올라갔으니 3배 정도의 거품이 있었다고 하겠다. 그 거품은 진정한 자본주의 실물경제의 가치를 전혀 인지하지 못했던 증권회사와 기관 투자가들과 일부 큰손들에 의해 부풀려졌고, 엄청나게 많은 개인들이 계속 동참하면서 피크를 이루었다.

직장에서는 주식하는 사람과 하지 않는 사람이 반으로 나뉘어 서로에게 위화감까지 느끼며, 대화를 피할 정도였다. 당시에는 주식의 인기가 하늘을 찌를 만큼 높았고, 주식 인구 또한 많았고 증권회사 직원은 최고의 신랑감으로 인식되었다.

하지만 결국은 폭탄 돌리기가 끝나면서 1998년 IMF 당시에 280까지 폭락을 했으니, 금리까지 고려한다면 종합주가지수만으로도 거의 1/5토막 즉 20% 정도로 가치가 떨어진 것이다. 초 우량주를 제외한 대부분의 주식들은 실제로 거의 10% 이하로 떨어져 거의 모든 돈을 날린 것과 마찬가지가 된 셈이다.

얼마나 많은 사람들이 주식으로 큰 돈을 잃고 수많은 밤을 고통과 회한 속에 지내게 되었단 말인가? 그 당시에는 큰손도 없었고 기관투자가도 없었으며 작전세력이나 주포들도 없었다. 거의 모든 주식투자가들이 돌이킬 수 없는 엄청난 손해를 보았으며, 그로 인해 간접투자가들도 많은 피해를 보고 환매를 할 수밖에 없었다.

그 결과 주식 투자를 했던 대부분의 많은 사람들이 주식이라면 다시는 쳐다보지도 않게 되었다. 그 후 경제에 대해 조금이라도 아는 이들이 부동산 투자로 방향을 돌리면서 부동산의 폭등과 거품을 더욱더 크게 만들고 말았다.

하지만 IMF란 인위적인 충격은 우리 민족과 기업들에게 크나큰 교훈을 주면서 자본주의 경제에 눈을 뜨게 만들었다. 지나친 부채를 줄이고, 쓸데없는 투자를 삼가며, 인원과 장비와 시설을 구조 조정하며, 경쟁력이 없으면 살아남을 수 없다는 자본주의의 실체를 진정으로 깨닫게 된 것이다.

기술 향상과 원가 절감에 모든 기업이 주력한 결과 어떻게 되었는가? 진정한 선진국으로 도약하는 계기가 되었으며, 삼성전자와 LG전자, 포항제철, 중공업 3사와 현대자동차 등 대기업과 기술력을 갖춘 수많은 IT기업들이 불과 6년 만에 세계적인 회사로 거듭나게 되었다. 세계 어느 나라에서도 찾아보기 힘든 일을 해낸 것이다. 이것이 우리 대한민국 한민족의 저력이다. 잘못된 풍토와 관례에 따라 아무런 대책 없이 은행돈을 빌리고, 오너들은 서류상으로만 돈을 내는 유상증자를 통해 소액주주들의 자금을 끌어들이며, 노동자에 대한 복지에는 관심도 없던 썩어빠진 기업가 정신이 사라지면서 우리는 세계의 기적을 만들어낸 것이다.

기적 중의 기적 하이닉스

그 중에서도 하이라이트는 그야말로 하이닉스라는 세계적인 반도체 기업이다. 2004년 하이닉스의 성과를 보고 정말로 믿을 수가 없었다. 어떻게 그럴 수가 있단 말인가? 반도체 산업 특성상 매년 엄청난 투자를 계속해야 하는데 2년 동안 투자를 거의 못했음에도 불구하고 우량기업으로 거듭 일어설 수 있었다는 것은 기적에 가까운 일이다.

하이닉스는 2002년 현대전자가 은행 관리로 넘어가면서 바뀐 회사 이름이다. 거대한 부실 회사 LG반도체와 현대전자가 정치적인 이유로 합병을 했고, 부채는 더욱 커져 11조 6천 4백억 원이었다. 그 후 2003년까지 누적

경상 손실은 12조 5천 4백억 원에 달했다. 2000년부터 계속된 대규모 적자로 채권단에서는 더 이상 지원을 해줄 수 없다는 결정을 하게 되었다. 그런데 곧 해체될 거라던 회사가 단 2년 만인 2004년에 2조 2백 40억 원의 영업 이익을 낸 것이다. 부채율을 50% 이하로 만들면서 우량기업으로 재탄생한 것은 미스터리가 아닐 수가 없다.

이러한 하이닉스를 기적 중의 기적이라고 말하지 않을 수가 있겠는가? 이것이 한민족의 저력이다. 미국에서 가장 큰 반도체 D램 업체인 마이크론이 하이닉스를 인수하려다가, 월가 전문가들의 악평을 견디지 못해 결국 성사 직전에 포기하고 말았다. 하이닉스를 인수했다가는 마이크론도 부실화되고 말 것이라는 월가 전문가들 때문에 포기한다고 발표를 하게 된 것이다.

포기 발표를 한 당일 마이크론의 주가가 급등할 정도로 하이닉스는 그 당시 한국 경제의 암적인 존재였다. 하지만 그들은 하이닉스를 인수하지 못한 일을 두고 땅을 치며 후회하고 있을 것이다.

2002년 4월 미국 마이크론에서 하이닉스 인수를 포기한 후, 계속되는 부실로 인한 추가 대출을 견디지 못한 주거래 은행에서 더 이상 추가로 금융 지원을 할 수 없다고 최후통첩을 했다. 그때만 해도 우리나라 자본시장에서는 하이닉스를 청산하는 절차만 남았다고 생각하였다.

하지만 그 순간 위기에 강한 한민족의 저력이 빛나기 시작했다. 별다른 투자도 없이 1년 반 만에 어떻게 공장을 구조 조정하고 시스템을 변화시켰는지 모든 증권시장 전문가들도 불가사이하다고 말한다.

2년 동안 생산성을 60%나 향상시켰다는 것은 하이닉스가 한민족이 지닌 대단한 저력의 특징을 제대로 보여준 것이라고 할만 하다. 삼성전자에 비해

10%도 투자하지 못하면서 이 정도 성과를 이뤘다는 것은 상상을 초월하는 것이다. 실제로 현장에서 뼈를 깎는 노력을 했던 하이닉스의 직원이 아니라면 그 누구도 이해할 수 없을 것이다.

그들은 경이로운 생산성 향상과 더불어 2000년에 2만 2천여 명이던 직원을 절반인 1만 1천여 명으로 줄이는 등, 뼈를 깎는 구조조정을 시작했었다. 감원한 인원들을 30개가 넘는 협력회사로서 같은 공장 내의 다른 조직으로 재탄생시켰으며, 하이닉스 자체로는 일인당 매출이 30% 늘어났다.

또 한편으로는 주력 산업인 D램 반도체를 제외한 LCD 분야, 비메모리 반도체 분야, 사옥을 비롯하여 돈이 될 만한 것은 모조리 다 매각했다.

이렇게 뼈아픈 구조 조정과 죽기 살기로 일한 직원들의 중심에는 회사 간부들의 노력도 있었지만 무엇보다 노조의 힘이 컸다. 이처럼 회사 발전에 기여하는 노조는 반드시 존재해야 할 필요가 있다.

하이닉스는 굴지의 외국 D램 업체들이 15%대의 수익률을 내고 있을 때, 삼성전자와 거의 비슷한 30%(즉 100원짜리를 팔면 30원의 이익이 난다는 뜻임)라는 경이적인 수익률을 달성했다. 그리고 반도체 D램 업계에서 삼성전자 다음으로 규모 면에서도 세계 2위 자리를 다시 찾기도 했다.

하이닉스는 1년간 벌어들인 돈으로 부채를 상환하여 부채율 50% 이하의 초우량 기업으로 다시 태어나게 된 것이다. 이제 자금에 여유가 있기 때문에 투자도 제대로 할 수 있다고 한다. D램이나 낸드플래시* 같은 반도체 분

---

* 낸드플래시 : 전자기기에 쓰이는 반도체로 전원이 꺼져도 저장된 데이터가 지워지지 않는다는 특성 때문에 휴대폰이나 디지털카메라 MP3 플레이어 등 휴대용 디지털기기에 많이 쓰이며, 특히 비슷한 플래시메모리에 비해 용량을 늘리기 쉽고 저장 속도가 빨라 데이터 저장용으로 주로 사용된다

야는 절대 사양 산업이 될 수 없으므로 앞으로도 계속 발전해 갈 것이며, 하이닉스도 계속 선두그룹에 남게 될 것이다. 하이닉스 노조는 2004년 많은 수익을 올렸음에도 불구하고 2005년 임금 협상을 사측에 일방적으로 위임하였다.

어떤 외부적인 도움이 있었던 것도 아니고 직원들이 바뀐 것도 아니었다. 반드시 해야 할 투자도 제대로 못하는 상황에서 결코 작은 규모가 아닌 산업임에도 불구하고 짧은 기간에 엄청난 변화를 이루어낸 것은 지금 생각해봐도 미스터리다.

주식투자의 실패 역사

IMF 경제 위기 이후 대부분의 기업들이 근본 생각을 바꾸고 경영을 개선했음에도 불구하고, 주식시장은 전혀 달라지지 않았으며 계속해서 예전의 악습을 되풀이하고 있다. 건전한 주식시장이 아닌 도박판이 되어 개인투자가들을 울리고 외면하게 만들고 있는 것이다.

이러한 문제의 가장 큰 책임은 정부에 있다고 생각한다. 정부 차원에서 실력 있는 기관투자가와 장기 대형펀드를 많이 양성해 지나치게 오를 때는 진정시키고 내릴 때는 버팀목이 되어주었어야 하며, 일부 기관투자가들과 외국인들이 파생 상품(선물 옵션)을 이용한 투기를 하지 못하도록 제도를 정비했어야 한다.

과거 도박판과 같았던 주식시장이 수많은 사람들을 파산하게 만들었기 때문에 오늘날 이런 일들이 생겼으며, 외국인들에게 너무나 좋은 먹잇감이 된 것이다. 우리나라 근로자 이천만 명이 30년을 넘게 수출해서 벌어야 하는 돈을 외국인 수천 명이 불과 8년 만에 벌었다고 생각하면 참으로 억울한 일이다.

많은 자금을 능력 있는 기관투자가들에게 몰아주고 파생상품 도입을 가능한 늦추어야 했다. 초등학생과 대학생의 시합 같은 파생시장 도입을 선진국에서 한다는 이유로 국민들의 수준이나 능력은 전혀 고려하지 않고 100% 개방해놓고 상대가 되지 않는 싸움을 수수방관하고 있는 것이다.

이와 같은 일이 반복되다 보면 자금과 정보와 응집력이 떨어지는 개인은 손해를 볼 수밖에 없으니 세상과 정부를 원망하게 된다. 위와 같은 문제가 해결되어야 우리나라 기업 가치에 걸맞은 주가 수준이 유지될 수 있을 것이다.

또한 외국인들은 계속 오르는 주가로 이익을 얻기보다 오르내림을 반복시켜 파생시장을 통해 이익을 극대화 시킬 수 있었으므로 우리나라 주가가 올라가지 않게 만들었다. 지금까지 오랫동안 한국 증권시장을 조절하면서 엄청난 차익을 얻었던 외국인들 역시 우리 주가가 저평가되어 있다는 것을 잘 알고 있다. 그러면서도 주가를 올리지 않은 이유는, 주가를 계속 올리기는 어렵기도 하려니와 자금이 많이 들어가기 때문이다. 하지만 내리는 것은 아주 쉽다. 미국시장과 연계하여 그것을 핑계로 매입자금의 극히 일부만 팔아도 한국의 능력 없는 기관들과 맹목적으로 외국인 따라하기를 추종하는 개인들이 함께 파는 바람에, 매수 세력은 실종되고 폭락이 반복하게 된 것이다.

이러한 이유로 주가가 아무리 저평가가 되어 있다고 해도, 그들은 주가를 올리기보다 주가지수 1000을 포인트로 삼아 오르면 내리고 내리면 올리는 것을 반복하면서, 파생시장을 통해 엄청난 이익을 취했던 것이다. 주가를 내리는 것보다 올리는 것이 어렵기에 내릴 때는 조금 팔고 올릴 때는 많이 사다보니 그들은 계속 한국 주식을 사 모을 수밖에 없었다.

그 결과 한 국가에 너무 높은 비율로 주식을 소유하게 되어 문제가 생길 정도로 한국의 우량기업을 거의 싹쓸이하고 말았다. 이런 상황에서 그들과 상대해서 어떻게 개인과 한국의 작은 기관들이 수익을 낼 수가 있겠는가?

오래전부터 지금까지 주식에 계속 투자를 하고 있는 개인들은 도박을 좋아하거나 주식 공부를 열심히 하여 손절매를 잘 했던 극히 소수에 불과하다. 이렇게 우리 주식시장은 자본주의의 부정적인 모습으로 발전하고 말았다.

물론 DJ정권도 잘못한 부분은 있다. 경기를 부양한다는 명목으로 지나치게 벤처 붐을 조성하여 코스닥시장의 거품을 만든 것이다. 미래에 성장할 가능성이 있다는 것만으로 폭등했던 코스닥 기업들이 원래 가치 수준으로 되돌아가게 되자, 1999년도의 코스닥지수는 2006년 현재 1/7 수준으로 떨어졌고 대부분의 종목들은 10%도 안 되는 가격으로 떨어져버렸다.

경제 규모로 보더라도 선진국 문턱에 있는 나라에서 이러한 일이 일어난다는 것은 상상조차 할 수 없는 일이었다. 그 피해는 고스란히 개인투자가들이 떠맡게 되었으며, 그로 인해 많은 사람들이 자살하고 싶을 정도로 우울증에 시달리기도 했다. 주식 때문에 세상을 저주했고, 주식에서 발을 빼면서 주식시장의 발전은 완전히 망가져버리고 말았다.

부동산으로 인한 불경기, 살아있는 국운

자본주의가 우리 민족 특성과 잘 맞고, 그로 인해 우리 민족의 장래가 보장되는 한, 자본주의의 꽃인 주식시장을 국민들 대다수가 이렇게 외면하게 해서는 결코 안 된다. 외면하면 할수록 나라의 부는 외국인들에게 빠져나갈 수밖에 없게 될 것이다.

지금까지 우리 주식시장을 통해 그들에게 빠져나간 돈을 벌려면 얼마나 많은 수출을 해야만 하는지, 얼마나 많은 사람들과 장비와 시간과 노력들이 필요한지 상상하기조차 어렵다. 이 얼마나 억울한 일인가? 이렇게 된 이유는 정부의 잘못이 매우 크기 때문에 망가진 주식시장을 살리기 위해 책임지고 방법을 강구해야만 한다.

하지만 어떻게 보면 이와 같은 국민의 외면과 주식시장의 잘못된 현실이 미래를 위한 우리 민족의 운일 수도 있다.

지금 주식 가격은 실제 가치보다 반 이하로 저평가되어 있지만, 우리 경제력과 힘을 생각할 때 앞으로 2년 정도 지나면 실제 가치 가격의 1/3정도에 불과할 것이라고 생각한다.

그러나 부동산은 과거의 주식시장처럼 너무 지나치다 싶을 정도인 3배 정도가 과대평가 되어 있다. 이렇게 지나친 부동산 거품이 사라지게 되고 극심한 불황이 찾아올 것을 생각하면 끔찍하기만 하다. 밤길을 다니는 것조차 자유롭지 못하며, 과거 196~70년대의 그 가난했던 시절로 되돌아갈지도 모른다.

상상을 불허할 정도의 불황으로부터 우리 민족을 구원하기 위해 그동안 주식시장이 외국인들로 인해 낮게 평가되어 있었던 것이 아닐까 하는 생각마저 든다. 이것은 어떻게 보면 다행스러운 일이다.

부동산 폭락으로 인한 불경기는 우리가 선진국으로 도약하는데 가장 큰 걸림돌이며, 주식의 저평가는 부동산 폭락으로 인한 불경기를 조기에 극복할 수 있는 힘이 될 수 있지 않을까 생각된다.

사실 경기에 미치는 영향력은 부동산보다 주식이 약 3배 이상 크다. 왜냐하면 부동산은 기본적으로 큰돈을 필요로 하기 때문에 많은 사람이 투자하기 힘들고, 집값이 오른다고 해도 자신이 사는 집밖에 없다면 소용없는 일이다. 집이 여러 채 있다고 해도 덩어리가 크기 때문에 팔기가 쉽지 않다. 또한 환금성이 떨어지기 때문에 벌었다고 해도 소비를 늘리기에는 무리가 있는 것이다.

하지만 주식은 오백만 원만 가지고도 투자를 할 수 있으며 백만 원의 이익이 남으면 바로 현금으로 바꿀 수 있으므로 쉽게 소비로 연결될 수 있다. 그래서 주식이 경기부양에는 훨씬 효과가 좋은 것이다.

연기금의 주식부양과 관리

그렇다면 주식을 어떻게 부양할 것인가? 아주 간단하고 너무나 쉬운 문제다. 물론 정부가 관여하는 것처럼 대외적으로 비추어져서는 안 될 것이다.

먼저 현재 국민연금의 최대 50%를 주식으로 투자할 수 있도록 발표하고, 믿을 수 있고 능력 있는 사람들을 주식투자 관련 부서장으로 임명하여 주식시장을 정부가 인위적으로 끌고 가야 한다.

이것은 충분히 가능하다. 앞으로 약 5년 후까지 쌓일 국민연금 총액의 50%라면 170조 정도로 엄청난 돈이다. 주식이 오르지 않는다면 외국인이 보유한 한국 주식의 60%를 다시 살 수 있을 정도의 큰 금액이다. 이것을 발표만 하고 지켜보면서 조금씩 매수하여 천천히 주가가 올라가도록 조절하며 주가를 관리해야 할 것이다.

만약 국제 경기가 좋지 않아 1~2년 안에 외국인들의 매물이 나와 폭락하려고 하면 매물을 받아주며 아주 느린 속도로 다른 나라에 비해 주가가 적게 떨어지도록 조절하고, 그래서 외국인들이 보유한 이 나라 주식을 다시 찾아와 외국인 보유율을 떨어뜨린다.

만약 경기가 상승기라서 주식시장이 과열되는 기미가 보이면, 다시 주식을 팔아 주가를 낮추고 과열을 막으며 당분간 금리의 3배 정도를 목표로 지수를 올리면서 관리하는 것이다. 물론 인위적으로 이렇게 하는 것이 쉽지는 않겠지만 엄청난 돈이 있다면 충분히 가능할 것이다.

그래서 장기간에 걸쳐 종합주가지수가 2.5배 정도 올라가도록 관리한다면 부동산 폭락으로 인한 지독한 불경기를 극복할 수 있으며, 우리나라 주식이 제대로 평가받을 수 있게 될 것이다.

이를 계기로 일반 국민들은 주식시장이 안정되었다고 믿게 될 것이며 주식투자를 장기로 할 수 있는 환경이 조성될 것이다. 조금 더 발전하면 선진국 국민처럼 자산 대비 50% 정도 되는 주식투자비율로 늘어날 수도 있을 것이다.

한 가지 단점은 주가 상승으로 많은 자금이 외국인들에게 나가는 것인데, 억울한 일이지만 어쩔 수 없이 감수해야 한다고 생각한다. 그들이 우리에게 끼친 긍정적인 효과에 대한 수업료라고 생각하면 마음이 편해질 것이다.

또한 현재 붐을 일으키고 있는 적립식펀드를 잘 관리 감독하여 기관투자가의 비율을 선진국 수준으로 끌어올려야 한다. 사실 지금 일부 금융기관에서는 IMF의 교훈을 잊어버렸는지 조금씩 무리수를 두면서 경쟁적으로 적립식 펀드를 모으고 있다.

그러다 보니 펀드 숫자가 너무 많아져 단기간에 평가받는 펀드매니저들은 과거 개인투자가들처럼 단기매매에 매달리며 원칙 없이 거래를 하고 있다.

정부는 이것을 규제해야 한다. 펀드 숫자를 1/10 이하로 줄이고 대형화하여 능력 있고 신뢰할 수 있는 매니저들이 펀드운영을 할 수 있도록 제도화해야 한다. 그렇게 하지 못하면 또 한 번의 혼란이 올 수밖에 없다. 국민들은 주식과 주식간접투자를 또 다시 외면하게 되고, 우리나라 주식을 외국인들이 헐값에 사서 비싸게 파는 악순환이 반복될 것이다.

무책임한 정부

정부가 갖고 있는 문제는 사실 심각하다. 어른과 아이라 비교될 법한, 외국인들과 개인들의 싸움판을 만들어놓고는 오랜 기간 방관만 하고 있기 때문이다.

정부는 개인들의 피눈물을 갉아먹는 파생시장인 옵션을 하루속히 없애야 하는데도 불구하고, 도리어 옵션보다 더 무서운 파생상품인 워런트 증권이란 것을 2005년 말에 승인해주었다.

그뿐만이 아니다. 변동성을 조장하는 대차주식거래라는 것을 2006년에 들여와 외국인과 기관투자가들에게만 승인해 주어 주식시장을 미친 듯이 폭·등락하게 만들었다.

주식시장이 아직도 우리나라에서 소외받고 있건만 선진국을 모방하는 일은 왜 이렇게 서두르는지 도저히 이해가 안 된다. 투기성이 농후한 개인들을 하루라도 빨리 페인으로 만들어버리려고 안달하는 듯한 우리 정부를 보면, 도대체 관련 부처에 생각이 제대로 된 사람들이 있는지 의심스러울 정도다.

돈이 풀리고 있다

지금 전 세계는 역사상 유례가 없을 만큼 저금리로 인한 유동성이 증가함에 따라 금이나 구리, 아연 등 자원 가격의 상승과 특히 원유가의 상승으로 인해 물가 인상 압력이 높아졌다.

물론 인터넷과 중국이라는 값싼 제품의 공급처가 인플레를 막아주고는 있지만, 중국 제품도 원유나 자원 가격의 상승과 인건비의 급속한 상승으로 제품 가격이 올라가고 있는 실정이다.

게다가 경기가 아직 상승세를 유지하고 있기 때문에 미국을 비롯한 세계 각국들이 물가상승을 막기 위해 경쟁적으로 금리를 올리고 있다.

하지만 금리가 올라가면 달러화에 비해 자국통화가 강해지고, 과거처럼 달러를 억지로 매입하는 것도 한계에 이르게 된다. 그러다보니 고육지책으로 자국통화 가치를 떨어뜨리기 위해 화폐량을 각국에서 늘리고 있다. 이로 인한 유동성의 확장이 끝날 때까지 경제는 계속 상승할 수밖에 없다. 금리 인상이 끝날 때까지 당분간 전 세계적인 화폐량 증가는 어쩔 수 없는 대세인 것 같다.

미국 역시 자국 통화 강세를 유지하여 각 나라가 보유하고 있는 달러 자산의 이탈을 막기 위해 무리할 정도로 금리를 가파르게 올리다 보니, 경기가 경착륙 될 우려를 하지 않을 수 없게 되었다. 그래서 미국은 경기 연착륙을 유도하기 위해 통화량을 약간씩 증가시키고 있다.

이렇게 전 세계적인 통화 팽창으로 인한 유동성은 언제까지 지속될지는 모르지만 물이 위에서 아래로 흐르는 것과 같이 자연스럽게 수익이 많은 곳으로 옮겨 다닐 것이다. 우리나라도 몇 년간 화폐량을 축소시켰으나, 한국

은행 총재 교체를 기점으로 시중에 정상적으로 돈이 풀리고 있다.

올리는 것도 한계가 있기 때문에 부동산이나 원유 같은 것은 더 이상 올라갈 수 없게 될 것이다. 특별히 다른 대체 투자 수단이 없다면 조금 더 가격이 올라갈 수 있을지는 몰라도, 그 올라갈 수 있는 폭도 얼마 되지 않으리라 본다.

만약 원유 가격이 계속 올라 80불이 넘는다면 낭장 캐나다 오일샌드에서 엄청난 양을 개발하여 공급하려고 할 것이다. 물론 다른 대체 수단이 빠른 속도로 개발될 수도 있다. 유전공학을 이용해서 곡식을 대량으로 재배해 휘발유를 대체하는 방법도 나올 것이다. 만약 수소 에너지를 앞당겨 개발하게 되면, 원유 가격이 하루아침에 폭락하는 일이 발생할 수도 있다.

산유국들조차 원유가 60불을 넘어가는 것을 바라지 않으므로 더 이상 올라간다는 것은 한계가 있다고 본다.

유동성의 새로운 돌파구

앞 장에서 설명한대로 부동산이나 자원, 원유 가격이 오를 수는 있지만 과거와 같은 폭등은 올 수 없을 것이라고 확신한다.

그런데 미국과 중국의 주가가 오랫동안 거의 오르지 않았다는 사실에 주목해야 한다. 2006년 미국 다우지수가 역사적 고점을 경신했고 중국이 큰 폭으로 오르기는 했지만, 아직 멀었다고 본다. 두 나라의 시장 규모가 워낙 크기 때문에 중국이 조금 더 개방한다면, 세계 유동성자금을 두 시장에서 계속 흡수해 두 나라의 주식시장은 당분간 지속적으로 상승하게 될 것이다.

그래서 세계의 돈은 미국과 중국의 주식시장에 몰릴 것으로 본다. 동북아

4국인 한국, 중국, 대만, 일본이 달러를 너무 많이 보유하고 있어서 과거처럼 대규모 달러 매입을 할 수 없으므로, 이로 인한 달러화의 하락을 당분간 막아줄 유일한 방법이 미국 주식시장의 꾸준한 상승이다.

이머징마켓에 몰렸던 유럽과 일본의 주식투자자금이나, 원유와 자원의 선물시장에 몰려있던 자금들이 미국과 중국의 주식시장으로 몰리면서 당분간 이 두 나라 주식이 최고의 투자 수단이 되리라고 생각된다.

물론 미국시장과 중국시장이 꾸준히 오른다면 자국에서 계속 자금이 빠져나가더라도 한국, 대만, 일본의 주식은 오를 수밖에 없다. 특히 한국의 주식시장은 그동안 17년을 눌러 왔던 에너지가 장기수급의 시작을 바탕으로 터지면서 외국인 도움 없이도 미국 시장과 견줄 만큼 크게 오를 것이라고 생각한다.

인터넷의 또 다른 효과

사람들이 잘 느끼지 못해서 그렇지 결과적으로 통화량을 많이 늘린 것과 같은 효과를 나타내어, 지금 세계적인 유동성을 부추기는 또 다른 큰 이유가 있다.

그것은 바로 인터넷을 통한 온라인 송금이다. 특히 한국이 다른 나라에 비해 그 영향이 훨씬 큰 까닭은, 세계에서 가장 발달되었다는 인터넷으로 온라인 송금이 몇 년 전부터 급속도로 늘었기 때문이다. 인터넷을 할 줄 모르는 어린아이들과 노인을 제외하면 사람들은 대부분 인터넷뱅킹이나 텔레뱅킹을 사용하여 금융거래를 하고 있다. 은행에 갈 필요가 없고 돈을 찾아 다시 송금할 필요가 없기 때문에 시간이 많이 절약된다.

그렇게 시간이 절약되는 만큼 돈의 회전이 빨라져 예전에 100이라는 통화량이 있어야 이루어지던 경제 흐름이 이제는 90 정도만 있어도 가능해졌다. 하지만 통화량은 예전보다 줄지 않았기 때문에 실제적으로는 통화량이 10만큼 늘어난 것과 같은 상태이다.

이러한 이유로 우리나라에는 500조가 넘는 지나친 유동성 자금이 생기게 되었다. 그러나 주식투자는 외국인이라는 설대상사가 버티고 있고, 많은 돈을 잃은 경험이 직간접적으로 남아있어서 쉽게 주식투자를 하지 못한 것이다. 그렇다고 대한민국에 비싼 자원이나 원자재가 있어서 사놓을 수 있는 것도 아니고, 국제적으로 투자를 하기에는 경험이 부족할 뿐만 아니라 개인이 쉽게 할 수 있는 일도 아니다.

그렇다면 우리나라에서 자금에 여유가 있는 개인이 할 수 있는 것은, 은행예금을 제외하면 채권과 부동산 밖에 없다. 노무현 정권이 집권한 후 몇년간 정책적인 실수로 인한 잘못도 있었지만, 이러한 유동성 자금이 갈 곳이 없었던 탓에 부동산이 가장 크게 오를 수밖에 없었다.

하지만 인간의 기본권인 주거에 관련된 것이어서 국민의 40%인 무주택자들 반발로 이제 더 이상 오를 수 없는 한계에 달했다. 대통령 임기가 얼마 안 남았으니 참고 있을 뿐이지 그렇지 않다면 크나큰 소요가 일어날 정도이다. 현재 부동산으로 인한 빈부 차는 이미 심각한 사회문제가 되어버렸으므로 부동산을 투자 수단으로 삼는 것은 이제 한계에 도달했다는 생각이 든다.

부동산으로 얻을 수 있는 수익이 예전과 같지 않으므로 전체적인 유동성이 죽지 않고 살아있다면, 부동산에 잠긴 돈을 제외한다 하더라도 현재 500조의 유동자금은 수익이 나는 다른 투자 대상을 찾아 흘러갈 것이다.

주식 투자를 해야 하는 이유

당분간 우리나라에서 가장 현명한 투자가 주식이 될 수밖에 없는 이유를 세 가지로 정리하고자 한다.

첫째, 당분간 계속해서 엄청난 자금이 주식시장으로 몰린다는 점이다. 앞서 언급했던 부동산 성향의 유동자금 중 일부인 약 50조 정도의 선도자금은, 주식시장이 상승을 지속한다면 2년 동안 시차를 두고 결국 주식시장으로 투입될 것이다.

게다가 2007년에서 2008년 말까지 약 20조 정도의 연기금 및 각종 기금이 주식시장에 투입될 것이고, 기업들의 자사주 매입이 그때까지 약 20조 가량 이루어질 것이다.

또한 변액보험과 기업연금을 통한 주식 투자 자금이 약 20조는 들어올 것이고, 요즘 가장 각광받는 적립식 투자로 인해 지금 같은 추세가 계속된다면, 2008년 말까지 최소한 30조가 투입될 것으로 예상된다.

그렇다면 2007년 초반에서 2008년 말까지 대략 140조의 신규 주식자금이 투입될 것으로 예상된다. 계속해서 주식자금이 투입되겠지만 앞으로 2008년까지 가장 효과가 클 것이다.

그 이유는, 2008년이 지나면 대규모 부동산 자금의 주식시장 이동이 더 이상 힘들게 될 것이라는 점이다. 또한 대부분 3년 만기인 적립식펀드가 2008년 하반기부터 본격적으로 시작될 만기 인출로 인해 지금처럼 급속히 늘지 못할 것이다.

그리고 2009년부터는 기업의 자사주 규모도 급격히 줄기 시작할 것으로 보인다. 그 이유는, 그때쯤이면 경영권을 방어할 수 있을 만한 규모로 보유

주식을 늘렸기 때문에 어느 정도 적대적 M&A의 위험에서 벗어나게 될 것이기 때문이다.

그러다보니 2009년부터는 연간 20조 정도의 신규 자금 투입 효과가 나타나겠지만 20조 조차도 확실하지는 않다. 2008년 말까지 주가가 너무 많이 올라 조정이 필요해질 무렵, 부동산이 하락하면서 주식시장의 조정이 시작되고 거치식 자금이 먼저 빠져나갈 것이라고 예상된다.

또한 적립식 펀드의 환매가 일어나게 되면서 약 3년간의 큰 조정을 거친 후, 만 포인트를 향한 한국 증시의 대세 상승이 다시 시작될 것이라고 예상된다. 하지만 단기간에 2008년 말까지는 아주 큰 장이 올 수 있을 것이라고 생각한다. 현재 2006년 10월 시가총액이 670조라면 그 중에서 30%는 대주주 물량으로 경영권과 관련이 있기에 시장하고는 상관이 없다.

그렇다면 시장에 유통되는 실제 총액은 470조 정도가 될 것이고, 2008년까지 신규 투입이 140조라면 유통총액의 30%가 되는 금액으로 충분히 폭등을 유발할 수가 있다. 그래서 2009년 초반까지는 종합주가지수가 최소한 3000포인트를 넘어서서 4000포인트까지 상승이 가능하리라고 믿는다.

둘째는, 주식 투자의 장기 수급 정착이 2006년부터 기업퇴직연금으로 시작되고, 2005년부터 본격적으로 늘어난 적립식펀드로 인해 확실하게 시작되어 주식에 대한 국민들의 투자 비율이 선진국 시장 정도까지 급격히 늘어날 것이다.

대한민국 역사상 유례없이 예금과 부동산에만 몰려 있던 자금의 대 전환이 일어나면서 투자에 큰 변화가 일어나는 시기가 2005년을 기점으로 시작되었다고 볼 수 있다.

2005년 1년 동안 전체 국민들 자산에서 주식 비율이 6.65%에서 13.08%까지 2배 정도 늘어났지만, 선진국처럼 50%까지 도달하려면 당분간 계속 늘어나야 한다. 선진국은 자산 대비 주식투자비율이 50%인데 우리는 왜 부동산이 80%인지 잘 생각해봐야 할 문제다.

이러한 사실은 우리나라에서 엄청난 자본이 급격하게 이동할 것을 예고하고 있다. 선진국은 우리보다 훨씬 오래된 자본주의 역사를 갖고 있으며, 부동산 폭등, 대공황, 불경기와 주식 폭락을 겪고 채권과 예금에도 투자를 훨씬 많이 했던 경험이 있다. 그런데 왜 그들은 50%의 자산을 주식에 투자하는 것일까?

그것은 과거의 경험을 통해 이루어진 것이다. 즉 오랜 세월을 두고 따져보니 역시 주식에 투자하는 것이 가장 투자 효과가 크다는 것을 깨달았으므로 그렇게 결정한 것이다.

이제 우리나라가 선진국 대열로 진입하려 한다는 것을 그 누구도 부인하지 못할 것이다. 그렇다면 부동산에 올인 했던 많은 돈들이 결국은 주식시장으로 급속히 몰려들 수밖에 없다.

주식시장의 오래된 격언 중에 '수급이 재료를 우선한다' 는 말이 있다. 그것은 돈의 힘이 주식시장의 호재나 악재보다 더 강하다는 것을 말한다.

예를 들자면 2004년 중반에 우리가 적립식 펀드라는 것을 처음 시작하고 2005년 중반부터 본격적으로 펀드로 돈이 들어오기 시작했다. 돈이 들어오는 대로 주식을 사다 보니 2005년 5월 900포인트에서 2005년 12월에는 1450포인트로 7개월 만에 무려 61%의 상승이 일어났다.

그런데 2005년은 내수가 역사상 최악이라고 모든 상인들이 울부짖었던

해가 아니었던가? 수출이 역사상 최고의 호황이었는데도 불구하고 신용카드 사태로 내수 경기가 계속 저조했던 것이다. 경제성장률이 3%대라면, IMF와 과거 중동 오일 쇼크라는 특수한 상황일 때를 제외하면 참으로 견디기 어려운 해가 아니었나 싶다. 그런데도 경제 상황을 반영하는 주식이 그렇게 오른 이유는 무엇인가? 그것이 바로 돈의 힘이다.

그와는 반대로 2006년 5, 6월의 조정은 1/4분기 경제성장이 6%가 넘을 만큼 예상 외로 아주 좋았는데도 미국의 과도한 금리 인상 우려로 인해 유동성 위축이 갑자기 일어났던 것이다. 이로 인해 이머징마켓에 있던 주식자금과 유류, 상품시장에 있던 돈들이 갑자기 미 국채로 몰려가게 되었다. 이때 외국인들은 단기간에 우리나라 주식 8조 원 가량을 팔아치웠다.

연기금도 외국인과 보조를 맞추어 2조 5천, 외국인 투기 세력의 과다한 선물매도로 인해 기계가 파는 프로그램 매물이 약 2조였다. 모두 다 합해서 총 12조 5천억이라는 엄청난 매물이 불과 한 달이라는 짧은 기간 안에 쏟아지자 단기간에 20%가 떨어지면서 260포인트를 폭락시켰다.

반대로, 한 달 동안 그 정도의 돈으로 매수를 했다면 260포인트 이상 순식간에 올라갔을 것이다. 우리 기업의 성적과는 관계없이 돈의 힘으로 이렇게 폭락을 시켰던 것이다.

미국도 과거에 17년 동안 지수가 1000에서 조정을 받다가 1만 포인트 이상으로 10배 이상 상승하는 대세 상승이 시작되었다. 그것은 바로 기업연금으로 주식투자를 시작하는 새로운 돈이 꾸준히 유입되면서 이루어진 것이었다. 그만큼 돈의 힘, 수급이 재료, 즉 기업의 성적을 우선한다는 것이다.

셋째로, 가장 근본적인 것은, 대한민국 기업들의 가치가 예전에 비해 많이 상승하여 늘어난 주당순익을 바탕으로 금리보다 많은 배당을 주는 기업이 늘어났다.

1997년 IMF 금융 위기 때 기업들의 평균 부채비율은 약 430%로, 소유 자산 대비 4.3배나 많은 빚을 안고 있었다. 그런데 부채율이 급격히 떨어져, 2006년 초에는 평균 100%도 안 될 정도로 우리나라 기업들의 상태가 세계적으로 좋아지게 되었다. 투자의 귀재 워렌 버핏의 말대로 '가치투자가 확실하게 통할 수 있는 시장'으로 변하게 된 것이다. 질적인 면에서 크게 성장했다는 것은 참으로 중요한 이야기이다. 또한 재벌 회장이나 오너들의 전횡도 외국인 투자자들의 증가와 더불어 선진시장으로 나아가면서 많이 줄어들게 되었다. 예전에는 기업주들이 회사 돈을 자기 돈처럼 사용하며 회계 부정을 저질러왔으나, 이제는 거의 선진국 가까이 다가섰다고 할 수 있다. 정부도 이러한 회계 부정을 엄하게 다스리면서 SK 최 회장이나 현대자동차 정 명예회장까지 구속시키는 사례를 남겼다.

주식과 부동산의 상관관계

주식은 금리, 해외 경기, 그리고 통화량의 변화 등으로 단기 조정이 있다 하더라도 2009년 초반까지 4천 포인트 가까이 갈 것으로 보인다. 지수가 지금보다 약 2.5배 정도 오르게 될 것이므로 종목 선택만 잘한다면 5배 이상 수익을 낼 수 있는 종목이 현재 주식시장에 널려있다고 할 수 있다.

이런 이유로 당분간 주식투자가 가장 현명한 선택이 될 수밖에 없다고 믿는다. 하지만 투기성 있는 사람들이 좋아하는 선물옵션이나 미수나 ELW* 같은 것은 원금의 몇 배를 외상으로 사는 것이기 때문에 조정 받을 때 순식간에 깡통이 될 수 있으므로 절대로 해서는 안 된다.

그동안 선물옵션시장이 생기고부터 외국인들과 증권회사가 개인들의 돈을 옵션을 통해 너무 많이 가져갔고, 그들과 개인들의 싸움은 어른과 아이의 싸움이요 계란으로 바위치기였다. 그들은 어마어마한 자금력으로 삼성전자나 포항제철, SK텔레콤 같은 몇 가지 대형종목만으로 지수를 급히 올리고 내릴 수 있는데, 어떻게 그들을 이길 수 있겠는가? 질대 개인이 해서는 안 된다.

하지만 주식은 회사가 망하기 전에는 문제가 없으므로 몇 가지 기본적인 것 – 주당 순이익, 주당 순자산, 부채 비율, 매출 등 – 을 공부하고, 사양 산업이 아니면서 성장을 예측할 수 있는 분야의 회사 주식 중에서 저평가 되어있는 것을 사 놓으면 된다. 2008년까지는 주식의 단기조정은 있겠지만 결국 가장 많이 오르는 투자 수단이 될 것이다.

그리고 2009년 초반부터 상당한 조정기간이 거의 3년 정도 올 수 있을 것이며, 세계적인 불황으로 인해 불경기를 겪으며 극심한 어려움에 빠지게 될 것으로 보인다. 하지만 모든 것을 갖춘 우리나라 경제는 세계적인 불황을 딛고 IT산업을 중심으로 독자적으로 먼저 회복을 하게 될 것이며, 주식시장이 재차 긴 상승 곡선을 타며 불경기를 극복하게 될 것이다.

물론 이는 신의 영역이므로 부동산의 폭락 시기나 주식시장의 조정기간

---

* ELW(Equity Linked Warrant) : 워런트증권, 주식 또는 주가지수를 기초 자산으로 사전에 정하여진 가격에 기초자산을 사거나 팔 수 있는 권리를 나타내는 유가증권을 말하며, 거래소에서 요구하는 일정 요건을 갖춰 거래소 주식시장에 상장시킴으로서 일반투자자도 실시간으로 매매가 가능하도록 한 것

이 정확히 언제 일어날지 맞추기는 힘들다. 하지만 여러 가지 정황과 자금의 흐름으로 봐서 그렇게 될 수밖에 없을 것이라고 확신한다.

다시 한 번 강조하고 싶은 것은, 세계적인 불황과 우리나라 부동산 폭락이 맞물리게 되면, 국민들 대부분의 재산이 부동산에 몰려있어 쌀이나 김치 같이 꼭 필요한 소비를 제외한 대부분의 소비가 일시에 급감하면서 내수시장이 얼어붙는 큰 불황이 일시에 찾아올 가능성이 매우 크다는 점이다.

부동산 폭락은 한국 역사상 처음 있는 일이기 때문에 '부동산 불패'에 너무나 강하게 집착하고 있는 대다수 부동산 보유자들에게는 심리적인 패닉 현상을 일으켜 일상생활이 거의 마비될 것으로 보인다. 특히 이들이 옷도 사고, 외식도 하고, 자동차도 있어야 하는 중산층 이상의 사람들이라는데 더 큰 문제가 있다.

우리나라 주 소비 계층인 이들이 일시에 소비를 크게 줄이고, 세계적인 불황과 겹치게 되어 수출까지 줄어든다면, 수많은 기업들이 결국 도산할 수밖에 없다. IMF 때와 같지는 않더라도 실업자가 많이 늘어나면서 상당기간 매우 어려운 시절을 견뎌내야 할 가능성이 크다.

그때는 주식시장도 펀드의 환매가 일부 일어나면서 오랜 기간 동안 큰 폭의 조정을 받게 될 것이다. 그러나 IT산업 발전과 더불어 새로운 지도자의 능력으로 가장 먼저 경제 불황을 탈피하는 국가가 되어 계속적인 성장을 이루게 될 것이라고 믿는다.

주식투자 환경 변화 비교

주식투자로 큰 손해를 본 사람들이 너무 많은 탓에, 그들에게 장기적인

가치투자를 권유한다면 치를 떨면서 거부할 것이다. 그래서 아래의 표를 통해, 과거 1000포인트를 돌파했을 때와 1400을 돌파한 현 상황을 비교해 보고자 한다. 2008년 말까지는 주식의 큰 상승이 보장되어 있으니 하루속히 주식투자에 참여할 수 있도록 확신을 주기 위해서이다.

	과거	현재
1	무상증자·유상증자를 통한 기업들의 지나친 주식 공급으로 기본적인 수요와 공급이 무너지고, 수급이 약해서 주가 상승이 불가능했음.	증자가 거의 없어졌고, 외국인들의 적대적인 기업합병(M&A)을 막기 위해 국내 기업들이 오히려 매년 10조 가까운 자금으로 자사주를 매입하면서 주식 수요가 강화되었음.
2	기업들의 자기자본 대비 평균 부채율이 430%로 너무 과했음.	기업들의 자기 자본 대비 평균 부채율이 100% 이하로 하락하여 세계적으로도 안정적임.
3	주가 수익률 PER가 25 이상으로 배당이 거의 이루어지지 않았고, 가치를 벗어난 지나친 주가 상승으로 지금의 부동산과 같은 폭탄 돌리기가 이루어졌음.	주가 수익률 PER가 10 이하로, 아시아에서도 가장 저평가 받고 있으며, 배당만으로도 은행 이자보다 더 많이 받을 수 있는 종목이 아주 많아졌음.
4	오너들이 회사 돈을 빼돌려 자기 돈인 것처럼 사용해도 모를 만큼 회계가 불투명했지만 거의 처벌받지 않았음.	외국인 대주주들과, 규제와 감시기능 강화로 분식회계나 오너의 전횡이 거의 사라졌으며, 만약 그런 일이 발견된다면 심한 처벌을 받도록 법이 개정되었음.

	과거	현재
5	개발도상국이어서 국가 경제 규모가 미약했으며, 지금과 같은 글로벌기업이 하나도 없을 정도로 기업 규모 역시 미약했음.	삼성전자, LG전자, 하이닉스, 현대자동차, 포항제철, 중공업 3사 등 세계적인 규모의 글로벌 기업들이 많으며, 전체 경제 규모도 엄청나게 커졌음.
6	IMF 경제 위기를 맞을 정도로 이익 창출 능력이 떨어졌음. 특히 금융권 체질은 후진국에 가깝다 할 만큼 뒤떨어져 로비 잘하는 부실기업들에게 제대로 된 담보도 없이 대출이 성행했음. 그런 기업들은 수시로 부도가 났으므로 국내 기업 부도율이 너무 높아 주식투자에 위험부담이 컸음.	IMF를 극복하면서 많은 분야에서 기업 구조조정을 거쳐 거듭나면서 세계적인 경쟁력을 가진 많은 기업들을 확보하게 되었음. 특히 금융부분은 많은 통폐합을 거쳐 안정적인 구조로 거듭나게 되었고, 부실 대출이 사라져 금융 위기 재발의 여지가 거의 없고, 과거에 비해 부도나는 기업들이 거의 사라졌음.
7	국제그룹의 해체와 SK텔레콤 인수 시 SK그룹 몰아주기 등, 정경유착이 심해 기업의 경쟁력보다 권력에 의해 기업의 흥망이 결정되었으므로 정상적인 경쟁력 강화 노력보다 정치권 로비에 더 많은 노력을 해야 했던 기업풍토.	투명한 정치를 통해 정치자금 배제와 처벌강화로, 기업의 성공은 기업능력에 따라 철저하게 결정되는 시대가 되었음. 쓸데없이 다른 곳에 에너지 분산을 하지 않아도 되므로 세계적인 기업경쟁력이 계속 유지 발전될 수 있는 기업 환경 조성.
8	경쟁력 없고, 이익창출 능력도 없으며, 미래가 보이지 않는 많은 기업주들이 코스닥에 상장만 하면 갑부가 되니 온갖 불법과 탈법을 거쳐 상장했으며, 거짓	엄격한 심사와 공정한 절차를 통해 코스닥 상장 문화가 정착되었고, 과거의 뼈아픈 실패를 교훈삼아 보다 성숙한 투자 문화가 조성되었음. 성장산업이라 하더

	과거	현재
	실적과 과장된 미래 성장 계획을 빌미로 코스닥에 지나친 거품이 있었음.	라도 '묻지마 투자'는 사라졌으며 코스닥의 거품도 사라졌음. 도리어 저평가 되고 있음.
9	연예산업의 수준이나 경쟁력이 떨어져 한국 영화나 드라마의 수출이 전혀 없었음. 인기스타들의 공연도 해외교포를 위한 것을 제외하면 거의 없었음. 타국사람들에게 전혀 인기가 없었고 해외 팬이 존재하지 않았음.	많은 한류 스타가 생겨났기에, 한류 팬들이 국내 제품을 구매하기 위해 일부러 찾아오는 환경 조성. 국내기업들도 한류스타들을 통해 세계 인구의 절반에 가까운 사람들에게 효과적으로 제품 선전을 할 수 있게 되었으며, 연예산업 기업들도 세계적인 경쟁력을 확보하게 되었음.
10	10%가 훨씬 넘는 물가 상승과 10%가 훨씬 넘는 고 금리 정책으로 월남전쟁, 중동건설 붐, 3저 시대와 같은 특수가 아니면 자금의 유동성이 일시적이었음. 부동산투자 자금 외에는 대부분의 자금이 은행에 잠겨 있었음.	중국 제품과 인터넷과 할인점의 끊임없는 발전으로, 물가 상승 5% 이하 계속 유지, 5% 정도의 금리로 유동성이 계속 증가하여 부동산 폭등이 장기간 일어났음. 하지만 부동산 가격 상승은 한계에 도달해 주식으로 유동성이 지속적으로 몰릴 가능성이 큼.
11	일시적인 뭉치자금들이 거치식으로만 펀드에 투자하여 증시 하락기에 일시적으로 환매가 몰리면서 증시 하락을 더욱 부추겼음.	새로운 투자 문화인 적금 같은 적립식펀드가 소액투자가들을 통해 매월 입금되는 풍토 조성, 환매가 주가 하락기에도 거의 일어나지 않으므로 안정적인 장기 자금(연간 15조 이상)이 계속 투입될 것임.

	과거	현재
12	연기금이 없어 연기금의 주식투자란 것이 거의 존재하지 않았음.	연기금 자금의 급속한 증가로 10조 이상의 장기적인 주식투자 수급이 발생하고 매년 급격히 늘어날 것임.
13	기업연금이나 변액보험이란 것이 존재하지 않았음.	기업연금과 변액보험 새롭게 시작, 10년 이상 환매 불가를 보장받았기에, 매년 10조의 장기 주식 투자자금이 꾸준히 유입되고 매년 금액이 더 증가할 것임.
14	대다수 국민들이 재산에서 5% 이하의 낮은 비율로 주식투자를 했고, 대부분의 자금을 부동산과 은행예금, 채권 MMF에만 투자.	한국이 선진국이 되려면 필연적으로 주식투자 비율이 자산의 50%가 될 것이므로 주식으로 계속 자금이 유입될 수밖에 없음.
15	나라 경제가 취약했음. 다른 나라에서 일어났던 것처럼, 유대인 자금으로 흔히 대변되는 글로벌 자금이 은행주를 중심으로 대한민국 주식을 대량으로 싸게 확보하기 위한 작전을 통해 경제 위기 상황이 벌어질 위험부담이 컸음. 자금순환이 막히면서 유동성 위기가 일어나, 부동산과 주식 폭락의 가능성이 극히 높았음.	이미 IMF를 통해 망가졌으며, 우리나라 주식시장의 38%, 우량주는 55% 이상의 주식을 글로벌 자금들이 확보하였으므로 더 이상의 폭락은 결코 만들지 않으며 장기적인 상승을 유도할 것으로 보임. 이러한 자금들은 상당한 상승이 일어나기 전에는 자금 회수를 하지 않는 특성이 있으므로, 선물옵션과 같은 파생시장만 없어진다면 주가 상승이 꾸준히 계속될 것임.
16	장기간 계속된 무역적자로 만성적 무역 적자국이었으며 해외부	장기간 무역흑자를 유지하고 있으며, 원화 가치 상승을 막기 위

	과거	현재
	채가 과다했음. 기업들의 단기 외채 증가로 유동성 위기에 몹시 취약한 구조였음.	해 장기적으로 2,500억 불이 넘는 달러를 매입하여 부채국가에서 채권국가로 변신, 중국 일본 다음으로 세계 3대 외환보유국이 되었음.

경제의 4계절

계절에도 봄 · 여름 · 가을 · 겨울이 있다. 그리고 여름이 길고 겨울이 짧을 수는 있지만, 경제도 반드시 순환 사이클을 가지고 있다.

특히 최근에 와서는 인터넷의 발전으로 아주 빠르게 실시간으로 정보를 확인할 수 있는 시대가 되었다. 상인들 간에 경쟁이 치열해지면서 물가는 오르지 않게 되었고, 정보기술과 인터넷의 발달로 재고 누적이 줄어든 덕분에, 경제의 겨울은 짧아지고 여름은 길어지는 특성으로 변했다. 하지만 언제까지 여름이 계속될 수는 없을 것이다.

경제의 여름이라는 호경기가 와서 재고가 바닥나고 물건을 만드는 즉시 팔게 된다면, 너도 나도 생산을 늘리는 투자를 강행하고 생산인력을 늘리게 된다. 또한 다른 모든 서비스 분야의 경기까지 덩달아 좋아지는 상황이 지속된다.

그러다가 제품이 지나치게 많이 생산되면 재고가 조금씩 늘어나 창고에 쌓이면서 제품 생산시간을 조금씩 줄이게 되는 경제의 가을이 찾아온다. 그 후 재고가 지나치게 누적되면 생산은 중단되고, 공장 가동률이 절반 이하로 떨어지면서 많은 인원을 감원해야 하는 상황으로 몰리게 된다.

또한 재고 제품이 누적되면서 회사운영자금이 묶이게 된다. 이때 자금력이 부족한 기업은 도산하게 된다. 그리고 금융기관까지 부실해지는 경제의 겨울이 찾아온다.

이러한 겨울을 거치다 보면 제품 생산이 거의 중단되기 때문에 재고가 급속히 줄게 된다. 재고가 다 소진되면 공장에 제품 주문이 조금씩 늘어나게 되고 생산도 같이 늘어나기 시작하는 경제의 봄이 필연적으로 찾아오게 되는 것이다.

이러한 사이클은 인류가 살아오면서 계속 반복되고 있다. 다만 예전에는 사이클 기간이 아주 길었으나, 여러 교통수단과 도로의 발달로 기간이 점점 짧아지고 있을 뿐이다. 특히 경제가 급속히 발전하고 있는 21세기에 와서는 인터넷 등 여러 가지 첨단과학과 통신의 발달로, 침체 기간은 짧아지고 호황의 기간은 길어지는 특징을 나타내고 있다.

반도체의 경우에도 과거에는 3~4년에 걸쳐 불황과 호황이 반복되었으나, 2000년도에 와서는 불황은 짧고 호황은 두 배 이상 지속되고 있다. 필자의 생각으로는 2006년부터 경제의 여름이라는 호황이 시작되어 2008년까지 지속되리라고 예상한다. 하지만 주식투자는 경제의 봄에 시작하는 것이 가장 적기이므로, 한국의 주식 투자는 사실상 2004년이 가장 적기였다고 생각한다.

주식투자 성공방법 3가지

주식투자에 성공하기 위한 방법을 나름대로 아래에 정리해 보았다. 이것을 제대로 따르기만 하면 주식투자에서 절대 실패하지 않는다고 99% 확신하고 있으니 참조하기 바란다.

첫째, 가장 중요한 것은 전체 경제의 흐름을 잘 보고 시기를 선택해야 한다는 점이다.

경제의 봄이 시작되는 직전, 즉 경제의 겨울 동안 망할 기업은 이미 다 도산했으며, 살아남은 기업 역시 오랜 기간 동안 생산을 줄였기 때문에 상품 공급이 급격히 줄게 된다. 주문이 늘어나면서 오랫동안 유지했던 공장의 재고가 거의 소진되기 직전이라면, 바로 그때 주식투자를 시작해야 한다.

새로운 상품을 생산하기 위해 재고가 소진되고 주문이 늘어서 공장 가동시간이 늘어나기 시작할 때가 바로 경제의 봄이 시작되는 시기이다. 경제의 봄이 시작하는 때가 가장 좋은 주식투자시기이지만, 외부인은 공장 내부 사정을 잘 알지 못하므로 가동시간이 늘어나는 때 시작하는 것이 최선이 될 수밖에 없다.

하지만 이때도 대부분의 사람들은 경제의 봄이 왔다는 것을 모르는 채 심각한 불경기라 생각하고 있으며, 실업자는 줄지 않은 상태이다. 하지만 현장에서 제품을 생산하는 기업들은 재고가 줄고 생산이 조금씩 늘어나고 있다는 것을 분명히 알고 있다. 그래서 주식시장은 이때부터 상승을 시작하는 것이다.

이러한 내부 정보를 알고 있는 사람들과 그 주변사람들이 선투자를 하면서 그 회사 주식 가격이 올라가기 시작한다. 그래서 주식시장은 실물경제보다 6개월 정도 선행한다는 이론이 성립되는데, 이는 참으로 진리다. 그 회사의 실적이 발표되고 이익이 상승하여 경제가 나아지고 있는 것을 피부로 느낄 즈음이면 이미 주식은 상당히 오른 후다.

그렇다면 이러한 것을 어떻게 일반 사람들이 알 수 있단 말인가? 쉬운 일은 아니겠지만 관심을 가진 회사를 방문하거나, 전화를 해보고, IR(기업설명회)도 빠짐없이 참여하고, 관심기업의 핵심 직원을 하나 정도 알아놓는 것도 좋은 방법 중의 하나가 될 수 있다.

이것이 주식투자에서 가장 중요하다. 많은 시간과 노력을 기울여 이러한 것을 조사하고 검토하고 방문하면서, 기업 상태를 파악하는데 주식투자의 가장 큰 에너지를 쏟아야 할 것이다. 지나치게 차트 공부나 프로그램 공부만을 한다든지, 하루 종일 컴퓨터 앞에서 장을 쳐다보거나, 전문가 아닌 전문가들의 의견만을 듣고 사고팔기를 수없이 반복하는 것은 큰 도움이 되지 않는다.

전문가들은 대부분 증권회사와 결탁되어 있으므로 잦은 매매를 권장하지만 이런 우매한 짓을 하는 것만으로는 큰 돈을 벌 수 없다. 이런 방법은 무엇보다 정신과 육체의 건강에 치명적이 될 수가 있다.

본인의 많은 노력과 전문가들의 오랜 경험에 의한 차트 매매란 것이 과거에는 통했을지 몰라도, 결국은 주식시장의 절대강자인 큰손과 외국인, 일부 비양심적인 기관투자가들에게 이용만 당할 뿐이다.

한국과 세계 경제의 큰 흐름을 파악할 줄 알아야 한다. 그래서 언제 경제의 봄이 오는지 아는 것이 가장 중요하다. 경기가 좋아지면서 대세 상승이 일어날 때는 별로 가치가 안 좋은 회사 주식을 사더라도 약간의 이익은 낼 수 있다. 하지만 경제의 가을이 시작되어 경기가 계속 하락하는 대세 하락이 일어날 때는 아무리 이익을 많이 내고, 미래 전망이 좋고, 가치가 높은 회사의 주식에 투자한다 하더라도 손해를 보는 경우가 많다. 이때에는 가능하면 주식투자를 피하고 채권에 투자해야 한다. 왜냐하면 경기 하락기에는 금리가 계속해서 하락하기 때문에 채권이 가장 수익률이 높다.

둘째, 중요한 것은 가치투자를 해야 한다는 것이다. 기업을 운영하지 않고 주식투자만으로도 MS사의 빌 게이츠 다음으로 세계 2위의 갑부가 된 워렌 버핏이라는 투자의 귀재가 사용했던 방법이다.

사양 산업이 아니기 때문에 미래에도 살아남을 수밖에 없는 필수적인 업종 중에서 기업은 견실한데 가치에 비해 저평가 되어있는 기업을 많은 검증과 세밀한 검토를 거쳐 찾아내어 매입을 한 후, 기업의 주가가 원래 가치에 도달할 때까지 팔지 않고 기다리다가 가치에 도달하면 팔고 또 다른 저평가 기업의 주식으로 교체매매를 하는 것이다.

워렌 버핏은 한 번 매매하면 대부분 2~3년 이상 보유하는 것이 원칙이었다. 워렌 버핏은 위에서 언급한 가장 중요한 첫째 사항인 적기를 거의 고려하지 않고 투자를 했는데도 불구하고 세계 2위의 갑부가 되었다.

요즘 주식시장에서 주식사이트나 방송 같은 곳에서 활약하고 있는 전문가들 대부분이 거의 매주 매매를 권장하고 있다. 그런데 그들 모두가 워렌 버핏의 가치투자를 강조하는 것을 보면, 때로는 웃긴다는 생각이 든다.

이러한 가치투자를 하기 위해서는 기업을 방문하고 조사해야 하는 것도 중요하지만, 이 기업의 실적이 적절한 투자를 해서 그에 따른 감가상각비(매년 36.9%이므로 첫 1~2년이 투자에 의한 감가상각이 가장 크다)에 의해 일시적으로 나빠졌는지도 잘 따져봐야 할 것이다.

기업 실적 하락이 일시적인 투자나 그에 따른 감가상각비에 의한 것이라면, 그러한 나쁜 실적은 계속되지 않을 것이며 어느 순간부터 이익이 급속도로 늘어날 수 있을 것이다. 도리어 그러한 일시적인 실적 악화로 인한 주가 하락은 매수 타이밍이 될 수 있으므로 잘 고려해서 매수시기를 결정해야 한다.

그 다음에는 증권사 사이트 어디에서도 쉽게 볼 수 있는 것으로 가장 기본적인 주당 순이익, 부채 비율, 유보율, 주당 순자산, 매출, 이익율 정도만 보아도 그 기업이 저평가 되어 있는지 누구라도 알 수 있다.

특히 저평가뿐만 아니라 매출이 계속해서 늘어나는지도 잘 살펴야 한다. 이익이 줄어든 것은 투자에 의한 것일 수도 있다. 하지만 매출이 줄거나 정체가 일어나는 것이 1년 이상 지속된다면, 문제가 있는 기업이므로 더 이상 성장을 못한다고 판단하고 절대 투자해서는 안 된다.

가치 투자의 예를 들어보겠다. 아주 아름다운 미인이 있는데 아직 어린 까닭에 멋을 낼 줄 모르고 옷을 제대로 입을 줄 몰라 눈에 띄지 않는다면, 이 사람을 미인이 아니라고 할 수 있겠는가? 천하절색인 여자가 자신을 숨기기 위해 몸에 때를 묻히고 남루한 옷을 입었다고 해서, 이 여인을 천하절색이 아니라고 하겠는가?

주식시장에도 이러한 때 묻은 미인들처럼 가치에 비해 저평가 되어있는 기업들이 많이 있다. 모든 노력을 다해 찾아서 매수한 후, 본래 모습을 찾을 때까지 끈기 있게 기다리면 되는 것이다. 이들이 언젠가는 미인의 모습으로 찾아올 것이므로 이러한 가치주를 찾아 장기투자를 하는 것이 가장 안전한 투자 방법이다. 길게 보면 단기 매매보다 몇 배나 높은 투자 수익률을 올려준다. 차트로 단기 매매하는 시간에 이러한 주식을 연구 검토해 잘 찾아내는데 최선을 다해야 할 것이다.

셋째, 기업 자체에 대해서 뿐만이 아니라 그 기업이 하고 있는 분야의 미래를 보아야 한다.

미래에 사양 산업이 되는 분야라면 아무리 현재 기업실적이 좋다고 해도 절대 매입해서는 안 된다. 반대로 현재 실적이 별로 좋지 않다고 해도 앞으로 장래 성장성이 강하다면 매입하는 것도 괜찮다.

하지만 이러한 성장성을 이유로 줄기세포 같은 주식은 말도 안 될 만큼 지나치게 올랐다가 거품이 빠지면서 폭락했고, 1999년 코스닥이 도가 지나친 상승 후에 거품 붕괴의 폭락으로 개인들에게 엄청난 손실을 준 것들은 성장성에 너무 많은 비중을 둔 실패 사례로 볼 수 있다.

그러므로 이러한 성장주를 산다는 것은 전체 주식 투자비율 10% 이하로 두어야 한다. 아무리 확신이 선다 하더라도 불확실한 미래에 지나치게 높은 비율의 주식 투자는 좋지 않다.

그리고 장래성이 없는 업종, 예를 들면 앞으로 핸드폰과 합쳐질 수밖에 없는 MP3 플레이어나 디지털 카메라 같은 업종 주식투자는 가능하면 피해야 할 것이다. 2009년부터 부동산 경기가 급격히 하강한다면 직접적인 건설주와 주택담보 대출이 많은 은행주 같은 것도 2008년 중반부터는 피하는 것이 좋다. 이처럼 앞날을 예측하는 것, 즉 미래 산업의 흐름을 파악하는 것 역시 아주 중요한 맥이 될 것이다.

중소기업이 살아야 나라가 산다

중소기업에 관한 언급은 중소기업에 근무하고 있는 수많은 직원들에게는 자칫 불만스런 내용이 될 수도 있을 것이므로 무척 조심스럽다. 그러나 우리나라 중소기업이 많은 문제를 안고 있다는 것을 알고 있으면서도 이것에 대해 어느 누구도 언급하지 않는 상황에서 누군가는 짚고 넘어가야 한다고 생각한다. 중소기업 직원들을 무시하기 위한 것이 아니라, 현재 상황을 그대로 말하고자 하는 것이다. 닭이 먼저냐, 달걀이 먼저냐 하는 것과 같이 이 문제는 쉽게 다룰 수 있는 문제가 아니다. 하지만 선진국으로 가기 위해 반드시 넘어야 할 큰 걸림돌이므로, 이 장에서 얘기하고자 한다.

기업가 정신의 유무

기업가 정신을 가진 기업인들의 도전의식이 없었다면 이 세상은 어떻게 되었을까? 생각만 해도 끔찍하다. 아마 우리가 사는 세상은 생기를 잃은 죽은 사회가 되어 있을 것이다. 대표적인 예로 공산주의의 실패를 들 수 있다. 실패를 두려워하지 않고 밤낮을 가리지 않고 최선을 다하는 기업가들의 도전의식이 이 세상을 발전시키고 향상시켰던 근본적인 힘이 되었음은 확실하다.

흐르지 않는 물은 반드시 썩기 마련이며, 이것은 누구도 거역할 수 없는 자연의 이치이다. 이러한 도전과 변화가 없었더라면 작게는 가정과 조직이, 크게는 국가가 제 기능을 발휘하지 못하면서 썩고 도태되어 가난과 병마와 외세의 침략에 허덕이는 나라가 되고 말았을 것이다.

지금 북한이 공산주의에서는 유례가 없는 세습제를 유지하기 위해, 철저히 현실을 외면하며 중국식 자본주의를 받아들이지 않고 자신들만의 공산주의로 버티다가 어떠한 모습이 되어가고 있는지 우리는 잘 알고 있다.

북한은 우리와 같은 역사, 민족성, 능력을 가지고 있지만 지금 북한 주민들은 우리와 얼마나 다른 생활을 하고 있는가? 체제의 차이가 이토록 같은 민족을 다르게 만든 것이다. 북한 주민들의 생활이 어렵다는 것을 알기에 그렇게 많은 좌익 운동가들조차 북한으로의 이주를 전혀 고려하지 않고 있는 실정이다. 결국 그것은 무엇을 뜻하는 것일까?

남한은 우리 민족에 가장 잘 맞는 자본주의를 택했고, 북한은 택하지 않았다는 것이 이렇게 엄청난 차이를 가지고 왔다. 공산주의에서 기업가는 자본가 부르주아로 노동자 농민을 착취하는 나쁜 존재이기 때문에 대중에게 돌로 맞아 죽어 마땅하다고 교육한다. 그러한 환경에서 누가 도전의식을 가지고 기업가 정신으로 사회를 발전시킬 수 있단 말인가?

긴 세월이 지난 후 지금 북한의 모습은 어떠한가? 수십만의 국민이 먹지 못해 굶어 죽는 모습은 같은 민족으로서 안타까울 뿐이다. 공산당 간부 식솔이나 도시에 사는 사람들을 제외한 수많은 이십대 젊은이들이 마치 우리 초등학생 정도의 체격으로 왜소해졌다. '사흘 굶어서 도둑 안 되는 사람 없다'는 옛말이 있듯이 그만큼 굶는다는 것은 비참한 것이며 모든 것에 우선한다. 북한은 남한 인구 절반 정도밖에 되지 못할 정도로 과거 인구 증가율이 낮았었고, 모든 산업은 망가지고 피폐해졌다. 1950년대 중반~ 1960년대 초반의 남한처럼 다른 나라의 도움 없이는 국가 자체가 생존할 수 없는 상태로까지 낙후되고 말았다.

북한과는 달리 남한은 우리 민족성에 잘 맞는 자본주의를 택할 수 있었고, 단군 이래 최고로 질 높은 삶을 누리고 있다. 이는 자본주의의 핵심인 수요와 공급에 의한 경제 논리 속에서 치열한 경쟁을 거치지 않고서는 살아남을 수 없었던 기업가들에 의해, 아니 기업가 정신에 의해 가능했다.

기업인에게 용기를 주어야 한다

과거의 많은 기업인들은 관례라는 명분으로 공무원들과 정치인들에게 뇌물을 주고 특혜를 입기도 했으며, 부정하고 부도덕한 방법으로 성장하는 경우도 있었다. 그러다가 권력과 연결된 줄이 끊어지면 도산하여 수많은 부정적인 사례를 남기기도 했다. 그와 반대로, 권력과 상관없이 정당하게 경쟁하면 계속 성장할 수 있었던 우수한 기업들이 부당한 기업들에 의해 도태한 사례도 많았다.

이렇듯 편법을 통해 실력과 능력이 부족한 사람이 부당하게 경쟁에서 이겼던 사례가 많았던 까닭에 모든 기업가들이 부정부패를 통해 옳지 않은 방법으로 돈을 벌었다는 선입관을 갖게 되었다. 그러한 이유로 아직까지도 기업가를 부정적으로 생각하는 사람이 많다.

이제 선진국의 문턱에 선 우리는 기업가들에 대한 이러한 인식을 바꿔야 한다. 우리가 짧은 기간 안에 일어서기 위해 저질렀던 과거의 많은 잘못들 중의 하나라고 생각하자. 전적으로 그것은 우리 모두의 잘못이라고 인식하고, 대한미국의 미래를 위해 기업가 정신으로 열심히 살고 있는 기업가들을 존경하는 마음으로 힘을 실어주어야 할 것이다.

지금도 일부 부패한 공무원들과 밀착하여 부도덕하고 부정한 방법으로 기업을 운영하는 사람들이 있지만 이들의 성장은 반드시 한계가 있다. 우리나라가 단군 이래 가장 큰 물질적 혜택을 누리게 된 것은, 끊임없이 노력하고 정당하게 경쟁하면서 꾸준히 성장했던 다수의 훌륭한 기업들 덕분이라고 생각한다.

아직 남아있는 부정한 기업가들을 도태시키기 위해서는, 가장 개혁하기가 어렵다는 기득권세력의 대표주자인 공무원 사회가 먼저 올바르게 바뀌어야만 한다.

이 문제는 물론 쉽게 해결할 수 있는 일이 아니다. 우리에게 절대적으로 필요한 훌륭한 지도자가 나타나야만 가능한 일이며, 우리 민족을 위해 첫 번째로 해야 할 일이다. 그래서 노력하고 능력 있는 사람이 성공하는 세상을 반드시 만들어야 한다. 기업인들이나 부자들이 진정으로 존경받는 시대를 열기 위해서는 반드시 해결해야 할 문제이다.

이 나라를 현재 이렇게 반석에 올려놓은 것은 삼성, LG, 현대차, SK 등 대기업이라는 것은 누구나 알고 있다. 또한 협력회사인 중소기업들 없이는 결코 대기업이 존재할 수 없다는 것도 사실이다.

대기업 사원에 비해 절반도 되지 않는 봉급을 받으면서 일할 수밖에 없는 중소기업의 인력이 없었다면, 가격 경쟁력에서 우리 대기업들은 절대로 외국기업들과 승부하여 그 많은 수출을 할 수 없었을 것이다. 우리 대기업들도 처음에는 중소기업으로 시작했다는 사실을 결코 잊지 말아야 한다.

이제 다가오는 새로운 IT 시대에 우리나라를 강력한 IT 국가로 반석에 올려놓으려면 삼성전자나 LG전자와 같은 대기업만으로는 불가능하다. 극도로 빠르게 변화하는 21세기 첨단산업인 IT산업에서 탄력적으로 대처하면서 발전과 적응을 할 수 있는 주체는 중소기업인 것이다. 이들이 우리나라를 반드시 선진국 대열에 합류시킬 것이라고 확신한다. 하지만 현재 우리나라에서 중소기업을 운영하는 것은 너무 어려운 일이다.

이 장에서는 어떻게 해야 중소기업들이 어려움을 극복하고, 대기업과 함께 발전하면서 가장 큰 문제인 인력 수급의 문제를 해결할 수 있는지 언급하고자 한다.

중소기업의 가장 큰 어려움

현재 중소기업의 어려움은 자금난, 인력난, 대외 로비력 부재 등 한 두 가지가 아니다. 이 장에서는 다른 어려움과는 비교를 할 수 없을 정도로 비중이 크고 중요한데도 도저히 해결이 불가능해 보이는 중소기업 인력 수급에 관한 문제에 대해 언급하고자 한다.

중소기업은 대기업에 비해 안전하지 않고, 급여나 근무 환경도 열악하며, 직원들조차 회사에 대한 애사심이나 자부심이 부족하다. 이러한 상황에서 어떻게 우수한 인력이 대기업이 아닌 중소기업으로 지원하겠는가? 중소기업은 능력이 부족한 인력을 채용해 제품을 생산하고 판매하는 한편, 새로운 기술을 개발해야만 살아남을 수 있는 것이 현실이다.

그렇다면 이것을 극복할 수 있는 방법은 무엇일까? 중소기업이 대기업의 여러 근무 조건을 만족시키는 것은 불가능하며, 능력 있는 사람을 끌어들이기 위해서는 사장과의 특별한 인연을 내세우는 수밖에 없다.

결국 사장은 자신의 능력을 200% 이상 발휘해야 하며, 대기업에 비해 능력이 떨어지는 최소한의 인력으로 제품 생산과 기술 개발이라는 두 마리 토끼를 잡아야 한다.

사업을 하면서 많은 것을 경험한 필자가 여러 기업주들에게 들은 바에 의하면, 중소기업에 근무하는 사람들에게는 회사의 발전보다 본인의 이권을 우선하는 아주 나쁜 특징이 있다는 것이다. 물론 회사를 위해 열심히 일하는 사람들도 있지만, 대부분의 직원들은 어떻게 하면 공짜 돈이 생길 것인가에 훨씬 더 무게를 두고 근무하므로 회사가 입는 피해가 상당히 크다고 한다. 그 때문에 중소기업 사장들은 직원들에게 모질게 할 수밖에 없는 것인지도 모른다. 중소기업에 근무하는 사람들이 들으면 화가 나겠지만 이것이 우리 현실이다.

하지만 대기업 직원들은 직장에 대해 자부심을 갖고 있으며 급여나 근무여건이 좋아 가능하면 정년까지 근무하려고 하기 때문에 부정을 저지르는 경우가 매우 적다. 회사에 피해가 없다고 판단될 때 적은 뒷돈을 받는 경우도 있긴 하겠지만, 중소기업에서는 본인의 몫이 얼마나 클 것인가에 따라 중요한 결정을 내리는 경우가 많다고 한다. 언제 회사가 문을 닫게 될지, 실수로 인해 해고는 당하지 않을까 불안에 떠는 것이 중소기업 직원들의 현실이므로 부정을 저지르기 쉽다.

또한 봉급 수준이 낮아 맞벌이를 하지 않으면 자녀 교육은 물론, 생활이 어려운 상황인지라 뒷돈을 챙길 기회가 오면 거부하기가 힘들다. 이로 인해 사장들 또한 악랄해질 수밖에 없다.

소기업에는 이러한 구조적인 문제가 있으므로 친인척이나 오래된 지인 중에서 직원을 채용할 수밖에 없다. 현재 그러한 인력의 한계를 해결하는 유일한 길은 창업을 선택한 우수한 인력인 기업주 본인의 능력을 최대로 발휘하여 더욱더 열심히 회사를 끌어갈 수밖에 없는 것이 현실이다. 하지만 이것도 정도는 아니다.

종업원과 기업주, 누구의 잘못도 아니다

기업주 입장에서가 아닌 고용인 입장에서 다시 한 번 냉정하게 생각해보자.

안정되지 못한 직장에서 실직에 대한 불안감으로 회사보다 자신의 이익을 먼저 위하는 것을 나무라기만 할 수는 없을 것이다. 이들에게는 근무하고 있는 이 회사가 아니면 안 된다는 명분이 없다. 그리고 언제든지 다른 직장으로 옮기면 된다는 생각을 갖고 있으니 회사에 대한 애사심 또한 부족하다. 우리나라에는 노후를 보장해주는 사회보장제도가 너무 빈약해, 중소기업의 박봉으로는 적금 하나 들기도 힘들기 때문에 그럴 수밖에 없을지도 모른다.

기업주들은 이러한 특성을 잘 알고 있기 때문에 직원들이 비록 친인척이라 하더라도 100% 믿지는 않으며, 인간적인 대우를 하지 않게 된다. 기업주가 아무리 잘 해준다고 해도, 직원들은 자기 잇속만을 챙기며 기회만 오면 다른 곳으로 이직하려하므로 직원들에게 인간적인 대우를 할 필요가 없다고 생각하는 기업주들도 많이 있다.

훌륭한 생각과 능력을 가지고 열심히 사업체를 운영했지만 직원들의 부정으로 부도가 나고 망하여 가족들이 거리로 내몰리게 된 경우를 보면, 기업주들을 나쁘다고만 할 수도 없다. 고용인들은 다른 곳으로 이직하면 되지만 기업주들에게는 기업에 인생의 모든 것이 걸려있기 때문이다.

착한 심성을 가졌거나 사람을 믿는 긍정적인 사람들, 사업을 하지 않았더라면 나라에 훨씬 더 보탬이 될만한 일을 하였을법한 능력 있는 사람들, 직원들과 한 배를 탔다고 생각하며 밤낮으로 끝까지 최선을 다해 노력했던 수많은 기업주들이 나락으로 떨어져 세상과 인간을 저주하는 부정적인 모습으로 변해버린 것을 보면 참으로 안타까움을 금할 길이 없다.

과거 중소기업에서는 오너 한 사람의 힘만으로 전체를 관리하다 보니 성장하는 데 한계가 있었다. 그리고 힘들고 어려운 시간을 보내며 시간과 돈을 낭비할 수밖에 없었다. 물론 그들 친인척 중에는 능력 있고 성실한 사람들이 더러 있겠지만, 선택의 폭이 아주 좁다보니 능력이 뛰어난 인재의 도움을 받는 것이 그만큼 어려울 수밖에 없었다.

그런 어려움을 겪으면서 회사가 성장하여 사무직 인원이 100명을 넘는 중기업이 되면, 오너 혼자 기업을 이끌어 갈 수 없는 한계에 도달하게 된다. 하지만 회사가 커지게 되면 친인척의 그늘에서 벗어나 능력 위주로 인력을 채용하고 키워나갈 수 있게 된다.

규모가 커지면서 회사에 전통이 생기고 경험과 사례가 쌓이게 되면, 사규가 세밀하게 만들어져 회사 시스템이 제대로 움직이게 되는 것이다. 기업이 작을 때와는 달리 담당자 혼자 힘만으로는 좌지우지할 수 없으며, 여러 단계를 거쳐 검증을 받을 수밖에 없다. 이때부터 비로소 친인척의 그늘에서 벗어나 능력 위주로 사람을 고용할 수 있게 된다.

하지만 그 정도 규모가 될 때까지 우리나라 중소기업은 내재된 문제점으로 인해 많은 낭비와 시련을 겪을 수밖에 없다.

누가 이 모순을 해결할 것인가

중소기업 인력에 관한 문제는 너무 어려워서 우리나라에서는 해결하는 것이 불가능한 것처럼 보이기도 한다. 그렇다고 국가가 나서서 해결해 줄 수도, 법으로 규제할 수도 없는 어려운 문제이다. 이러한 불가능에 가까운 문제를 풀기 위해 하루라도 빨리 모세와 같은 지도자가 나와야 한다.

이 문제가 해결되지 않고는 우리나라에서 중소기업의 미래는 결코 밝을 수가 없다. 중소기업의 미래가 없는 곳에서 어떻게 나라가 발전하여 선진국으로 도약할 수 있겠는가? 결국 이러한 중소기업의 문제를 해결하는 길은, 시간이 걸리더라도 차분하게 하나씩 해결해 가는 방법밖에 없는 것 같다.

과거에는 누군가 버스나 극장 안에서 담배를 피워도 아무런 제재를 하지 못했으며, 그걸 당연한 것으로 받아들였던 시절이 있었다. 밀폐된 공공장소에서 담배를 피워대던 사람들이 대부분 건달 끼가 있어 보여 무섭기도 했고 시비에 말려들기 싫어서 아무런 말도 하지 못했던 것이다. 그러나 지금은 극장이나 버스 안에서 담배 피우는 것은 상상도 할 수 없다.

이처럼 공공문화가 성숙하게 된 것은 정부의 강력한 캠페인, 심한 벌칙, 혹은 담뱃값이 비싸졌기 때문이 아니다. 대다수 국민들의 의식수준이 높아지고 사회 시스템이 발전하면서 자연스럽게 만들어진 것이다.

교육을 통해 국민 질서의식 수준이 높아지게 되자, 실내에서 담배를 피우면 자신의 건강을 해칠 뿐만 아니라 다른 사람에게도 간접흡연으로 피해를 주게 되므로 참아야 한다는 마음이 커지면서 자연스레 이 사회 안에 자리를 잡게 된 것이다. 여기까지 오는데 오랜 시간이 걸렸지만 이제는 공공장소에서의 금연이 당연한 것으로 받아들여지게 되었다.

몇 년 전만 해도 유원지나 국립공원에 가면 아무리 청소해도 감당할 수 없을 만큼 쓰레기가 쌓여있었다. 그때는 쓰레기를 아무데나 버리는 것을 당연하게 생각하는 사람들이 많았지만, 지금 그런 사람들은 거의 눈에 띄지 않는다. 국립공원 내에서 취사를 못하게 한 정부의 역할도 컸지만, 가장 큰 이유는 역시 국민들의 수준이 높아진데 있다고 본다. 아직 부족한 부분이 있긴 하지만, 예전과 비교하면 깜짝 놀랄 정도로 달라졌다. 국민의 의식수준이 높아지면서 지금까지 남아있는 잘못된 습관들도 하나씩 없어질 것이라 믿는다.

사회보장제도와 중소기업 문제를 뉴스미디어나 캠페인을 통해 알리면서 국민들의 공감대를 형성하는 일은 정부가 가장 빨리 시작해야 할 다섯 가지 중 하나이다.

이 문제는 많은 시간이 걸리기 때문에 토대를 잡는 것이 중요하다. 무엇보다 정부는 하루속히 나라를 발전시켜 국민들의 노후를 책임지는 사회보장제도를 선진국 수준으로 끌어올려야 한다. 그래서 노후에 대한 불안으로 부정을 저지른다는 명분이 없어질 때 비로소 중소기업의 인력 수급 문제가 해결될 수 있을 것이다.

극장이나 버스 안에서 담배 피우는 사람이 있다면 많은 사람들이 항의를 하듯이, 대한민국의 기업 문화가 성숙해지는 것만이 그 유일한 방법이라고 본다. 고용인이나 고용주가 부당하거나 부정한 행위를 했을 때, 주주를 포함하여 회사와 관련된 모든 사람들이 그 사실을 떳떳하게 비판하는 것이 당연해지는 날이 어서 와야 한다.

미국의 강력한 힘은 상류층에 있지 않다. 중산층의 확고한 도덕성과 상대방을 인정할 줄 아는 마음가짐, 그리고 전체를 위하는 희생정신을 당연하게 생각하는 그 풍토에 있다. 그렇기 때문에 유대인들에 의해 망가져버린 상류층이 옳지 못한 행동을 자행하는데도 불구하고 지금까지 세계 초강대국으로 군림할 수 있는 것이다. 이러한 상류층들조차 어떠한 잘못이나 부정부패가 알려지게 되면 살아남을 수가 없다는 것을 당연하게 여긴다. 그리고 미국인들 다수의 올바른 정신 덕분에, 부당한 유대인들의 잘못들을 낱낱이 바로 잡을 날이 언젠가는 반드시 올 것이라고 믿고 싶다.

이 모든 것을 쉽게 말할 수는 있겠지만 실행에 옮겨 바꾼다는 것은 참으로 어려운 일이다. 우리 사회를 올바르게 바꾸기 위해서는 강력한 리더십과 깨끗한 도덕성과 뛰어난 능력을 가진 모세와 같은 지도자가 나와야만 한다. 그래서 조금씩 국민들의 꿈과 희망을 실현시켜 준다면, 점차 나아질 것이며 우리가 원하는 세상을 이룰 수 있게 될 것이다.

그렇게만 된다면 우리는 선진국을 넘어 세계를 이끌어가는 나라가 될 수 있으며, 오천 년 동안 당하기만 하면서 굶주려왔던 한민족의 강한 부흥의 외침을, 처음으로 전 세계에 부르짖을 수 있게 될 것이다.

민족의 화두, 통일

북한은 어떤 나라인가? 같은 민족인 북한과 남한은 한국전쟁으로 너무나 많은 사람들이 피를 흘리며 쓰러졌다. 그 후 북한은 호시탐탐 적화 통일을 노리면서 김신조 일당 등과 같은 공비를 끊임없이 침투시켰으며, 육영수 여사 피격, 버마 아웅산 테러, KAL기 폭파 사건 등, 항상 우리에게 피해와 불안을 주면서 가장 경계해야 할 주적이 되었다. 이러한 이유로 대한민국의 건강한 남성은 누구나, 인생에서 최고의 시간이라는 꽃다운 나이에 국방의 의무라는 이름으로 반드시 군인이 되어야 한다.

앞으로 10년 정도 지나면 우리나라는 젊은 사람이 부족해 심한 인력난이 발생할 것으로 보고 있다. 그러한 상황인데도 남북분단은 60만 명이라는 어마어마한 숫자의 우리 젊은이들을 군에 가게 만든 것이다.

남북은 언젠가 통일이 될 것이다. 하지만 통일이 된다고 하더라도 독일처럼 경제가 어려워질까 봐 걱정이 아닐 수 없다. 언제까지 한 민족이 이렇게 둘로 갈라져 원수처럼 적대시하며 엄청난 국방비를 지출하며 지내야 하는가?

그래서 이 장에서는 우리 민족의 숙명인 통일에 대해, 여러 방면으로 짚어보고 무엇이 최선인가 정리하고자 한다.

군 생활 18개월과 동원 예비군

3년간 군 생활을 했던 필자도 그곳에서 많은 변화를 겪었지만, 반드시 나쁘다고만은 생각하지 않는다. 많은 사람들이 군에서 쌓은 경험이 사회생활을 하는데 큰 도움이 된다고 하는 것에 부정하고 싶은 마음은 없다.

하지만 인생의 황금기인 그 기간은 너무 길다는 생각이다. 공부에도 때가 있듯이 젊음을 즐길 수 있는 것도 때가 있는 법인데, 3년이라면 얼마나 긴 기간인가? 대학생들은 공부에 다시 적응하기가 쉽지 않았고, 기술을 배우던 사람들도 다시 기술을 배우기에는 나이가 들어 쉽지 않았다.

예전 군복무가 3년이던 시절 탈영병의 대부분은 변심한 애인 때문이었다고 한다. 기다리던 여자들에게도 3년이라는 시간은 너무나 길었던 것이다. 지금은 2년으로 많이 단축되기는 했지만, 18개월 정도로 줄이는 것이 가장 이상적이라 생각된다. 물론 정부에게는 비용 증가로 인한 부담이 있겠지만, 이제는 우리나라에 부가 어느 정도 쌓였으니 국민들에게 그 정도의 혜택은 돌아가야 한다. 18개월이면 공백이 그렇게 크지 않으므로 다시 사회로 돌아가도 적응하기가 그리 어렵지 않을 것이다.

복무기간이 짧아지면 젊은이들도 인생의 황금기에 18개월 정도 국가를 위해 봉사하는 것을 당연하게 생각할 수도 있으리라 본다. 군 생활 동안 자신의 미래를 위해 도움이 되는 경험을 쌓을 수 있으므로 남자라면 꼭 거쳐야 할 과정으로 생각할 것이다. 그렇게 되면 이중 국적자들의 국적 포기나 병역비리도 많이 줄어들 수 있다.

그러나 너무나 형식적으로 변해버린 만 30세 이하의 동원예비군은 지금과 같이 관리해서는 절대로 안 되며 반드시 시정되어야 한다. 우리에게는 북한뿐만이 아니라 주변에 일본과 중국이 있어 언제 어떻게 될지 모르는 상황이다. 그러므로 유사시에 현역군인으로 탈바꿈할 수 있는 강력한 동원예비군이 반드시 필요하다.

물론 평상시에는 정상적인 사회생활을 하면서 지금과 같은 출석 위주의 형식적인 훈련에서 벗어나, 정기적으로 강도 높은 실제훈련과 조직력을 키우는 실전 연습을 해야 한다. 특히 사격 훈련은 가능하다면 자주 해야 하는 필수과목이라고 본다.

이스라엘과 같이 강도 높은 훈련은 아니더라도, 군대 못지않게 강한 예비군이라는 평을 외국으로부터 받을 수 있어야 북한은 물론 일본이나 다른 나라에서도 깔보지 않게 될 것이다. 얼마 전 이라크전쟁을 주도한 미군 병력은 현역이 아니라 제대한 예비군이었다고 한다. 미국에서는 우리와는 달리 예비군에 지원하면 현역이 아니어도 계급이 계속 올라가며 일정 규모의 봉급을 받게 된다. 병역기간과 병력 수를 줄이더라도, 예비군은 강력하게 거듭나야 하는 것이 국가나 국민을 위해서도 훨씬 나은 방법이라고 확신한다.

벼랑 끝 전술

북한은, 우리에게 원수의 무리이며 반드시 쳐부숴야 할 존재라는 노래가사처럼 우리 군의 주적으로 오랜 기간 남아있었다. 그러나 시대가 변하면서 동서 냉전은 끝났으며, 과거 소련은 해체되어 민주주의 국가로 변했다. 또한 무늬만 공산주의를 고수하는 중국은 자본주의와 거의 같은 경제체제를 유지하고 있다. 그런데 북한은 아직까지 '우리 식 공산주의'를 철저히 지키며 졸지에 국제 고아가 되어 버렸다.

예전에는 중국과 소련을 서로 경쟁시키며 적절하게 원조를 받으며 석유는 거의 무상으로 지원받았지만, 지금은 홀로서기를 하지 않으면 안 되는 상황이 된 것이다. 특히 식량 부족으로 인해 주민들이 엄청난 고통을 받고 있으며, 이제는 계속되는 영양 부족으로 우리와 비교조차 할 수 없을 만큼 왜소한 체격으로 바뀌었다. 같은 민족으로서 가슴 아픈 일이 아닐 수 없다. 앞장에서도 언급했지만 북한 주민들에게 보내는 식량이 제대로 전달된다는 보장만 있다면, 가능한 한 무상으로 많이 공급해주어야 한다고 생각한다.

지금 북한은 미국을 상대로 우리가 보기에도 너무 위험한 벼랑 끝 전술식 도박을 하고 있다. 현재 지구상에서 가장 강한 미국은 자국에게 적이 되는 나라는 군사력이나 경제력을 이용하여 언제든지 망하게 만들 힘이 있는 나라가 아닌가?

그런데 반도의 조그마한 나라인 북한은 과거와 같은 혈맹으로서의 소련이나 중국의 보호 없이, 자신들이 핵무기를 갖지 못할 이유가 없다고 주장하며 미국에 대항하고 있다. 만약 미국이 무력으로 쳐들어오기라도 한다면 속수무책인 상황인데도 지금 북한은 자신들이 핵보유국이라는 플랜카드를 달고 선전 중에 있다.

특히 미국이 더 이상 참지 못하고 북한의 핵 시설을 폭격이라도 한다면, 남한의 경제도 하루아침에 엉망이 될 것이다. 그런 의미에서 보면 유대자금이 한국의 주요주식을 대부분 가지고 있고 그 가치가 폭락하는 것을 원하지 않기에, 이런 위험부담을 피할 수 있도록 해주는 것은 아이러니하지만 다행스럽다고 할 수도 있을 것이다.

핵실험의 내막

북한의 핵실험은 김정일의 입장에서 보면 목숨 걸고 해야 하는 것이었을 터인데 그렇게 강행할 줄은 참으로 예측하지 못한 일이었다. 어쩌면 이러한 배경에 우리가 모르는 음모나 거래가 있지 않을까 하는 의심이 들 정도로 필자에게는 충격적이었다.

부시 행정부의 오랜 숙원인 미사일 방어체계 MD에는 천문학적인 돈이 들어가므로 재정 적자가 심각한 미국에서 의회를 통과하는 것은 쉽지 않은 일이다. 이런 상황에 북한이 핵실험을 하고 미사일을 발사한다면 총 1000억 달러에 이르는 천문학적인 개발비를 나누어서 매년 미국의회를 통과할 좋은 명분이 될 수 있다. 한편 발등에 불이 떨어진 일본은, 핵미사일의 피해를 막기 위해 당장 고가의 MD시스템을 미국을 통해 엄청나게 구매하려고 할 것이다. 그러므로 미국의 경제적 부담이 크지 않다고 설득하면 의회통과가 가능하리라고 본다.

위와 같은 이유로 유대인 무기상들은 예산안이 미국의회를 통과할 수 있도록, 제 삼자를 통해 금융규제로 인해 통치 자금줄이 막혀버린 김정일에게 어떤 당근을 내세워 거래했을 가능성도 있다고 생각한다.

좌우지간 이제 핵실험을 했으니 중국에서도 결코 가만히 있지 않을 것이라고 생각한다. 어떤 방향으로라도 시정이 되지 않는다면, 중국은 궁극적으로 김정일을 제거하려고 할 것이다. 그리고 여러 분야에서 북한을 압박하리라 본다. 배고픔에서 벗어난 북한주민들에게 다시 기아의 고통을 주며 김정일 정권을 적대시하도록 만들 수도 있다. 그리고 북한의 친중파 군인들을 내세워 쿠데타를 일으켜서라도 북한의 핵 보유를 막으려고 할 것이다.

중국으로서는 철천지원수였던 일본이 북한을 명분으로 군사력을 확장하는 것을 결코 그냥 좌시하지 않으리라 본다. 특히 핵무장은 용납할 수 없을 것이며, 미국과의 전쟁 위험의 빌미를 없애기 위해서라도 북한의 핵보유를 묵과하지 않을 것이다.

살아있는 절대 신, 김정일

김정일이 누구인가? 현재로서는 이 지구상에서 최고의 대우를 받는 사람이 아닐까 생각된다.

과거 일본 천황은 살아있는 신이었으며 지금도 생존해 있다. 태평양 전쟁에서 일본인들이 죽으면서 외쳤던 일본의 신, 천황은 대내외적으로 신격화되어 있던 사람이다.

하지만 김일성은 그보다 백배나 더 신격화 되어 있던 사람이었고 지금은 김정일에게로 이어졌다. 물론 김일성의 명성에는 미치지 못하지만, 지구상 어느 국가 원수나 독재자들이 그만한 대우를 받고 있겠는가.

그런 그가 텔레비전을 통해 후세인의 모습을 보면서 자기 자신에 대해서도 생각해 보았을 것이다. 그도 인간의 본성을 가지고 있다면 살아있는 신의 자리에서 추락하여 졸지에 사형수가 되는 위험부담을 택할 수는 없을 것이다. 미국이 초강수를 둘 것처럼 보이면, 그는 중국에 죽기 살기로 매달릴 수밖에 없다.

사실 어떻게 보면 절대적으로 신격화된 김정일이 물러나고, 우리의 박대통령이나 중국의 등소평 같은 인물이 나타나 권력을 잡아 지금의 베트남처럼 개혁 개방을 한다면, 우리 민족에게는 너무나 좋은 기회가 될 수 있다.

그때는 우리가 잃어버린 섬유와 신발 같은 제품을 중국산보다 질 좋게 북한에서 생산하여 싼값에 공급한다면, 전 세계 경공업시장을 완전히 석권할 수 있을 것이라고 믿는다. 신발 하나만 석권해도 아마 북한사람들이 먹고 사는 데는 충분하리라 생각된다. 그렇게 될 수 있다면 얼마나 좋겠는가. 하지만 중국이 개입하지 않고는 그러한 긍정적인 변화를 기대하기는 쉽지 않을 것이다.

우리에게는 짓눌려도 다시 일어서는 갈대와 같은, 어떤 어려움이 있어도 적응하며 살아남는 쪽을 택하는 민족성이 있다.

이제 남한은 민주화·서구화 되어 잘못된 권력에 맞설 줄 아는 사회로 변했지만, 북한은 지금까지 조선시대에 비해 변화된 것이 거의 없다. 더구나 김일성이나 김정일이라는 절대 권력 속에서 60년이라는 시간을 살아왔으므로 조선시대보다 더 반발하기가 어렵다. 그들은 조금이라도 생각이 다르면 인간이 견딜 수 없는 혹독한 형벌을 받는 것을 목격하며 살아왔고, 갓난아이 시절부터 신앙처럼 세뇌를 당했으므로 거역할 생각조차 못하는 것이다.

미국은 북한의 변화를 바라지 않는다

현재 미국 정권 내부에 숨어있는 유대인들은 북한의 어떠한 변화도 원치 않는다. 미국 유대인 무기상 입장에서는 북한이 저렇게 막무가내로 협상도 없이 NPT를 탈퇴해 계속 미사일을 쏘고 핵실험을 강행하는 것이 몹시 고마울 것이다.

2006년 7월 5일에 발사한 미사일로 남한과 특히 일본에게 엄청난 무기를 팔 수 있게 되었기 때문이다. 특히 방어용 무기인 패트리어트 미사일은 4개의 발사대에 8개가 연결되어 한 세트가 되어 있어 상상을 불허할 고가이지만, 핵무기의 아픔이 있는 일본은 많이 살 수밖에 없었다.

그런데 무기란 것은 텔레비전이나 컴퓨터 같은 전자제품과 같아서 사는 순간 손해를 보게 된다. 몇 년 후에 성능이 나은 제품을 훨씬 싸게 살 수 있으므로 특별히 지금 사용해야 할 이유가 없다면, 사는 순간 그만큼 국가적으로 엄청나게 손해가 나게 되는 것이다.

하지만 눈앞에 북한이라는 위협이 존재한다면 계속해서 살 수밖에 없지 않겠는가? 한국과 일본에서 무기를 지금처럼 구매하지 않는다면, 재고 무기를 소진하기 위해 미국은 전쟁을 더 자주 해야만 할 것이다.

그래서 유대인 무기상들은 북한이 망하지도, 발전하지도 않는 상태를 유지하면서 지금과 같은 상태로 남아있기를 간절히 원하고 있을 것이다. 이것을 김정일이 하루빨리 깨우쳐야만 한다. 미국이 공화당에서 민주당으로 정권이 바뀐다면 상황이 바뀔 수 있겠지만, 북한이 계속 미사일 발사와 핵무기 실험으로 현 미국 정권을 협박하며 제재를 풀라고 하는 것은 자신의 권위만 떨어뜨리는 일이다. 중국, 남한과의 경제협력을 강화해 북한의 경제력을 향상시키는 것이 국력을 키우는 최선의 방법이라는 것을 깨달아야만 한다.

통일을 해야 하나?

우리의 통일은 어떻게 해야 하는 것일까? 과연 통일은 되는 것이 좋은가? 많은 이들은 독일의 경우를 보고 통일이 되지 않는 것이 좋다고 하기도 한다.

정말 세상은 많이 바뀌었다. 예전에는 우리의 소원이 통일이라고 말하지 않는 사람이 없었다. 하지만 지금은 통일이 되면 남한이 북한을 먹여 살려야 한다니까 안 하는 것이 좋다고 하니 답답하기만 하다. 또한 북한을 손아귀에 넣기 위해 조금씩 작업을 시작하고 있는 중국을 보면, 이대로 가만히 있어야 하는 건지 안타까운 마음뿐이다.

통일이 남한과 북한 양쪽에 해가 된다면 통일을 해야 할 이유가 없다. 그렇다면 어떻게 해야 할까? 지금과 같이 국가를 운영하는 방법이 최선일 것이나. 경세적으로는 밀접하세 산업을 같이 경영하지만, 화폐단위를 독립적으로 완전히 분리하고, 정치도 더욱더 완벽하게 분리하여 유엔에도 따로 가입해야 한다. 때로는 스포츠에서 경쟁도 하고 서로에게 세금도 부과하면서, 북한의 경제력이 남한의 60% 수준으로 올라올 때까지는 통일이 되어서는 안 된다.

북한은 절대 붕괴하면 안 된다

갑자기 북한정권이 무너져 김정일이 민중에 의해서 쫓겨나고, 일사분란하고 막강했던 군이 통제가 불가능할 정도로 모든 북한사회 시스템이 붕괴되었다고 가정해 보자. 물론 그럴 가능성은 충분히 있다.

공산주의 사회의 배급 시스템이 붕괴되면 무법천지가 되어 약탈이 일어나겠지만, 근본적으로 북한에는 먹을 것이 부족하다. 그렇다면 북한주민들이 제일 먼저 할 일이 무엇이겠는가?

살아남기 위해 상상조차 할 수 없는 많은 사람들이 휴전선을 넘어 남쪽으로 물밀듯이 밀려올 것은 자명한 일이다. 그렇다면 그 많은 인구를 어떻게 부양할 것인가? 그들을 위해 난민촌을 건설하는 등 여러 가지 어려움에 빠질 것이며, 남한의 경제력도 한계에 다다를 수 있을 것이다.

그 많은 인구를 어떻게 남한의 경제력으로서 부양할 것인가? 과연 우리의 정책당국자들은 이런 상황에 대비해 어떤 대책을 세워놓고 있는지 궁금하다. 지금도 죽을 고비를 수없이 넘기면서 머나먼 중국 땅으로 탈주하여 한국으로 오는 북한 주민들의 수가 매년 천여 명을 넘지 않았는가?

군대의 통제를 받지 않는다면 가까운 남한으로 그야말로 물밀듯이 내려오고, 그 인원이 천오백만 명 이상이라면 어떻게 될 것인지 상상할 수 있겠는가? 아무리 최소화 한다고 해도 일인당 월 25만 원의 비용이 소요되며, 그들을 관리하고 교육시켜야 하기 때문에 그로 인한 인건비도 만만치 않을 것이다. 최소한 연간 일인당 사백만 원은 국가 예산이 추가로 있어야 할 것이다.

천오백만 명이 사백만 원이라면 60조 정도가 필요하다. 우리나라 예산의 40%이고 달러로는 6백억 불이라는 천문학적인 돈이다. 현재 세계 어떤 나라도 예상치 못한 이러한 규모의 돈을 계속해서 쓴다는 것은 불가능한 일이다.

그렇다고 자유롭게 북한 주민들을 풀어놓게 되면 엄청난 혼란이 야기될 수 있으며, 취업을 위해 교육을 시킨다고 해도 공산주의에 익숙한 습성 때문에 생산성이 낮을 수밖에 없다. 또한 자본주의에 적응하지 못한 대다수는 새로운 극빈층이 되어 크나큰 사회불안이 될 수도 있다. 북한 출신 주민들은 그들대로 뭉쳐서, 남한 사람들을 저주하고 원망하는 또 다른 양극화가 좁은 땅덩어리에서 벌어질 것이다.

게다가 무주공산이 된 북한 땅을 중국이 넘어와 차지하게 되면 그들과 전쟁할 수도 없는 상황에서 땅은 다 빼앗기게 될 것이다. 순식간에 남한 인구만 엄청나게 늘어나 사회 혼란과 함께 경제는 엉망이 되어 경제구조는 취약해지고 빈곤에 뒤이어 또 다른 부동산 폭등이 일어날 수도 있을 것이다.

그렇다고 목숨을 걸고 넘어오는 그들을 쉽게 막을 수가 있겠는가? 막는다고 그들이 넘어오지 않는 것도 아니며, 그렇다고 그들을 향해 총을 쏠 수도 없는 일 아닌가? 민주화·국제화 시대이기도 하지만 그들은 우리 동포요, 한 핏줄이기에 그 많은 인구의 대 이동을 막을 수 있는 방법이 실질적으로 없다.

채찍과 당근을 번갈아 사용하며, 때로는 더 많이 양보를 해서라도 하루속히 북한을 개방하여 산업이 일어나게 해야 한다. 먹고 살아가는 문제가 해결되면 갑자기 붕괴가 되었을 때 우리 사회가 수용하기 벅찰 만큼 국경을 넘어오긴 하겠지만, 둑이 무너지듯 대규모 인원이 넘어오지는 않을 것이다.

동독의 경우, 산업이 활발하며 공산주의에서 가장 잘 사는 나라였는데도 통일이 된 후 서독으로 이주하는 사람이 너무 많아 사회 혼란을 야기할 수밖에 없었다.

북한의 산업이 발달되어 먹고 살 수 있는 방법이 생긴다면 서로에게 도움이 되는 일이다. 그렇게 되면 북한에서 경제활동을 하고 있는 남한 사람들이, 북한사람들이 무작정 남한으로 넘어오는 것을 포기하도록 설득할 수도 있을 것이다. 남쪽으로 이동하는 사람이 적으면, 반드시 새로운 권력자가 나타나 질서를 잡아갈 것이고, 국제사회의 도움을 받으며 안정을 찾아갈 것으로 본다.

중국과 합작을 해서라도 북한에 많은 투자를 해야만 한다. 개성공단이 북한의 잘못으로 중단되는 경우가 생기더라도, 기업이 투자한 자금의 70%정도에 대해 정부에서 책임을 지겠다는 보증을 서는 한이 있더라도 많은 기업들을 보내야 한다. 그래서 북한도 잘 살 수 있도록 조금씩 자본주의를 심어 준다면, 그들이 전쟁을 일으키는 일은 절대로 벌어지지 않을 것이다.

이 일은 정부가 주도적으로 해야지 민간 기업들에게 맡기면 안 된다. 북한 정권에 대한 불신으로 인해, 위험부담이 크고 예측하기도 힘든 상황에서 제대로 된 기업이 투자를 하려 하겠는가? 그 정도의 돈은 우리 국방비나, 북한이 붕괴되었을 때의 엄청난 비용을 생각한다면 극히 적은 액수이므로 정부가 아껴서는 안 될 것이다.

남북 전쟁은 다시 일어날 수 없다

일부 사람들은 북한이 돈을 벌면 무기를 사들이고 자신들의 국방력을 키우는데 사용할 것이라고 우려한다. 어떤 면으로는 일리가 있는 말이기도 하다. 하지만 과연 북한이 남한으로 쳐들어올 수 있을까?

먼저 그것부터 묻고 싶다. 과거 한국전쟁 때는 지금과는 전혀 상황이 다르다. 북한은 무기를 소련으로부터 무상 지원받았기 때문에 군사력이 남한보다 훨씬 우수했으며, 음으로 양으로 소련과 중국의 지원이 있었다. 그리고 주한미군이 상주하지 않았으므로 도발이 가능했지만, 지금은 북한 단독으로 전쟁을 일으킬 수 있는 상황이 아니다.

지금 북한은 그때보다 훨씬 물자가 부족하고, 비축된 석유나 식량도 부족한 상태이며, 무기도 남한에 비해 낡고 뒤떨어졌다. 남한이 지속적으로 무기 구입과 개발에 투자하여 북한보다 훨씬 강해졌다는 것을 그들도 알고 있다.

전쟁이 나게 되면 주한 미군이 상주하고 있어서 바로 미국이 개입하게 될 것이며, 중국이나 러시아는 북한에 도움을 주기는커녕 오히려 방해만 할 것으로 보인다.

순간적으로인 판단을 잘못하게 되면, 후세인처럼 살아있는 절대적 신의 자리에서 사형수로 추락할 수도 있다는 것을 김정일도 잘 알고 있다. 그러므로 김정일이 남한을 침략한다는 것은, 북한에서 자신의 위치가 위험에 빠지기 전에는 거의 불가능할 것이다.

김정일 성권이 우리가 준 돈을 낡은 무기를 교제하는데 사용한다고 해도 사실 어쩔 수 없다. 그들이 미국, 일본, 한국 무기의 우수함을 잘 알고 있는데 방어하기 위해 무기에 투자하는 것을 어떻게 막겠는가?

하지만 그렇다고 번 돈을 전부 사용하지는 않을 것이다. 최소한 70%는 주민들을 먹이고 사회간접자본 건설에 사용하지 않겠는가? 그렇다면 우리가 얻고자 하는 목적은 달성이 되는 것이며 우리 국방비도 절약하게 되는 셈이다.

월남 패망을 잊으면 안 된다

과거 월남의 경우처럼 남한에서 지금보다 훨씬 더 좌익세력이 판을 치고 정치인들도 간첩 투성이며 사회가 내부의 적 때문에 혼란의 극에 달하게 된다면, 그때는 문제가 달라질 수도 있을 것이다.

물론 9년간에 걸쳐 친북정권이 지속됨에 따라 좌익세력들이 과거와 달리 시민운동을 핑계로 사회곳곳에 침투해 왕성한 활동을 하고 있으며, 활동하는 간첩이 과거와 비교가 안 될 정도로 많을 것이라고 예상한다.

하지만 우리는 피의 6·25전쟁을 겪은 경험이 있다. 월남처럼 극도의 혼란 속에서 자중지란을 일으켜 멸망하지는 않을 것이다. 그렇더라도 극성스럽게 활동하고 있는 좌익세력들을 항상 견제하고 감시는 해야 할 것이다.

과거 월남도 월맹보다 훨씬 더 잘 살았으므로 지금 우리처럼 애국심을 내세워 월맹을 많이 도와주었다. 그 당시 월남의 군사 규모는 세계 4위였다. 115만 병력은 베트콩과 월맹군을 합친 40만보다 3배 정도 많았으며, 전쟁에서 확실하게 제공권을 확보할 수 있는 1800대의 항공기를 가지고 있었다.

월맹과는 모든 면에서 비교도 안 될 정도로 우위에 있었지만, 미군이 철수하자 자중지란과 내부의 적으로 인해 월남은 곧 패망했다. 그리고 그 패망을 음양으로 적극적으로 도와주던 세력들, 반미좌익운동을 일삼던 학생들과 종교인 민주인사들은 제일 먼저 숙청되었다. 왜? 월맹정부는 한 번 반정부 운동을 했던 경력이 있는 사람은, 언제라도 다시 반체제운동을 할 가능성이 높다고 판단했기 때문이다.

북한을 어떻게 발전시킬 것인가

북한사람들은 지금도 자존심이 아주 세다. 그래서 그들의 자존심을 살려주어야 한다. 그러나 남한에서 보내는 식량과 물품에는 반드시 남한에서 왔다는 표시를 해서 보내는 원칙 아래 협상을 해야 할 것이다. 특히 너무나 왜소한 북한 어린이들을 위해 식량 같은 것은 우선적으로 지원하면서 조금씩 시간을 두고 천천히 나아가야 한다.

제일 먼저 개성공단을 성공적으로 이끌어 남한 기업들이 많이 가서 섬유와 신발산업을 일으켜야 한다. 섬유나 신발산업은 대규모 노동력이 필요하므로 더욱 그렇다. 될 수 있는 대로 많은 북한 주민들이 참여할 수 있도록 해야 한다. 인력이 많으면 많을수록 북한에 미치는 영향이 클 것이다.

그들이 월급의 일부밖에 받아가지 못할지라도 남한 사람들이 체계적으로 기업 운영하는 것을 목격하고, 생산성을 올리기 위한 인력관리와 시설들을 보면서 그들이 조금씩 자본주의에 물들게 할 수 있을 것이다.

그리고 나아가 제2, 제3 개성공단을 북한 전역에 하나 둘씩 더 만들어가야 한다. 궁극적으로 지금의 중국과 비슷한 상태가 되도록 유도해야 할 것이다. 물론 그때에도 북한과 남한은 절대로 자유왕래를 허용해서는 안 되며, 다른 나라들과 똑같이 여권을 가지고 다니도록 해야 한다. 같은 민족이고 말만 같이 사용할 뿐, 전혀 다른 나라라는 것을 서로 인식해야 한다.

현재 개성공단을 확대 운영하는데 가장 큰 장벽은 북한과 미국의 관계 개선이다. 무역제제를 풀어야 하므로, 어떻게 보면 현재 김정일은 아주 현명한 선택을 하고 있다고 볼 수도 있다.

결국 미국으로부터 침공을 하지 않겠다는 보장을 서면으로 받고 오랜 기간 지속되고 있는 무역제제를 풀어, 남한 기업들이 북한에서 자유롭게 생산하여 전 세계로 수출할 수 있는 길을 열기 위해 저렇게 무모할 정도로 도발을 하고 있는지도 모른다. 하지만 미국이 예전의 클린턴 민주당 정권이 아니므로 더 이상 진전이 없는 것이다.

이러한 해결 방법에도 많은 난관이 있다. 남한 기업들로부터 기술을 배워 많은 산업 시설이 북한에 세워지고 경제적인 발전을 하다가도 신격화한 일인독재의 김정일이 체제를 지키기 위해 갑자기 모든 교역을 중단하려 할지 알 수 없기 때문이다. 충분히 그럴 가능성이 있다.

현대그룹과의 계약을 무시하고 오래된 관계를 하루아침에 뒤집으면서, 롯데관광과 개성 관광 사업을 하겠다는 그들을 어떻게 신뢰할 수가 있단 말인가? 그래서 우리는 가능하다면 중국 기업들과 같이 북한에 진출해야 할 는지도 모른다.

참으로 어려운 일이다. 이대로 가면 결국 북한은 중국에 합병될 것 같고, 그렇다고 그냥 둘 수도 없는 일이다. 또한 갑자기 붕괴되면 남한도 같이 망할지도 모르는 일이다.

김정일은 점점 나이가 들어 언제 사망할지 모르는데, 우리 정부는 이러한 위기 사항이 닥쳤을 때를 대비한 임시 비상 대책Contingency Plan을 세워놓고 있는지 궁금할 따름이다. 그렇지 않다면 하루속히 만들어야 한다. 통일부나 국정원에서는 코앞에 닥친 급한 사건만 해결해서는 안 된다. 장기적으로 국가에 이득이 되는 방향으로 중국이 계획 하고 있는 것보다 더 치밀하게 북한을 바꿔 나가야 할 것이다.

어려운 일이다. 북한이라는 존재는 어디로 튈지 도무지 예측을 할 수 없으며, 시스템이나 법과 절차에 따라 움직이지 않기 때문이다. 김정일 한 사람 마음먹기에 따라 움직이니, 참으로 난감하기만 하다.

하지만 이것은 우리 민족의 운명이므로 반드시 대비해야 한다. 뛰어난 지도자인 우리의 모세가 하루속히 나타나 민족의 흥망이 걸린 이 어려운 문제를 해결해야 할 것이다.

미국

은혜는 갚아야 한다

20년 전만 하더라도 미국은 우리나라 대부분의 사람들이 흠모하던 나라였고, 돈과 배경이 없어도 열심히 노력하면 잘 살 수 있는 나라로 동경했다.

그것을 우리는 아메리칸 드림이라는 희망의 상징으로 부르면서 많은 사람들이 미국으로 이민을 갔으며 희망을 현실로 이루기 위해 갖은 고생을 하였다. 또한 나이 많은 어른들은 우리나라의 공산화를 막아주고 먹고 살 수 있게 도와준 나라이며, 모든 것이 뛰어나고 어려운 사람들을 도와주는 좋은 나라라고 항상 긍정적으로 말했다. 과거 우리나라는 극심한 전쟁으로 인해 힘든 세월을 보낼 때 미국의 도움을 많이 받았으니 틀린 말은 아니다.

그런데 사회주의 영향을 받은 좌파 정치인들이나 일부 시민운동 노동운동을 하는 사람들과 일부 운동권학생들은 미국의 횡포로 세계가 불안해지고 있다며 반미 구호를 부르짖고 있다. 그리고 미국이 없었더라면 우리나라도 벌써 통일되었을 것이라면서 미군 철수를 소리 높여 외치고 있는 상황이다.

하지만 우리는 미국의 은혜를 잊어서는 안 된다고 생각한다. 미국이 자신의 국익을 위해 그랬다고 하더라도, 동족상잔의 한국전쟁에서 3년이라는 오랜 기간 동안 참전하여 그들의 수많은 젊은 피를 이 땅 이 산하에 뿌리지

259

않았더라면 지금 우리 존재는 어떻게 되었을지 말하지 않아도 알 수 있다.

지금 북한동포들처럼 독재자 아래 굶주림과 추위에 떨고 있을 것이다. 현재 우리 모두 공산주의 사회에서 살고 있다면 얼마나 끔찍할 것인지 상상해보라. 자본주의의 편리한 생활과 혜택을 누려보지 못했다면 모를까, 어떻게 그러한 지옥에서 살 수 있겠는가? 차라리 자살을 택하겠다고 하는 사람도 많을 것이다. 그 속에서 반미 데모나 노사분규, 정당간의 싸움, 재벌 개혁, 공직 개혁, 경상도와 전라도의 반목 등이 과연 존재하겠는가? 배를 곯고 있는 그런 환경 아래서는 배부른 투정이 될 뿐이다.

반미를 외치고 미군철수를 주장하면서 친북과 김정일을 찬양하는 많은 운동권 학생들에게 미국이 우리 통일을 막은 원수 같은 나라라고 하면서 북한으로 가지 않는 이유가 무엇인지 묻고 싶다. 만약 남한 정부가 그들을 일본에서 재일동포 북송 하듯이 북한으로 이주하라고 한다면, 과연 따라나설 학생들이나 친북주의자들이 몇 명이나 되겠는가? 그들이 그렇게 찬양하는 북한으로 이주하지는 않으려하는 것은 심한 모순이 아닌가?

3년이라는 오랜 기간 동안 국토의 남과 북을 몇 번씩 오르내리며 치른 전쟁으로 인해 파괴될 대로 파괴된 폐허더미의 나라에 무슨 산업이 있었겠는가? 수많은 상이군인들과 엄청나게 많은 고아들, 그야말로 미국의 원조가 없었다면 국민들 대부분은 전쟁 후에 굶어 죽었을지도 모른다. 그렇게 어려울 때 우리를 도와준 나라가 미국이다.

그 후 미국이 우리를 위해 그런 것만은 아니지만, 우리나라가 자본과 산업을 키울 수 있게 된 것은 미국으로 수출을 많이 할 수 있었기에 가능했다. 우리 오천 년 역사를 통해 가장 부유하고 잘 사는 세계적인 국가가 될 수 있는 토대를 만드는데 도움을 준 미국의 고마움을 어찌 잊을 수 있겠는가?

그들을 도울 일이 생기면 앞으로도 도움을 주어야 한다고 생각한다. 옛말에 '사람이 아무리 출세를 하더라도 어려울 때 도와준 사람의 은혜를 잊어서는 안 된다' 는 말이 있듯이 미국이라는 나라는 우리가 반드시 은혜를 갚아야 하는 나라다.

또한 소련과 중국을 견제하기 위해 한국에 많은 미군을 상주시킨 것이 자국의 이익 때문이라고는 하나, 과거 오랫동안 우리나라는 북한에 비해 절대적으로 군사력이 부족했었다는 사실을 잊으면 안 된다. 우리나라는 주한미군 덕분에 북한의 도발을 막을 수 있었으며, 상대적으로 국방비를 적게 지불하면서 산업을 지금과 같이 비약적으로 발전시킬 수 있었다고 본다. 그러나 북한은 주한미군이 상주하고 있는 우리 국방력을 능가하기 위해 지나치게 많은 군사비를 지출하는 바람에 경제가 회복불능 상태에 빠지고 말았다.

치안이 불안하면 안전을 위해 더 많은 비용을 감수할 수밖에 없다. 지금 미군이 한반도에서 철수한다면 우리가 현재 지출하는 국방비의 2배는 더 들어간다고 한다. 그 중에서도 북한군의 움직임을 감시하는 감시위성을 운영하고 작동하려면 천문학적인 돈이 들어간다고 하는데 그렇다고 안 할 수도 없는 일 아닌가? 미군이 철수한 후 인공위성에 대한 사용경비를 미국이 요구한다면 어쩔 수 없이 지급할 수밖에 없는 상황이다. 지금 주한미군을 위해 정부에서 지출하는 비용은 그것에 비하면 매우 적은데도 고마워하기는(?)커녕 이것을 문제 삼는 사람들이 많다.

물론 지금은 미군이 철수한다고 해도 전쟁이 일어나기 힘들다는 것을 많은 사람들이 알고 있다. 북한과의 경제력에 너무나 차이가 많이 나고, 또한 소련이 붕괴되어 민주주의 국가가 되었으며, 중국이 자신의 지속적인 경제발전을 위해 전쟁을 원하지 않는 상황이므로 북한이 독자적으로 전쟁을 일으키지는 못할 것이다.

하지만 과거 소련이 붕괴되기 전에는 한시도 방심할 수 없는 상황이었다. 북한은 남한을 적화통일 시키기 위해 우리에게 빈틈만 생기기를 바라며 호시탐탐 기회를 엿보고 있었던 것이다. 그래서 그들은 세 번씩이나 대통령들의 암살을 모색하여 사회혼란을 야기하기도 했다. 또한 그 당시 그들의 국방력과 정신력은 우리보다 훨씬 우위였기에 주한미군의 상주는 북한의 도발에 상당한 억제력을 가지고 있었다. 그리고 지금처럼 주둔비도 받지 않고 아주 적은 비용으로 우리의 국방을 오랫동안 지켜주었다.

그렇게 오래전부터 상주해 있던 주한미군을 지금은 필요 없으니 철수하라고 외치고 있다. 우리는 은혜를 모르는 그런 민족이 되어서는 안 된다고 생각한다. 반미구호를 외치는 젊은이들이 보면 말도 안 되는 소리라고 열을 올리겠지만, 이러한 주장은 사람의 도리를 이야기하는 것일 뿐 다른 뜻이 있어서 그런 것이 아님을 이 자리에서 밝히고 싶다.

미국은 중동에서 시오니즘을 완성할 것인가?

그렇다고 미국을 무조건 숭배하고 따르자는 것은 절대로 아니다. 미국도 많은 문제를 가지고 있는 국가이며, 절대로 그들에게 계속 휘둘리기만 해서는 안 될 시기가 되었다. 단지 과거의 고마움을 잊고 지금과 같이 무조건적인 반미로 나가는 것은 도리가 아닐 뿐만 아니라 국익에도 전혀 도움이 안 된다는 것을 주장할 뿐이다.

이제 세계 최강국인 미국의 문제점에 대해 따져보자. 50년 전 우리를 지옥에서 구해주고 굶주림에서 살려준 고마운 나라 미국이 지금 많이 변하기는 했다. 그러다 보니 세계 어디를 가도 반미 구호를 외치는 나라가 많아진 것이 시대의 변화요, 현실인 것은 어쩔 수 없는 것 같다. 그렇게 된 이유가 무엇인가? 왜 미국이 지금과 같이 변했는지 생각해 보면 거기에는 아주 명백한 이유가 있다. 우리가 흔히 말히는 유대인들 때문이다.

얼마 전까지만 해도 전통적인 미국 사람들은 유럽 사람들처럼 유대인들을 심하게 차별하거나 멸시하지 않았다. 다만 별로 좋아하지 않은 탓에 멀리했으며, 자녀들이 그들과 결혼하려면 반대하는 경향이 컸다.

그런데 지금은 미국에서 그러한 사소한 차별마저 완전히 사라져 버렸다. 그 이유는, 유대인들이 미국의 주요 부분을 완전히 손아귀에 넣었기 때문이다. 세계의 많은 사람들이 소리 높여 반대하며 해서는 안 될 전쟁이었다고 주장하는 이라크 전쟁을 강행한 부시정권도 완벽한 유대 정권이라고 할 수 있을 것이다.

이들 유대인들의 힘이 지금 미국의 가장 큰 문제가 되고 말았다. 그들은 미국을 손아귀에 넣고 세계를 좌지우지하는 강력한 힘을 가지고, 이제는 무소불위의 민족이 되고 말았다.

요즈음 새롭게 부상한 과격한 유대인들은 레이건 대통령 시절 공화당에서 태동한 네오콘이라고 하는 신 보수주의자들이다. 그들은 과거 유대인 리더들보다 더욱 강성으로 부시 정권을 완벽하게 장악하고는 타국에 대한 선제공격을 당연한 처사라고 주장하고 있다.

이들이 이렇게 힘을 강하게 얻게 된 사건은 바로 9.11테러였다. 이 9.11테러를 계기로 미국에서 네오콘들의 주장에 반대하는 목소리는 아주 작아져 버렸으며, 미국은 과거의 민주주의 국가에서 강력한 파시즘의 국가로 변신하고 말았다.

우리나라 국민들조차 이제는 한반도에 가장 위험한 국가는 북한이 아닌 미국이라고 여론조사에서 답변하고 있을 정도이다.

9.11테러는 정보기관들에 의해 여러 가지 정황으로 미리 감지할 수 있었으며 충분히 막을 수 있었는데도 이 네오콘에 의해 고의적으로 묵과하게 되어 대 참사를 불렀다는 루머가 떠돌기도 하였다. 그 후 수많은 반대가 있었음에도 불구하고 9.11로 인해 강력해진 네오콘이, 엄청난 무리수를 띄우면서 이라크를 점령하고 말았다.

이제 이란마저 점령하여 중동의 패권을 완벽하게 이스라엘에게 넘겨주는 시오니즘*의 완성과 기름값의 폭등과 함께 세계 에너지를 장악하여 계속된 부를 축적하는 것이 그들의 목적이다.

세계 양극화를 가속화시키는 유대인

유대인들은 갖가지 새로운 방법으로 수많은 곳에 투자해 돈을 벌기 때문에 그들의 행태는 문제가 되고 있다. 이대로 간다면 인류가 어떻게 되는 게 아닌가 하는 생각이 들 정도이다. 유대인들에게 세계의 부가 다 몰리면서 세계는 상류층인 유대인들과 하류층인 비 유대인들로 나누어지는 것이 아닌가 할 정도로 부의 집중이 계속되고 있다.

---

* 시오니즘 : 세계 각지에 흩어져 있던 유대인이 그들 선조의 땅인 팔레스타인에 조국을 재건하려했던 운동

현재 이라크에서는 이슬람 민족들이 종교를 앞세워 오랫동안 격렬하게 저항하고 있다. 그래서 무고한 사람들이 폭탄 테러로 죽어가고 있지만, 그것은 절대 강자에게 대항하기 위해 그들이 할 수 있는 유일한 저항수단이라고 생각한다.

그렇지 않았다면 2006년에는 이란을 침공해 중동의 기름을 손아귀에 넣고, 중동이 이스라엘 손에 완벽하게 넘어가게 되는 해가 되었을 것이다. 그랬다면 남아있는 유일한 '악의 축'인 북한만 남게 되었을 것이고 파시즘정권으로 인해, 우리 민족의 위기가 더 빨리 찾아올 수도 있었을 것이다.

유대 민족은 돈을 갖기 위해 수단 방법을 가리지 않는다. 그들의 돈에 대한 욕심은 끝이 없다. 2000년 동안 나라를 잃고 떠돌아다니다 보니 돈만이 자신을 지켜준다는 굳은 신념이 생겼을 법도 하다. 하지만 돈이라는 것은 남의 불행을 초래하면서까지 탐해서는 안 되는 것이며 그럴 경우 반드시 인과응보를 겪게 되는 것이 하늘의 순리이다.

이제는 어떻게 할 도리가 없는 무소불위의 그들이 절대적인 강대국인 미국을 등에 업고 상식을 벗어난 짓들을 일삼으면서 미국의 이미지는 세계적으로 추락하게 된 것이다.

소련이 붕괴되면서 이제 그들의 방해가 되는 나라는 지구상에서 자취를 감췄으나, 어느 정도 시간이 지나면 중국이 그들과 대적할 수도 있을 것 같다. 그래서 그들은 중국의 금융을 손에 넣기 위해 자본시장을 전부 개방시키고 위안화의 변동성을 확대하라고 끊임없이 중국정부에 요구하고 있는 것이다.

필자의 생각으로는 이들 유대인들이 가능하면 전 세계 주요 국가 은행을 모조리 손에 넣으려고 하고 있는 것 같다. 외국인 주식 투자가 허용이 된다면 어느 나라도 피해가기는 힘들 것이다. 현재 우리도 우리은행과 농협을 제외한 모든 주요 은행 주식이 대부분 이들 손에 넘어가고 말았다. IMF 때 국가 부도를 막기 위해 은행을 넘긴 것은 정말 잘못된 결정이었다고 생각한다.

통신 주식만 외국인 지분율을 50% 이하로 규제할 것이 아니라 은행업도 그랬어야 했다. 하지만 경제 위기 당시 우리 정부로서는 미국 정부가, 아니 IMF를 내세운 유대인들이 시키는 대로 할 수밖에 없는 상황이었을 것이다.

지금이라도 정부는 은행 업무를 줄이고 대체할 수 있는 다른 수단을 키워야 한다. 비상장 기업인 농협을 키우는 것도 좋고, 우체국을 대대적으로 키우는 것도 좋다. 그들에게 넘어간 은행들을 다시 찾기에는 너무나 막대한 자금이 들어가고, 그들이 지분을 쉽게 내어주지 않을 것이므로 불가능할 것이며, 주가만 천정부지로 뛸 수가 있다.

현재 은행에 종사하는 사람들이 들으면 불쾌하겠지만 은행 업무 일부를 증권회사, 보험회사, 우체국 같은 곳으로 하루속히 분산시키는 것이 좋다고 생각한다. 이들이 돈벌이 할 것이 더 이상 없다고 판단하는 시기가 되면 인수한 은행들을 이용하여 어떤 국가든지 거의 통째로 헐값에 인수하려고 할지도 모른다.

그때 이들이 자기들이 소유한 은행들을 이용해 대출해 주었던 돈을 합법적으로 갑자기 회수한다면 어떤 일이 발생할 것인가? 유동성이 막히면서 거의 대부분의 기업들은 부도가 나고, 부동산은 폭락할 것이며, 기업 채권이 휴지가 되면서 수많은 기업들이 헐값에 매물로 나올 것이다. 우리 IMF 경제 위기를 생각하면 된다.

우리는 IMF 당시 경제의 펀드맨틀은 큰 문제가 없었다. 다만 기업들이 지나친 해외 부채를 싸게 차입하기 위해 단기 금융으로 바꾸면서 역외 금융으로 차입했고, 정부가 보증을 선 것이 문제가 되기는 했지만 일시적으로 유동성만 몰리지 않았으면 그렇게 싼 가격에 많은 것을 외국인들에게 팔아넘기는 일은 없었을 것이다.

유동성이 막히면 혈관이 막혀 사람이 죽는 것과 같다. 1929년 미국 경제 대공황도 바로 유동성이 막히면서 일어났다. 그래서 우리는 그들이 인수한 은행을 이용하여 일으킬 문제를 항상 경계하면서 살아야만 하며, 국민연금 같은 곳에서는 정부의 은행 업무 분산 정책으로 외국인들이 은행주 매물을 내어놓는다면 반드시 30% 이상은 인수해야만 할 것이다.

다시 말하지만 미국이라는 나라는 역사적으로도 우리에게 해를 끼친 적이 없었으며 큰 도움을 준 나라이다. 그런데 근래에 와서 우리 권력자들과 미국 권력자들이 변하면서 관계가 악화되어 이상하게 흘러가고 있다. 하지만 언젠가는 관계가 회복될 것으로 믿는다. 미국의 대다수 국민들은 아직도 공정한 정신이 살아있기 때문이다.

미국 국민들은 이라크에 주둔하고 있는 젊은 군인들의 사망과 3년에 걸친 전쟁에 들어간 막대한 자금의 잘못을 강하게 지적하기 시작했고, 부시행정부의 지지율도 역대 정권에 비해서 아주 낮게 떨어뜨렸다. 이라크에서 철수하기를 바라는 미국 국민들에 의해 이란과의 전쟁이 쉽지 않게 되었으며, 오히려 민주당이 집권하면 이라크에서 미군들을 바로 철수해야 하는 상황이 되었다. 미국 국민들의 People Power가 있기에 그래도 세계가 이 정도의 평화를 유지하며 평등하게 살 수 있는 것이 아닌가 생각한다.

유구한 역사를 통틀어 힘 있는 나라가 과연 이 정도만큼이라도 공정하게 약소국가들을 다루었던 예가 있었는가? 만약 히틀러, 일본 제국주의, 소련이 전쟁에서 이겨 세계를 지배했다면 얼마나 부당한 일들이 벌어졌겠는가? 상상하기조차 힘든 일이다.

중국

우리 미래가 달린 중국

중국은 수천 년 동안 역사적으로 우리와 연결되어 있으며, 문화적으로도 우리에게 많은 영향을 끼쳤지만 정말 도움이 되었는가는 생각해볼 필요가 있다. 신의를 중요하게 여기는 우리 민족은 그들의 왕조가 바뀔 때마다 구 왕조와의 의리를 지키려고 하다가 새로운 왕조의 침략으로 인해 엄청난 피해를 보기도 했다.

중국은 고구려를 제외하고는 우리나라가 거의 매해 조공을 바치면서 수천 년을 모시다시피 한 나라였다. 하지만 근대에 들어오면서 공산주의를 채택한 중국은 20세기의 급격한 변화에 적응하지 못해 발전이 뒤떨어지게 되어 역사상 처음으로 우리가 기술도 가르치고 한류라는 문화 역풍도 보낼 수 있게 되었다. 또한 2005년부터는 미국을 능가하는 막대한 수출을 통해 엄청난 무역 흑자를 유지하고 있으므로, 중국은 우리에게 없어서는 안 되는 매우 고마운 나라가 되었다.

중국이 없다면 현재 우리나라 무역 흑자는 전혀 유지하기가 힘들 것이다. 덕분에 중국은 미국 다음으로 중요한 국가가 되었다. 중국은 북한이나 남한에게 항상 관대하다. 말썽부리는 북한은 중국의 입장에서는 계륵과 같은 존재이지만 어떻게 해서라도 좋은 관계를 유지해 자기네와 같은 자본주의식 공산주의를 만들어보려고 부단히 노력하고 있다. 남한이 엄청난 대 중국무역 흑자를 유지하고 있으나, 중국은 북한 문제를 제외하고는 부담스러운 언행을 하지 않으며 대부분 우리 입장을 지지하는 편이다.

또한 한류라는 문화 수출도 아무런 불평 없이 자연스럽게 받아들이고 있다. 만약 일본이 그랬더라면 중국은 절대 가만히 있지 않았을 것이다. 물론 인위적으로 그러한 구조적인 무역 적자나 영화나 드라마를 통한 문화 전달을 저지할 수는 없으리라고 본다. 하지만 중국의 지배층이나 지식층의 수많은 사람들이 언론이나 방송을 통해 큰 반발과 비난을 했더라면, 수출도 줄어들고 한류의 영향력도 줄었을 것이다.

그렇다면 왜 중국이 북한이나 남한에 관대할까? 그것은 바로 수천 년에 걸쳐 항상 자기들을 섬겨온 약소국이라고 여기기 때문이라고 생각한다. 조금 손해를 본다 하더라도 오랜 인연의 작은 나라 남한과 북한이 잘되기를 바라는 오래된 문화에 그 배경과 뿌리가 있다고 볼 수 있다. 또한 북한은 자치구로, 남한은 무역을 통해 과거처럼 미국이 아닌 자기들 영향력 아래 끌어들이려는 정책적인 배려도 있을 것이다.

중국은 우리가 먹고사는 데 있어서 오랫동안 고마운 나라로 남을 것이다. 제조업에서는 경쟁을 통해 많은 부분을 중국에 잠식당하겠지만, 우리 기업들이 중국에 공장을 지어서 제조하여 수출하면서 일정 부분 그 피해를 줄일수 있으며, 새로운 분야인 서비스 산업, 특히 우리의 강점인 IT산업과 게임이나 첨단 과학, 의료나 학원 산업 등에서 수출을 많이 할 수 있을 것이다. 또한 결코 몰락하지 않을 한류를 이용한 수출 증대와 관광산업 발전도 계속

될 것이라고 생각한다.

앞으로 중국인들이 국민소득이 올라간다면 가장 가고 싶은 나라가 바로 한국이 될 것이다. 가까워서 오기 편하고, 쇼핑하기도 좋고, 관광뿐만 아니라 드라마나 영화의 배경이 된 곳에서 촬영도 할 수 있으므로 여유 있는 사람들은 누구나 찾아오려고 할 것이다. 우리 정부는 지금이라도 중국인들만을 위한 프로그램을 계속 개발하고, 그들만을 위한 관광 상품을 다양하고 알찬 내용으로 발전시켜나가야 한다.

연간 중국 인구의 5%가 우리나라를 다녀간다면 부의 효과와 경기 부양의 효과가 얼마나 클 것인지 상상해보라. 또한 일반 중국 국민들이 우리 국민들에게 호감을 강하게 느낀다면, 중국의 지도자들도 정치적으로 우리에게 해로운 일은 가능하면 피하려 들 것이다. 그리고 연예산업을 통한 문화의 수출은 그 자체로도 돈을 벌 수 있으며, 국내 관광산업을 발전시키고, 상품 수출을 확대시켜 이익을 창출할 수 있게 된다. 또한 정치적으로 우호적인 강대국을 확보할 수 있으니 일석 삼조가 될 수 있다. 그러니 이 나라에서 끼 있고 능력이 탁월한 많은 젊은이들이 우리 민족에 꼭 맞는 연예산업에 가능하면 많이 참여해야만 한다.

20년 후 중국의 모습

우리의 연예산업이 10년 만에 아무도 예측하지 못했던 엄청난 발전을 이루었듯이, 10년 전의 중국 상황에서 지금의 중국을 예측할 수 있었던 사람이 과연 몇 명이나 있었을까? 이처럼 현대사회는 10년 앞을 예측하기가 힘들 만큼 급변하고 있다.

10년 전의 중국은 연간 일인당 국민소득이 겨우 삼백 불도 안 되는 아주 가난한 나라로 아프리카 빈국과 차이가 없었지만, 등소평의 개혁을 통한 개방경제를 시작으로 자본주의식 공산주의를 택하면서 비약적인 발전을 이루게 된 것이다.

　2004년 말에는 국민소득이 1,090달러에 이르는 경이로운 발전을 이루었고, 현재 대한민국 인구를 초과하는 상위 오천만 명의 국민소득은 만 불을 넘었으며, 80만 원이 넘는 삼성의 고급 핸드폰도 잘 팔리고 있는 실정이다.

　그렇다면 이들이 연간 10% 정도의 고성장을 지금과 같이 지속한다면 과연 10년 후에는 어떻게 될 것인가? 예측이기는 하지만 아주 가능성이 높고 현실성이 있는 이야기다. 아마 국민소득이 삼천오백 달러를 넘는 중진국 수준이 될 것이고, 인구 13억 명을 생각한다면 그 총 금액은 상상을 불허할 것이다. 또한 상위 5천만 명은 한국보다도 훨씬 높은 소득으로 인해 소비를 주저하지 않을 부유층이므로 한류 여행도 많이 올 것으로 예상된다.

　그리고 그 다음 10년 후에는 또 어떻게 될 것인가? 국민소득은 만 불이 넘어가고 국민 총생산으로는 미국조차 앞지르며 세계 최고의 국가로 발전하게 될 것이다. 그것을 막기 위한 유대인들의 필사적인 방해가 있을 것으로 예상된다. 우리 IMF와 같은 국가부도사태를 만들기 위해 막강한 돈의 힘으로 어떤 짓을 할지 모른다. 모든 방법을 모색하여 결행할 것이며 중국은 일시적으로 어려움에 빠지게 될지 모르지만 잘 극복하여 꾸준한 발전을 지속할 것이다.

　앞으로 20년 동안 일어날 중국의 변화로 인해 이 세상이 어떻게 바뀔 것인지, 또 그러한 변화에 어떻게 적응할 것인지 우리의 정책자들은 지금부터 대비해야 할 것이다. 지금 중국의 발전은 과거 미국과 자웅을 겨루던 소련과는 근본적으로 틀리다. 과감하게 변형된 자본주의를 택했고, 위안화를 달러와 연계시킨 그들의 현명함으로, 국제투기자금의 공격에도 어느 정도 자유롭다.

세계 대부분의 제조업은 계속해서 중국으로 집중되고 있으며, 중국이 본격적으로 발전하기 시작한 2000년도부터는 중국의 값싼 제조상품으로 인해 전 세계는 아주 낮은 인플레이션을 오랫동안 유지할 수 있게 되었다. 인류 역사상 미국의 대공항 시절을 제외하고 과연 이렇게 오랜 기간 전 세계를 통해 저물가 시대가 이루어졌던 적이 있었던가? 중국의 제조업 덕분에 이렇게 저물가를 유지할 수 있었기에 전 세계에 걸쳐 저 금리 시대가 막을 올랐다.

현재 미국 금리가 아무리 올라도 5%대를 유지할 것으로 예상되며 이것은 과거에 비하면 상당한 저금리다. 앞으로 금리가 오르는 것이 쉽지 않다면 5~6%대의 금리를 보고 은행에 예금할 사람이 과연 얼마나 되겠는가? 이러한 돈의 힘인 유동성으로 인해, 2009년까지는 세계의 호황은 지속될 것이라고 믿는다.

인류 역사를 바꿀 정도로 저물가와 저금리가 가능하도록 만들만큼 중국의 힘은 막강해졌고, 이로 인해 중국은 전 세계에 이미 엄청난 영향을 끼치고 있다. 이제 미국도 중국 없이는 어쩔 수가 없을 만큼 깊이 관련되어 있고, 세계의 자금과 제조업이 중국으로 몰려 버렸다. 만약 중국의 값싼 제조상품이 없다면 세계의 물가는 순식간에 수백% 폭등하는 사태가 일어나 엄청난 혼란에 빠지게 될 것이다.

그렇게 되면 가장 고통을 받는 나라는 미국이 될 것이므로, 이제 어떤 나라도 가속이 붙은 중국의 발전을 막을 수는 없을 것이다. 비록 앞으로 자산 가치의 지나친 거품이 부동산으로 인해 꺼지면서 대규모의 불황이 찾아온다고 해도, 일시적으로 잠시 영향을 미치게 될 뿐 계속적인 중국의 발전을 막을 수는 없을 것이다.

반드시 찾아올 중국의 위기

언제일지는 모르지만 중국에 반드시 커다란 위기가 한 번은 찾아올 것이라 확신한다. 그것은 외부의 영향이 아니고, 바로 중국 내부에서 일어날 것이다. 그리고 그 혼란을 유대인들은 절대 그냥 두지 않고 최대한 이용하여 중국의 경제를 손아귀에 넣으려고 할 것 같다. 만약 손아귀에 넣지 못한다면 아주 망가뜨리려고 할 것이다. 앞으로 미래 최대 강국이 될 중국이므로 가능하다면 우리나라 경제 위기와 흡사하게 만들어 금융기관과 주식시장을 손아귀에 넣으려고 필사적으로 노력할 것으로 예상된다. 그 위기는 아무리 자본주의 경제방식을 택하고 있다고는 하지만 중국이 공산주의이기 때문에 일어날 것이다.

국민소득이 삼천 달러에서 육천 달러 사이에 도달하여 중진국 수준으로 올라가면, 지도자들인 대통령과 국회의원들을 직접투표를 통해 국민들 스스로 선출하려는 자연스러운 욕망이 강하게 분출될 것이다. 그전까지는 잘 살아보자는 국민적인 합의로 인해 큰 문제가 없겠지만, 국민소득이 어느 수준까지 오르고 천안문 사태 같은 민중봉기가 일어난다면 과거처럼 초기에 진압하기는 쉽지 않을 것이다. 중국 군인들의 수준도 높아져 과거처럼 주민을 향해 무차별 발포명령이 이행되지 않을 것이므로 장기적인 사태로 발전될 가능성이 아주 높다. 나중에는 혼란에 싸이면서 군부끼리 서로 내분이 일어나 국토가 분단되는 상황을 맞을 수도 있다.

물론 이러한 상황은 쉽게 일어날 일도 아니고, 일어나더라도 10년 이상 지나야 가능한 일이다. 하지만 중국은 우리와 같은 동북 아시아인이며, 역사를 같이 공유한 나라이다. 그리고 무엇보다도 앞으로 우리 민족을 오랫동안 도와줄 것으로 믿고 있기 때문에 중국에도 모세와 같은 뛰어난 지도자가 나타나 자연스럽게 위기를 극복했으면 좋겠다.

공산주의에서 민주주의로 자연스럽게 변화하면서도 군부와 국민들을 동시에 만족시킬 수 있는 정책으로 혼란을 막으며 더 큰 발전을 이루어야 한다. 미국의 독주를 견제하고 앞지를 수 있는 유일한 국가로 성장할 수 있기를 바랄 뿐이다.

인도와 중국의 비교

지금 성장을 거듭하고 있는 인도는 인구수가 중국과 비슷하며 수학적인 두뇌가 뛰어나 우수한 인력이 더 많고 IT쪽 프로그램 산업이 잘 발달되어 있다. 또한 국민들이 영어를 유창하게 사용할 수 있는 이점이 있어서, 앞으로 중국을 견제할 수 있는 나라로 인도를 꼽고 있는 사람들이 많다.

미국은 중국을 견제하는 한편, 중국의 역할을 대신하게 하기 위해 인도에 제조업 공장을 많이 짓고 있으며 엄청난 글로벌자금을 동원하고 있다고 생각한다. 하지만 인도가 중국을 이기거나 대신할 수 있을 만큼 크게 발전할 수는 없을 것이라고 생각한다.

그 첫 번째 이유는, 인도는 날씨가 덥다는 점이다.

열대지방 국민들은 부지런하지 않고 열심히 일하지 않는 특성이 있다. 얼어 죽을 염려가 없는 열대지방 사람들은 예전부터 집이 없어도 살아갈 수 있었으며, 야자열매를 먹으며 최소한 생존할 수 있었으므로 열심히 일하거나 치열한 생존경쟁을 하지 않는 국민성이 자연스럽게 뿌리내려져 있다.

지금도 아프리카, 동남아시아, 인도, 남미, 중동의 열대지방 국가들은 엄청난 자원이 있는데도 불구하고 잘 사는 나라가 없는데, 그 이유는 국민성이 게으르다는 특징 때문이다. 앞으로도 이러한 국민성으로 인해 이들 국가들이 중진국 수준에 이르는 것은 쉬운 일은 아닐 것으로 생각된다.

둘째로, 인도에는 이러한 국민성보다 앞서 국가의 발전을 막는 것이 있다. 바로 힌두교라는 종교의 힘이 너무나 오랫동안 광범위하고 깊게 국민들에게 자리 잡고 있기 때문이다. 인도에서 이 종교는 결코 없어지지 않을 것이며, 종교의 힘이 얼마나 무서운 것인지는 여러분도 잘 알 것이다. 지금도 이라크나 팔레스타인 테러리스트들이 남녀노소를 막론하고 폭탄과 함께 자폭하는 행위를 아무런 두려움 없이 하는 것을 언론을 통해서 보고 들었을 것이다. 미국이 엄청난 자금과 군사력, 최신 무기들을 투입하고도 작은 나라 이라크를 그렇게 오랜 시간 동안 평정하지 못하고 있는 이유가 그들에게 종교가 있기 때문이다.

종교로 무장한 병사들은 강하다

종교로 무장한 병사들은 죽음을 두려워하지 않는다. 우리가 볼 때는 무고한 시민들을 죽인 테러리스트이지만, 그들의 종교인 이슬람 전사 입장에서는 신을 위한 성전에서 죽은 순교자이며, 그 죽음은 영원히 마호메트 곁에 머물 수 있는 영광스러운 죽음이다. 그래서 미국은 지금 진퇴양난이다. 최신무기로 전쟁에는 이겼지만 끝내는 평정하지 못할 것이라고 생각한다. 또한 이러한 종교가 없다면 미국에 협조하는 친미주의자들이 많이 생겨나서 권력과 부를 탐하고자 미국의 저항 세력들과 싸울 것이다. 하지만 미국에 협조하면 이단자와 배신자가 되어서 영원히 지옥에 떨어진다는 종교관을 가지고 있다면 어느 누가 현세의 권력과 부가 좋다고 해서 내세를 무시할 수 있겠는가?

천황은 왜 처벌 받지 않았는가

제2차 세계대전 당시에 일본의 천황은 살아있는 신神이요, 종교였다. 일본 역사에서 처음으로 천황을 신격화했던 군부 정책이 제대로 맞아떨어진 것이다. 그리고 수많은 일본 젊은이들은 천황폐하 만세를 외치며 죽음을 두려워하지 않고 전쟁에서 싸웠다. 죽음을 두려워하지 않았던 그들의 군대는 짧은 기간에 엄청난 인구의 중국을 점령할 수 있었다. 그리고 수많은 섬으로 이루어져 짧은 기간에 공격하기가 쉽지 않았던 동남아에서도 무기가 발달한 선진 유럽 군대를 모조리 물리치고, 대일본제국을 구축했다.

우리에게 식민지 압박을 오랫동안 했기에 항상 미운 나라인 일본이지만, 1920년~1940년 약 20년 만에 일본제국이 이루어낸 업적은 알렉산더 대왕과 비교될 정도로 역사에 남을 만한 기록적인 것이라고 인정해 주어야 할 것이다.

하지만 이 또한 살아있는 신이었던 천황을 이용한 종교의 힘이 없었다면 과연 가능했었겠는가? 살아있는 신, 천황이 없었다면, 일본이 그렇게 단 기간에 그 엄청난 영토를 손에 넣을 수가 없었으리라고 확신한다.

독일 패망 후, 전 세계를 상대로 싸웠던 일본은 결국 패전하고 말았지만, 일본군은 항복하지 않기로 유명한 군대였다. 널리 알려진 사이판 자살 바위의 수많은 죽음 역시 천황을 위해서였으며, 가미가제 특공대의 자살 비행도 천황이 있었기에 가능했던 것이다. 종교 없이 그러한 행위를 하라고 한다면 어떤 군대가 그런 무모한 짓을 하겠는가? 종교의 힘은 정말로 무서운 것이다. 이를 간파한 미국은 전 국민적인 저항을 두려워하여 일본을 점령한 후에도 천황을 전범으로 처리할 수 없었던 것이다.

인도를 말하면서 이렇게 종교문제에 대해 장황하게 말하는 이유는, 우리 젊은이들이나 사업가들이 너무 인도에 비중을 크게 두고 있기 때문에, 조금 자제하라는 말을 하기 위해서이다. 물론 10억 명의 엄청난 인구를 가진 인도를 무시할 수는 없겠지만, 중국처럼 올인을 해서는 절대 안 된다.

힌두교에는 많은 가르침이 있고 방대한 교리가 있지만, 가장 특징적이고 사람들 가슴에 파고드는 것은 윤회 사상이다. 불교보다 훨씬 더 강한, 내세에 대한 믿음이 현실생활에 강하게 자리 잡고 있는 것이다. 내세나 윤회를 믿는 것은 별 문제가 없겠지만, 항상 이러한 사고방식에 젖어 현실을 살아간다면 과연 제대로 된 삶을 살 수 있겠는가?

특히 자본주의의 치열한 경쟁 속에서 하루가 다르게 변하는 첨단산업의 싸움에 제대로 대처하기가 쉽지 않을 것이다. 열심히 연구하고 밤 새워 노력해 새로운 제품을 만드는 것이 그들에게 무슨 의미가 있겠는가?

현세보다 내세를 중시하는 힌두교는, 현세에서 죄를 짓거나 업을 쌓지 말고 선행을 베풀고 양보하며 살기를 주장한다. 그리고 힘들고 어렵게 살더라도 짧은 현세는 지나갈 것이며, 더 나은 내세가 있다고 믿고 있다. 아무리 힘들어도 참아내는 인도인의 특성이 여기서 생겨난 것이다. 이러한 종교적인 특성으로 어렵고 힘든 환경에서 벗어나려는 노력을 게을리 하게 되며, 성공하여 잘 살아보자는 인간의 욕망이 별로 없으니 국가적인 발전도 쉽지 않고 미래가 희망적일 수 없다.

또한 21세기 민주사회에서는 좀처럼 보기 힘든 힌두교 4대 계급제도인 카스트제도는 종교의 힘으로 아직도 존재하며 인도의 발전을 막고 있다. 서로 다른 계급끼리 결혼을 할 수 없을 뿐만 아니라 서로 다른 계급이 만든 음식조차 먹어서는 안 된다고 하니, 그 폐해가 얼마나 클 것인지 짐작된다.

이래서야 어떻게 국가의 힘을 하나로 모을 수 있단 말인가? 인도에서 살았던 사람들의 경험에 의하면, 카스트제도는 조선시대 반상제도보다 훨씬 더 차별이 심하다고 한다. 그런데도 문제가 많은 계급제도는 없어지지 않고 있다.

힌두교 윤회사상 때문에 인도 사람들은 현실의 불합리한 차별에 맞서 대대적으로 저항하지 않고 사회적인 혼란 없이 참고 넘긴다. 이런 상황에서는 국가가 제대로 발전할 수가 없다. 인도에 투자하는 일은 정말로 신중해야 하며, 인도가 중국을 대체할 수 있는 국가로 성장한다는 것은 쉽지 않다고 생각한다.

인도보다는 베트남이다

중국을 어느 정도 대체할 수 있는 국가는 인도보다 차라리 베트남이 될 가능성이 크다. 그들은 더운 나라인데도 국민성이 부지런하다. 게다가 수천 년 동안 중국을 비롯한 강대국의 침략을 당당하게 물리쳤으며, 초강대국 미국에게 유일하게 1패를 안겨주었을 만큼 강인한 민족성을 자랑한다.

그런 베트남 국민이 잘 살아보자며 힘을 모아 급격히 성장하고 있다. 인구는 7천5백만 명밖에 되지 않아 인도에 비해 훨씬 적지만, 지금 추세라면 곧 1억을 돌파하게 되면서 새로운 제조공장으로 떠오르게 될 것이다.

인도 역시 종교로부터 자유로운 사람들과 상위 10%를 합친 1억 정도의 인구가 앞에서 언급했던 대부분의 인도인들과 다르기 때문에, 결코 적은 숫자가 아닌 이들로 인해 장래가 밝을 것으로 본다. 그러나 인구 규모로 봐서 13억 중국을 따라잡기가 쉽지 않을 것이므로, 중국처럼 급격한 성장을 계속하기는 쉽지 않을 것 같다.

결국 베트남과 인도를 합친다 해도 중국을 대체할 수 있는 인원은 중국의 15%정도 밖에 되지 않는다. 그래서 현재 중국의 제조업을 능가할 수 있는 국가는 21세기에는 더 이상 없을 것이라고 생각한다.

중국과의 큰 위기

중국 내부에 한 번의 큰 위기가 남아있듯이, 우리와 중국 간의 관계에도 한 번쯤 큰 위기가 닥칠 것이라고 생각한다. 그 원인은 우리가 흔히 알고 있는 동북공정 때문일 것이다. 이 문제는 우리의 모세가 나타나 슬기롭게 극복하거나, 중국 지도자들의 마음가짐이 변하지 않는 한, 언제라도 터질 수 있는 화약과도 같다.

우리가 중국을 적으로 간주한다는 것은 경제적인 관점에서 볼 때 우리 입장에서 불가능한 일이다. 그들은 공산주의 국가이므로 권력층에서 하고자

하면 무리한 정책을 언제든지 시행할 수 있다. 그들이 우리나라 물건을 사주지 않거나 현재 중국에 투자한 한국 회사들에게 보복적으로 엄청난 세금을 물리거나 탄압을 하려들면, 모두 망할 수밖에 없다. 우리나라 경제는 바로 도탄에 빠지게 될 것이다.

왜 중국의 지도자들이 그런 정책을 정했는지 정확하게는 잘 모르지만, 우리 입장에서는 달리 뭐라고 할 수 있는 방법도 없으며, 그렇다고 강력하게 항의하며 단교를 할 수도 없다.

이 문제는 북한이 미래에 갑작스럽게 붕괴되었을 때, 혼란을 막는다는 명분으로 중국이 북한에 진출하면서 일어나게 될 것이다. 그들은 북한을 국가로 유지시키면서 티베트와 같은 자치구라는 명목으로 편입하여, 실제로는 중국 영토의 일부로 만들어 버릴 가능성이 크다.

중국 지도층의 이러한 의도가 어떻게 시작되었는지 모르지만, 가만히 보고 있을 수만은 없는 일이다. 그렇다고 갑자기 붕괴한 북한의 경제를 책임지고 주민들의 생활을 보장해 주기에는, 남한의 경제력만으로 힘이 너무 미약하다.

더구나 북한 주민이 남한보다 중국에 편입되기를 더 바란다면 막을 길이 없다. 필자가 본 자료에 의하면, 과반수의 북한 주민들은 남한보다, 같은 공산주의이며 남한보다 훨씬 큰 중국에 흡수 합병되기를 바란다고 한다.

경제적으로 피폐해진 북한 경제를 남한 혼자만의 힘으로는 도저히 다시 살려낼 수 없으므로, 중국의 이러한 의도가 실현된다 하더라도 막기가 쉽지 않을 것이다. 그렇다고 우리 영토가 중국에 자연스럽게 편입되는 것을 보고만 있는 것은 우리 조상과 역사 앞에 큰 죄를 짓는 일이 될 터이므로, 참으로 진퇴양난이라 하겠다.

모세가 해결해야 할 숙제

위와 같은 일을 벌이기 위한 전초작업이 바로 고구려 역사 왜곡이다. 그런데 현 정부가 들어선 후 중국과 북한의 잘못을 제대로 항의하는 경우가 없었으며, 사건이 터지더라도 너무 쉽게 넘어가고 말았다. 정부에서 침묵하면 시민단체에서라도 대대적인 항의 시위를 했어야 했다.

하여간 중국과의 마찰은 우리에게 많은 어려움을 가져오게 되므로 이러한 것들을 슬기롭게 해결하기란 쉬운 일이 아니다.

그렇다고 우리 작은 국토가 절반 이상 중국으로 넘어가는 것을 보고만 있을 수도 없으니, 은밀히 중국의 지도자들과 협상하며 타협을 해야 할 것이다. 줄 것은 주더라도 영토만은 절대 양보하지 말아야 한다. 중국의 도움을 받아 경제적인 교류를 강화하고 북한의 경제력을 중국 수준만큼 끌어올린 다음, 정치적인 통일을 할 수 있도록 슬기롭게 대처해야 할 것이다.

이것은 우리의 모세가 반드시 해결해야 할 문제이다. 그리고 나아가 통일된 조국이 발전할 수 있도록 하여 중국과 함께 선진국으로 진입해야 할 것이다.

일본

일본인의 특성

일본은 거리상 우리와 가까운 나라이며, 말의 어순 또한 같은 우랄알타이 어족이다. 우리 문화의 영향을 많이 받아 생활습관도 비슷해 우리와 가깝다고 할 수 있으나, 전통이나 국민성은 참으로 다른 점이 많은 나라이다.

보수적이고 전통을 중요하게 여기며 사고방식도 많이 다르고, 우리와 비교가 안 될 정도로 강한 장인정신은 일본인의 가장 큰 특징으로 꼽을 수 있을 것이다. 그래서 제조업이 일본에서 꽃을 피우게 되었으며, 세계 최고인 여러 제품들이 일본에서 만들어지고 있는 것이다.

중국이 아무리 저가로 세계 제조업을 석권한다고 해도, 고가품 제조업 중에서 기술 집약적인 전통 제조업은 일본이 그 누구에게도 절대 밀리지 않을 것이다.

전통과 신용을 중시하고 장인정신이 강한 일본인이 우리와 다른 점은, 강자에게는 한없이 약하고 약자에게는 한없이 강하다는 특성이다. 상대방의 잘못으로 피해를 받게 되었을 때, 그 상대방이 강자이면 금방 용서하는 척하며 고개를 숙이고 오히려 충성을 다한다. 그러나 그 반대로 상대방이 약자일 때는, 자신이 아무리 큰 잘못을 저질렀어도 쉽게 사과하지 않으며 그럴 수밖에 없었다고 합리화를 하려든다.

우리와 동남아, 중국에서 행한 일본제국주의의 만행을 왜 일본의 언론이나 지성인, 정치가들은 진심으로 반성하지 않는가? 위에 언급한 일본인들의 특성대로, 그것은 당연한 일이며 사과할 만한 일이 아닌 것이다. 한국이나 중국이 일본에게는 약자이기 때문이다. 만약 미국에게 일본이 이런 잘못을 저질렀다면, 일본인은 시도 때도 없이 반성하고 사죄하며 보상을 하려고 했을 것이다. 미국은 강자이기 때문이다.

일본제국주의자들이 전시에 행한 만행은 상상을 불허한다. 나치 독일의 포로도 5~10% 정도가 숨졌을 뿐인데, 일본의 전쟁포로는 학대와 노동 착취로 짧은 기간 안에 30%에 가까운 사람들이 숨졌다고 한다. 포로들에게 끔찍한 강제노동을 시키면서 겨우 생명을 유지할 정도의 식량을 주었으니, 병이 들기라도 했다하면 살 수 없는 것이 당연했다. 그래서 일본의 전쟁포로였던 미국인, 영국인들은 지금까지도 일본인을 철저하게 증오하고 있다고 한다.

그리고 그들은 731부대 - 일명 이시이 부대-를 중심으로, 포로들을 생체실험의 도구 '마루타'*로 삼았다. 포로나 죄수들을 세균전 실험 대상으로 삼아 여러 가지 전염병을 강제로 감염시켜 끔찍하게 죽였는데, 그 실제 내용은 아직도 베일에 싸여있다.

세균전을 획책한 전범들은 살아있는 인간을 실험 대상으로 삼았기에 반드시 처벌을 받았어야 했지만 현실은 처벌받지 않았다. 미국은 의학적으로는 뛰어난 자료를 모조리 넘겨받는 조건으로, 의학을 한 단계 발전시켜 많은 미래의 질병을 감소시켰다며 그 죄를 덮어주는 거래를 했었다고 하니 안

---

* 마루타 : 일본어로 통나무라는 뜻

타깝고 억울한 결과가 아닐 수 없다. 이로 인해서 마땅히 처벌받아야 할 천인공노할 악행이 오랫동안 묻혀 있는 것이다.

일본은 유구한 역사를 두고 우리나라에 도움이 된 적이 거의 없으며, 항상 해악과 손해만을 끼쳐왔다. 과거에는 '왜구' 라는 이름으로 해적들이 전라도와 경상도의 해안을 틈만 나면 쳐들어와 약탈했으며, 여인네들과 기술자들을 잡아가 자기들의 첩과 노비로 삼기도 했다.

임진왜란 때는 7년 전쟁을 통해 수많은 문화재와 보물을 약탈하고 뛰어난 기술자들을 잡아갔으며, 수많은 백성들을 죽이면서 대부분의 사찰들과 훌륭한 유적들을 잿더미로 만들었다. 지금 현재 남아있는 우리 조상들의 유적들은 거의 새로 복구한 것들이다.

근대에 와서는 35년 동안 조선을 지배하며 식민지로 삼아 찬탈을 했으며, 수많은 우리 아녀자들과 젊은이들을 우리에겐 아무런 명분도 없는 전쟁터로 끌고 가 견디기 힘든 치욕을 주었으며, 꽃다운 청춘들의 목숨을 앗아갔다. 그 많은 죄를 진 죄악의 나라 일본은 언제 우리에게 빚을 갚을 것인가?

자손대대로 우리에게 죗값을 치러도 시원치 않을 일본은 제2차 세계대전 패망으로 허덕이더니, 다시 우리나라 덕분에 절호의 기회를 잡게 되었다. 3년 동안 같은 민족끼리 수백만 명이 죽고 죽이는 동족상잔의 비극, 한국전쟁을 통해 그들은 전쟁 이전의 수준으로 산업을 다시 일으킬 수 있게 된 것이다. 이러한 한민족의 아픔과 비극을 기반으로 다시 일어선 일본은 얼마나 우리에게 빚이 많은 나라인가? 그 후 일본은 미국 제품들을 모방하고 한 단계 발전시켜, 오늘날의 기술 강국으로 자리를 잡게 되었다.

일본과의 무역은 거리가 가까워 물류비를 절약할 수 있다는 장점은 있지만, 박 대통령 재직 시 그들의 물건을 사는 조건으로 식민지 피해 보상비를 차관으로 제공받은 것을 시작으로 하여 엄청난 무역적자를 감수할 수밖에 없었다.

물론 기술과 인력이 없었던 우리의 잘못이 더 크긴 하지만, 만일 일본에 대한 그동안의 무역적자만 없었어도 우리나라는 더 부강해졌을 것이다. 게다가 이제는 너무 많은 분야에서 부품으로 그들의 물건을 사용해야 하는 산업구조가 되어, 무역적자를 도저히 벗어날 수 없는 구조적인 한계를 가진 경제 속국으로 전락하고 말았다.

왜 우리는 오랜 역사를 통해 항상 일본에게 손해나 피해를 보고 살아야 하는지 그 이유를 모르겠다. 그런데도 일본은 이 나라에 대한 빚과 죄를 갚지는 못할망정 도리어 독도가 자기네 땅이라는 말도 안 되는 억지 주장만을 되풀이 하고 있다.

아주 먼 옛날 우리 조상들이 일본 조상들에게 엄청난 죄를 지은 업보가 있단 말인가? 그래서 그렇게 오랫동안 일본에게 당하고 손해보고 사는 것인지 울분을 참을 길이 없다. 특히 화가 나는 것은 독일인들은 이스라엘에게 죄인처럼 굴면서 모든 것을 양보하고 잘못을 비는데, 일본인들은 과거의 잘못을 뉘우치기는커녕 오히려 큰소리 치고 있다는 점이다.

일본은 약육강식의 세계에서 힘이 약해 당한 것을 가지고 왜 자기들에게 잘못을 묻느냐는 적반하장식의 행동을 하고 있다. 그래서 신사참배를 강행하며 독도 분쟁을 국제 사법소로 보내려는 움직임을 보이고 있다. 어떻게 저런 민족이 잘 살 수 있는지 하늘이 원망스러울 때도 있다. 지금처럼 중재를 해 주는 미국이 없다면 일본과 독도 문제로 언젠가 전쟁을 하게 될지도 모른다.

우리가 일본 정부로부터 식민통치에 대한 피해보상금으로 대일 청구권 자금을 받을 때, 우리가 모르는 어떤 밀약이 있었을 가능성이 아주 높다고 생각한다. 특히 정신대 사건은 지금과 같이 일본이 안하무인격으로 나올 때, 이처럼 처절하고 가슴 아픈 우리 어머니들의 한 맺힌 이야기를 전 세계적인 이슈로 만들어 일본의 실체를 보여주며 여론의 단죄를 받게 만들어야 했다. 그래야만 우리가 일본에게 큰 소리 치며 독도와 신사 참배 문제에 관해 확실하게 우위에 설 수 있었을 것이다.

그런데 우리 정치인들은 너무나 당연한 이런 문제에 대해 침묵으로 일관하며, 정신대 피해자들에게 피해 보상조차 제대로 하지 않았다. 그때는 경제 발전을 위해 군사정부가 어쩔 수 없이 해야 할 선택이었다고 이해할 수도 있겠지만, 정신대 문제만은 합의를 하지 말았어야 했다. 합의가 없었다면 어떻게 정부가 이렇게 침묵할 수 있겠는가?

지금 일본의 작태를 보라! 북한이 결코 잘한 것은 아니지만, 겨우 10명도 안 되는 자기네 나라 국민 납치사건에 대해 전 세계에 그 피해를 하소연하며 언론에 그 부모들의 아픔을 부각시키면서 난리를 부리고 있지 않은가? 왜 우리 정부는 과거에도 일본처럼 하지 못했고, 지금도 못하고 있는 것인가?

납치된 일본인들이 우리 정신대 어머니들처럼 창녀 아닌 창녀로 살다가, 귀국한 후에는 더럽다고 집에서까지 쫓겨나는 그런 짐승과 같은 대우를 받기라도 했는가? 지금도 그들의 아픔을 생각하면 울분이 터져 나오고 욕이 나올 뿐이다. 내 딸이 아무런 잘못도 없이 저런 아픔과 고통을 받았다면 어떠했을까? 일생을 두고 원수를 갚기 위해 투쟁하지 않았을까 싶다.

이 세상의 역사를 통틀어, 아무것도 모르는 타국의 순박한 처녀들을 20만 명이 넘게 강제로 모집해 전장으로 끌고 가서 그런 천인공노할 짓을 한 국가는 일본밖에 없다. 그 지독한 나치독일도, 공산주의 소련도, 어떠한 과거 폭정의 제국들도 여자들을 전장으로 끌고 갈 생각을 하지는 못했었다. 말도 안 되는 짓거리인 것이다.

북한에 납치된 일본 여자들이 이라크로 끌려가 미군들한테 그러한 대우를 받았다면, 일본은 전국이 들썩거리며 난리가 났을 것이다. 하지만 납치된 일본인들은 일본어와 일본 관습을 가르치는 선생으로 북한에서 상당히 상류층 대우를 받으며 살고 있는데도 저 난리이다. 그런데 우리의 정부는 왜 묵묵히 있단 말인가?

납치된 일본인은 10명도 안 되지만 정신대는 20만 명이다. 그 당시 우리 나라 인구가 2천만 명 정도였고 여자를 절반, 평균 수명을 60세로 놓고 보면 16세부터 25세까지 처녀는 160만 명이다. 그렇다면 8명 중 한 명 꼴로 일본인들의 성 노리개가 되었다는 이야기이다. 참으로 분통 터지는 일이다.

2004년도에 잠시 정신대 문제가 국내에 이슈가 되면서 방송을 타는 듯했으나 왜 그런지 곧 시들해졌다. 우리나라 언론과 방송을 일본인들이 친일세력들을 통해 아직도 좌지우지할 수 있는 것 같다는 생각에 가슴이 너무나 답답했다.

우리네 고발 프로그램들은 국민적인 영웅이요, 세계적인 줄기세포의 일인자였던 황우석 교수를 몰락시킬 만큼 위력이 막강하며 만들기도 잘하는 능력이 분명히 있다.

그런데 왜 정신대 문제는 5부작 이상의 방송으로 만들어 국내뿐만 아니라 미국 등 전 세계로 뿌리지를 않는가? 이 문제는 아직도 살아있는 증인들이 조금이라도 더 있을 때 방송을 통해 가능하면 빨리 알려야 한다.

또한 우리의 한류가 번성하고 있는 지금 정신대를 주제로 장기 드라마를 제작하여 전 세계와 일본에 수출해 일본의 어머니들과 젊은이들이 보고 우리의 아픔을 공감하도록 해야 한다.

뛰어난 능력과 막강한 조직력, 자금력을 갖고 있으며, 현 정권에서 가장 힘이 있는 실세 집단인 시민단체들에게 묻고 싶다. 왜 이런 것을 이슈화하지 않고 있는지, 정부가 눈에 안 보이는 어떤 밀약에 묶여 어쩔 수가 없다면 시민단체에서 강력하게 나가야 하는 것 아닌가? 사회와 민족의 정의를 구현하라고 있는 것이 시민단체의 존재 이유가 아닌가?

일본의 변화

예전에는 일본인들이 한국인을 우습게 여기고 아랫사람처럼 다루었다. 하지만 이제 달라지기 시작했다. 일제시대에 멸시하던 김치를 이제는 좋아하면서 사먹고 있는 것은, 우리 국력이 강해졌기 때문이라 생각한다.

우리는 짧은 기간에 세계 역사에 유례가 없을 정도로, 무에서 유를 창조한 민족이다. 아무 것도 없는 상태에서 우리는 오늘날 비약적인 경제발전을 이루었고 세계적인 IT 산업 강국이 되었다.

그리고 일본도 조금씩 우리나라를 인정하기 시작하였으며, 한류가 자리를 잡을 수 있도록 뿌리를 내리고 있다. 우리가 여전히 동남아처럼 가난에 허덕이며 원조만을 바라며 그들의 무시하는 눈길을 감수하고 살아왔다면, 한류는 일본에서 일어날 수 없었을 것이다. 그것은 일본의 민족성이 강자에게는 약하고 약자에게는 강하다는데 뿌리를 두고 있기 때문이다.

그러므로 그들과 영토분쟁을 하며 시간과 에너지를 소비하기보다 하루빨리 우리의 국력을 키우는 것이 급선무다. 그들에게는 강자에게 철저하게 복종하는 오래된 관습과 전통이 있으므로, 우리는 무조건 강해져야 할 것이다.

제2차 세계대전이 끝나고 일본이 항복한 후 미군 상륙을 앞두고, 맥아더 사령관과 그 참모들은 걱정을 많이 했다고 한다. 전쟁할 때 죽음을 각오하고 저항하며 절대 항복하지 않았던 일본군이었으므로 그럴 만도 했을 것이다. 독일군에 대항한 프랑스 레지스탕스처럼 국민적인 저항이나 공격, 심한 테러가 일어날 것에 대비해 마음을 단단히 먹었다고 한다. 그런데 그들이 항구에 도착했을 때 인산인해를 이루어 환영하는 일본인들을 보고 깜짝 놀랐으며, 한편으로는 다행스러워 하면서도 이해할 수 없었다고 한다.

그것이 일본의 민족성이다. 우리 같으면 오랜 시간이 흐르고 나서야 조금이나마 그 원한을 풀게 될 것이다. 그러나 수많은 일본의 젊은이들을 죽이고, 원자폭탄으로 죄 없는 민간인들까지 죽이면서 패망하게 만든 원수인 미국을 향해 어찌 그럴 수 있는가? 한술 더 떠 미국의 51번째 주가 되게 해달라고 난리를 피우며 대규모 데모를 했다고 한다. 우리는 이해 못하지만, 그들에게는 강자에게 철저하게 고개 숙이는 그런 전통이 있는 모양이다.

그러니 지금 참여정부가 일본에게 감정적으로 대해 봤자 그들을 이해시킬 수도 없으며 아무런 이득도 효과도 없을 것이다. 차라리 미국에 로비를 해서 처리하는 것이 훨씬 효과가 빠를 것이다.

일본이 최근에 영토분쟁이니 신사참배니 하면서 도발하는 이유도, 참여정부가 들어선 후 미국과의 관계가 소원해진 것이 가장 큰 원인이라고 생각된다. 물론 미국이 언젠가 힘이 약해지면 일본은 기회를 보다가 돌아서고, 역습하여 자기들이 강자가 되든지, 아니면 새로운 강자에게 붙을 것이다.

어떻게 일본을 이길 것인가?

그렇다면 어떻게 일본을 이길 것인가? 일본이 바다 밑으로 가라앉는다면 모를까 경제 규모로 보더라도 제조업 분야에서 우리가 일본을 이길 수는 없을 것이라고 생각한다.

그들은 이미 여러 분야에서 우리보다 15년 정도 앞서 있고, 인구도 많으며 이미 자본이 많이 축적되어 있다. 그리고 국민성이 부지런하고 장인정신이 강하며, 기술로서 쉽게 극복하기 어려우므로 단기간에 그들을 이긴다는 것은 불가능에 가깝다.

그렇다면 어떻게 일본을 이길 것인가? 그 해답은 우리 한류에 있다고 생각한다. 이미 연예산업은 일본을 확실하게 이겼으며 점점 더 그 차이는 벌어지고 있다. 대한민국이 아시아의 한류로 확실하게 자리를 잡고 있으며 우리 스타들이 일본으로 가서 그들을 열광하게 만들고 있다. 우리의 드라마나 영화가 할리우드 영화를 이기고 일본을 휩쓰는 시대가 온다면, 그것이 우리가 일본을 이기는 가장 좋은 방법이 될 것으로 생각한다.

그래서 일본의 정치가들이 몰상식한 짓을 할 때 우리 한류스타들이 인터넷을 통해 일본의 팬들에게 호소한다면 과연 그 정치가가 살아남을 수 있겠는가? 민주주의는 국민의 투표를 통해 지도자가 결정되는 것이므로 정치가들은 정치 생명을 걸면서까지 한국인과 충돌하지는 않으려 할 것이다. 그렇게 도도하던 고이즈미 전 수상 같은 사람도 가수 보아를 직접 초청해 만나

보고 그러지 않았는가?

그러므로 타고난 끼가 있는 우수한 인력들은 이제 의사나 공무원이 되려고 하지 말고 우리 민족성에 맞는 연예산업에 종사해 세계시장에서 할리우드와 쌍벽을 이룰 수 있도록 성장시켜야 한다.

또한 아시아에서 독보적인 위치를 차지할 수 있도록 발전시켜 우리나라를 음악과 쇼, 드라마와 영화, 유행과 패션, 문화의 나라로 만들어야 한다. 그래서 지금과는 비교가 안 될 정도로 스타가 많은 나라가 되도록 해야 할 것이다.

수많은 한류스타들이 민간 외교관이 되어 여러 국가에 가서 쇼도 하고 사인회도 열면서 우리 상품 CF 모델로 활동한다면 그것이 우리가 일본을 이길 수 있는 방법이 아니겠는가?

우리 우수한 젊은이들이 지금보다 훨씬 많이 연예산업으로 몰려, 정부의 지원이 많아지고 사회적인 분위기가 형성되다 보면 10년 안에 우리가 원하는 결과를 이룰 가능성이 크다. 그때쯤이면 대한민국 연예산업의 규모가 지금보다 수십 배 아니 수백 배로 커질지도 모른다.

그렇게만 된다면 그 분야에서 얼마나 많은 기회가 찾아올 것인지 상상만 해도 즐거운 일이다. 연예산업이 우리 국민성에 맞지 않다면 특별한 정부 지원이나 사회적인 어떤 변화도 없이 불과 10년 만에 이렇게 발전할 수 있었겠는가?

또 한 가지 언급한다면 우리가 앞서고 있는 디지털 IT산업을 계속 발전시키면서 확실하게 일본의 우위에 서야한다. 그래서 일본 국민들이 우리 디지털 IT 상품을 사용하는 것을 자랑스럽게 여길 수 있도록 만들어야만 할 것이다. 그 정도는 충분히 10년 안에 이룰 수 있다고 생각한다.

그리고 우리가 경제적으로 지나치게 예속되어 있으면서도 무역적자를 벗어날 수 없게 하는 대일 부품 수입에 대해 정부나 무역협회에서 다른 대책을 세워야 할 것이다.

이처럼 지나친 경제적 예속에서 벗어나지 못하다가 일본이 정책적으로 우리에게 부품을 팔지 않게 되는 상황이 벌어지게 되면, 대한민국 산업의 1/3정도는 중단될 수밖에 없다고 생각한다.

과거에도 정책적으로 이를 해결하려고 했던 적이 있었다. 하지만 물류 비용이 더 드는 등 여러 문제도 있었지만 무엇보다도 아직도 존재하고 있는 친일세력들의 힘에 의해 포기할 수밖에 없었던 것이라고 생각한다. 하지만 그렇게 해서는 결코 일본을 이길 수 없다. 좀 더 꾸준히 끈기 있게 이 일을 해결할 수 있도록 정부 내 담당부서를 만들어야 할 것이다.

부품산업을 발전시켜 줄 독일

위와 같은 문제를 우선적으로 해결할 수 있도록 국가적 차원에서 노력한다면, 불가능하다고 생각하지 않는다. 우리 부품산업을 발전시켜 세계로 수출할 길이 반드시 있을 것이다.

그렇게 하기 위해 우리가 도움을 받아야 할 국가가 바로 독일이다. 독일인과 한국인은 지리적으로 아주 멀리 떨어져있고 역사적으로도 연결되어 있지 않지만, 국민성 등, 여러 면에서 아주 잘 맞으며 흡사한 점이 많다.

신의를 중시하고, 어려울 때 도와줄 줄 알며, 말보다 행동을 중시하는 독일 국민성을 보면 유럽의 유교국가라고 할 수 있을 정도다. 물론 지금 독일 젊은이들이 많이 달라지기는 했지만, 그 뿌리는 변하지 않았다고 본다.

독일인들은 우리가 IMF 경제위기를 겪고 있을 때에도 다른 국가들과 다른 모습을 보여주었다. 일본의 모든 금융기관들은 일시에 돈줄을 끊어 위기를 앞당기게 만들었으며, 미국은 우리를 길들이면서 한국의 기업들과 주식, 부동산을 헐값에 인수하느라 정신이 없을 때, 우리를 신뢰하고 가장 먼저 돈을 빌려준 나라가 독일이었다. 즉, 우리가 신세를 졌다는 이야기다.

그런데 독일이 어떤 나라인가? 한때 세계를 상대로 4년 가까이 전쟁을 벌였던 기술의 왕국이 아닌가. 미사일, 비행기, 전차, 무기 면에서 압도적이었으므로 적은 인구로도 세계를 상대로 초반에는 압도적으로 우위를 점하면서, 오랫동안 전쟁을 벌일 수 있었던 것이다.

독일이 미국 참전을 지연시키며 러시아와의 전면전을 피하며 시간을 끌다가 핵무기를 먼저 개발했었다면 승전국이 되었을 것이며, 오늘날의 세상은 완전히 달라졌을 것이다.

독일이 지금 잘못된 통일의 부작용으로 잠시 헤매고 있지만, 곧 일어서게 될 것이며, 유럽의 시대가 반드시 다시 오게 될 것으로 본다. 가까운 미래에 미국이 독주하는 시대는 종말을 고하고 미국과 유럽, 동북아시아가 세계의 힘을 3분해서 움직이는 시대가 올 것이다. 그 시대는 미국 달러화의 순간적인 대 폭락과 미국 물가 폭등으로 인한 세계 대공황이 일어나면서 시작되기 쉽다.

그때 유럽 최고 중심 국가는 영국도 프랑스도 아닌 독일이 될 것이다. 독일인은 강하고 우수하므로 그렇게 될 수밖에 없다. 하지만 지나치게 강했기 때문에 미국과 소련에 의해 인위적으로 동서로 갈라지게 되었으며, 힘이 분산되어 유럽의 중심 국가가 될 수 없었던 것이다.

그 후 오랫동안 희망하던 통일이었기에 그 후유증을 생각하지 않고 잘못된 절차를 밟게 되어 지금까지 힘든 시절을 보내고 있지만 결국 극복할 것으로 본다. 미래뿐만이 아니라 현재의 여러 가지 상황을 고려해 볼 때, 하루속히 독일과 대대적인 산업 협력을 시작해야 할 것이다.

이것은 일개 기업이나 정부 기관이나 무역협회의 힘만으로는 불가능하며, 새로운 대통령 즉 우리의 모세가 강력하고 꾸준하게 밀어붙여야 하는 과제인 것이다.

그래서 일본에 의한 부품산업 예속화에서 벗어나, 우리 부품산업을 한 걸음 발전시키는 계기로 삼아야 한다. 왜냐하면 거래가 끊겨 다급해진 일본의 부품회사들이 기술을 이전시켜준다는 등의 좋은 조건으로 우리에게 다시 접근할 수도 있을 것이며, 이러한 일본기업들과 경쟁을 시킨 독일의 기업들이 도리어 일본기업보다 더 좋은 조건을 우리에게 제시하는 경우도 꽤 생겨날 것이라고 생각한다.

독일의 입장에서도 우리의 제안이 아주 반가울 가능성이 크다고 생각한다. 지금 독일도 통일의 후유증과 젊은 세대와의 갈등으로 경제적으로 어렵다. 그러므로 그들도 이 경제난을 돌파할 활로와 계기가 필요한데, 우리가 손을 내밀면 분명히 잡을 것으로 판단된다.

필자가 많은 외국인을 만나 보았지만, 프랑스나 이탈리아 같은 유럽인들은 우리가 기대하고 상상하던 서양 사람들의 이미지와는 거리가 멀었다. 영국이 미국과 비슷한 데가 있기는 하지만, 상상한 만큼은 아니라고 본다. 이탈리아는 급한 성격과 흥이 많은 것은 비슷하지만, 우리 국민성과 근본적으로 맞지 않는다고 느꼈다. 우리는 유교적인 환경 속에서 살아온 덕분에 신뢰를 중요하게 여기지만 이탈리아인은 달랐다.

우리 국민성과 잘 맞고 우리가 상상했던 훌륭한 서양 사람이란 영국인이나 프랑스인이 아니라, 독일과 오스트리아 사람들이었다. 그들은 살아가는 생활양식이나 삶의 질, 스케일, 사고방식 등 여러 가지 면에서 우리가 동경했던 서양 사람들이라는 생각이 들었기 때문이다.

성격적으로도 독일을 포함한 북유럽 사람들, 러시아, 네덜란드, 덴마크, 노르웨이 쪽 사람들이 우리 국민성과 훨씬 더 잘 맞는다고 느껴졌다. 같은 아시아인인 일본이나 중국보다 훨씬 더 성격이 비슷하고 유교적인 관습이 있는 경우도 있었다.

그런 독일을 이용해 우리가 일본의 부품산업을 반드시 극복해야만 한다. 그리고 독일에서 부품을 수입할 때, 장거리로 인한 물류비의 상승을 극복해야 할 것이다. 국가적인 물류시스템을 개발하고 전체 물동량을 줄이고 비용을 절약하여, 일본에서 구입하는 것과 큰 차이가 나지 않도록 해야 할 것이다.

독일로부터는 부피와 무게를 줄여 핵심 부품만 수입하고 가능하면 나머지 부품들은 국내에서 만들 수 있도록 하여, 물류비 절약과 함께 우리 부품산업을 발전시켜야 할 것이다.

이렇게 조금씩 바꿔가면서 일본을 가격 경쟁력에서 이기고 품질에서도 문제가 없어서 도리어 일본으로 부품을 수출할 수도 있게 된다면 일본은 더 이상 우리나라를 무시할 수 없을 것이다. 우리는 조상대대로 한맺힌 일본이라는 장벽을 극복하고 꼭 이겨야만 한다. 그것이 우리 후손들에게 주어진 숙명과도 같은 임무이다.

PART 10

대한민국, 희망은 있다
A Developed Nation

한국의 밝은 미래

박정희 대통령

박정희 대통령은 무소불위의 독재정치를 통해 권력을 행사하면서 수많은 민주투사들을 핍박하고 감옥에 가두었다. 심지어 인간성을 말살하는 고문을 통해 죄 없는 사람들을 간첩으로 조작까지 하며 권력을 유지하려고 한 독재자였다.

그래서 그 당시 대학에 다녔던 학생들 대부분은 학창시절의 반을 유신 반대 데모를 하기 위해 쫓아다녔다. 툭하면 학교가 문을 닫는 등, 암울한 시절을 보낼 수밖에 없었던 터라 박대통령이 하루속히 물러나기만을 바랐던 사람이 한 둘이 아니었고 필자도 그 중 한 사람이었다.

하지만 세월이 지나 기성세대가 되어 박대통령과 그 이후의 지도자들을 비교해보니, 그는 이 나라와 이 민족을 위했던 진정한 지도자라는 생각이 들게 되었다. 그래서 박대통령의 탁월함과 부족함을 동시에 극복하고, 한민족의 빛나는 미래를 이끌어 갈 수 있는 유대의 모세와 같은 지도자가 나타나기를 하늘에 바라는 마음으로, 그에 대한 평가를 하며 아쉬웠던 점을 다시 한 번 정리해 보려고 한다.

우리 현대사에서 가장 뛰어났던 두 사람을 꼽으라고 하면 필자는 박정희와 정주영을 생각할 정도로, 박정희는 우리나라가 가장 어려웠을 때 많은 일을 해낸 대통령이었으며, 많은 덕목을 갖춘 사람이었다. 그는 잘 살아보자는 불굴의 의지와 집념으로 무에서 유를 창조했다.

박대통령은 적기에 유능한 인재를 찾아내어 적재적소에 두고 최선을 다해 일하게 만드는 용병술과, 밤낮 없이 수많은 산업현장들을 직접 뛰어다니며 눈으로 확인하는 근면성을 지니고 있었다. 그리고 그는 서민의 술 막걸리를 좋아하는 사람답게, 늘 서민들 편에 서서 국민을 가난으로부터 건져내겠다는 불타는 사명감과 애국심으로 똘똘 뭉쳐 있었다.

그는 무소불위의 권력을 가졌기에 얼마든지 많은 부를 챙길 수가 있었으나, 정치자금 이외에는 본인을 위해 어떠한 축재도 하지 않았다. 참으로 해방 후에 만난 진정한 지도자이며 한국 현대사의 영웅이라고 할 수 있을 것이다. 우리나라에 박 대통령이 없었다면, 그 후 지도자들의 역량만으로는 한민족 역사 이래 최고의 부를 누리게 될 수는 없었을 것이라고 생각한다.

그러나 그는 도를 넘는 독재자였으며, 소수 사람들에게 못할 짓을 많이 했다. 또한 정권을 유지하기 위해 영·호남의 갈등을 조장하고 이용하기도 했다.

박대통령의 4가지 실책

박대통령에게는 다음 4가지 아쉬운 실책이 있었다고 생각한다. 이러한 4가지 실책만 없었다면 그는 세종대왕과 비교할 수 있을 만큼 뛰어난 지도자로 영원히 역사에 기록되었을 것이다.

첫째, 모두가 잘 알고 있는 대로 유신헌법을 만든 점이다.

불법, 탈법 선거를 지양하고 깨끗한 국민투표를 통해 대통령으로 선출 되었어야 했다. 조국 근대화를 위해 본인이 4선, 5선을 해야 한다고 믿고 있었겠지만, 선거에 진다면 언제라도 깨끗이 물러나야 하는 것이다.

과거 선진국에서도 대통령 임기를 8년으로 국한하지 않았으며, 지도력이 뛰어난 대통령이나 수상은 국민들이 3선 이상 계속 뽑아주어 국가를 위해 많은 일들을 할 수 있도록 했다.

미국에서 유일하게 4선을 지낸 루즈벨트 대통령은 제2차 세계대전을 승리로 이끌었으며, 1930년대 경제대공황을 뉴딜정책을 통해 극복했다. 그는 미국 역사상 가장 위대한 대통령으로 인정받고 있다.

또한 독일의 헬무트 콜 수상은 무려 23년이라는 긴 기간 동안 장기 집권하며 독일의 통일과 경제 번영을 이루어냈었다. 하지만 이들은 국민이 원했기 때문에 계속할 수 있었으며, 국민이 투표를 통해 원하지 않는다면 언제든지 그만둘 의지를 가지고 대통령 직이나 수상 직을 계속 맡았던 것이다.

대통령 직을 잘 수행하여 국민이 만족해하며 계속 재임해주기를 원한다면 그 당시 먹을 것이 없고 가난을 극복하고자 했던 우리나라 처지에서 이 삼십 년은 못했겠는가? 하지만 박 대통령은 세 번째 선거에서 야당 후보에게 힘들게 승리하게 되자, 선거를 포기하고 유신헌법을 통해 장기 집권을 하여 국가를 위해 자신이 하고자 했던 일들을 마무리 하고자 했다.

박대통령은 그가 행한 업적으로 네 번째 선거에서도 승리할 가능성이 높았는데도 선거로 인한 국력 낭비를 핑계로, 해서는 안 될 선택을 하고 만 것이다. 그리고 결국 후대에 비난 받을 만큼 심각한 독재정치를 하게 되었다. 세상만사 모든 이치가 아무리 힘들고 귀찮고 위험부담이 있다 하더라도 해야 할 일은 반드시 짚고 넘어가야 한다. 그런데 그도 인간인지라 나라를 부강하게 만들고자 하는 욕심으로, 잘못된 선택을 한 것이다.

유신헌법은 지도자를 직접 뽑고자하는 국민들의 욕망을 앗아 갔으며, 그의 인기도 뚝 떨어지게 만들었다. 야당의 장외투쟁, 학생운동과 노동운동이 점차 격렬하게 진행되자, 그는 점차 더 과격한 독재의 길로 들어서게 되었던 것이다.

둘째, 대통령 선거와 국회의원 선거에서 승리한 후 자신의 지지층을 결집시키기 위해, 영·호남 대립을 조장하고 심화시켰다는데 있다.

박 대통령만 없었다면 지금처럼 영·호남이 대립하고 갈등하며 서로를 마치 다른 나라 사람처럼 여기게 되지는 않았을 것이다. 이로 인해 갈등이 심화되고 국가적인 힘이 소진되었으며, 이러한 지역 간의 갈등은 앞으로도 쉽게 치유가 되지 않을 것으로 보여 큰 문제라 하겠다. 박대통령을 평가할 때 지역감정을 심화시킨 것이 유신헌법보다 더 큰 잘못으로 역사에 기록될 수도 있을 거라고 생각한다.

셋째, 제주도를 제대로 개발하지 못한 점이다.

유신 헌법을 만들고 영·호남 갈등을 심화시킨 것은 이해가 되겠지만, 제주도를 개발하지 못했던 것을 왜 실책이라고 하는지 독자들은 의아해 할 것이다.

제주도 개발은 우리나라 발전을 10년 앞당길 수 있을 만큼 큰 기회였다. 국가가 강력한 힘을 갖고 있을 때 개발해야 했는데, 그 시기를 놓친 것이 참으로 안타깝기 그지없다.

제주도는 괌이나 하와이처럼 따뜻한 섬은 아니지만, 세계에 흔하지 않은 수많은 절경을 보여주는 곳이다. 특히 한라산은 해발 2000미터에 가까운 꽤나 높은 산으로, 오랫동안 눈이 남아 있는 정상까지 올라가다 보면 4계절을 고스란히 다 느낄 수가 있다.

개발자금이 부족하면 외국 회사에 특혜를 주어 투자를 유치하거나, 차관을 통해 개발하여 잘 운영해왔더라면, 제주도는 지금쯤 세계적인 관광지가 되었을 것이다.

시작부터 세계적인 설계회사를 통해 섬 전체를 완벽하게 바꿀 수 있는 마스트플랜을 짜고, 그에 따라 공영개발을 통해 국제적인 신도시를 제주도 내 여러 군데 건설하고, 그 외 다른 지역에는 민속촌이나 어촌을 제외한 일체의 주거시설을 철거한 후 불허했어야 했다.

또한 제주도의 경관을 더욱 살릴 수 있는 각종 인공 시설들, 디즈니랜드 아시아, 세계적인 호텔 체인점, 차별화 되는 여러 숙박시설들, 각종 수상레포츠 시설, 한라산 정상 근처 초대형 스키장, 미국 라스베가스와 같은 국제적인 도박장과 공연시설, 외국어가 가능한 미모의 여자들이 서비스하는 외국인 전용클럽, 무관세 쇼핑센터, 세계적인 품질의 다양한 골프장들, 한라산 정상까지의 케이블카 등을 강력한 군사정부의 힘으로 곳곳에 만들었다면, 자연과 인공이 결합하여 제주도는 세계적인 관광지가 되었을 것이다.

지금 얼마나 많은 한국 사람들이 해외관광을 통해 아까운 외화를 소비하고 있는가? 그 중 반만 절약해도 상상할 수 없을 만큼 큰돈이 되었을 것이다. 제주도를 잘 개발하여 해외 관광객들을 유치하는데 총력을 기울였더라면, 우리가 수출해서 번 돈의 절반에 가까운 천문학적인 수익을 낼 수도 있었으리라고 본다. 최근 우리 수출 규모가 급속히 커졌으니 2007년 현재의 규모와 비교할 수는 없겠지만, 과거 약 5년 전까지 액수를 평균해 본다면 충분히 가능한 일이라 하겠다.

관광산업처럼 좋은 것이 어디 있겠는가? 우리는 자원이나 기초부품기술이 부족하기 때문에 수출을 하기 위해서는 거의 그 규모에 가까운 수입을 해야 한다. 하지만 관광은 극히 일부를 제외하고는 수입할 필요가 없으므로, 매출의 거의 대부분이 국가 수익이 될 수 있는 정말 좋은 산업이다.

10년 전 이탈리아를 방문했을 때 그들의 일 년 관광 수입이 우리 연간수출액과 같다고 해서 충격을 받았던 적이 있다. 우리 무역수지흑자와 같다는 것이 아니라 수출액만큼의 규모라고 하니, 이탈리아는 참으로 좋은 조상을 가졌다는 생각을 했다.

제주도는 천혜의 섬으로 위치나 크기도 적당하고 기온도 좋은 편이다. 무엇보다 군사정권과 같이 정부에 힘이 있을 때 개발했어야 하는데 참으로 아쉽다. 울산, 창원, 구미 같은 세계적인 규모의 공단지역을 건설하고, 경부고속도로를 강력하게 밀어붙여 성공했듯이 제주도를 개발했었더라면 얼마나 좋았겠는가? 안타까울 뿐이다.

그러한 인공적인 공영개발은 일본이나 미국에서는 할 수가 없으며, 공산주의나 강력한 군사정부 아래서만 가능한 일이다. 이제 민주화 시대에 위와 같은 개발은 주민들의 동의를 얻지 못하여 강제로 진행할 수도 없다. 비용 또한 많이 들게 될 것이므로 이제는 거의 불가능하다고 본다.

관광지는 한 번 세계적으로 알려지기만 하면 광고를 하지 않더라도 특별히 큰 문제만 발생하지 않는다면, 계속 관광객이 찾아오기 때문에 후손들이 대대손손 먹고 살 수 있다. 원유와 같은 천연자원보다 더 지속성이 있는 것이 관광산업인 것이다.

박대통령이 제주도를 개발했더라면 우리의 연예산업도 더 빨리 꽃을 피울 수가 있었을 것이다.

외화를 중시하여 수출을 위한 수입 이외에는 달러를 쓰지 못하게 하고, 밀수를 하는 자들은 무기징역과 같은 중형으로 다스리며, 양담배나 양주를 팔고 사다가 들키면 엄청난 벌금을 물리던 현명한 박대통령이, 왜 관광산업을 통한 외화벌이를 도외시했는지 이해할 수가 없다.

넷째, 국제화 시대에 영어교육을 생활화 하지 못하도록 한 점이다. 한국전쟁 후 우리가 가난하고 허기가 져서 미군부대를 뒤져가며 배를 채울 때 우리에게는 의욕과, 도전의식과, 살아남아야 한다는 강인한 인적자원밖에 없었다.

만약에 영어를 전공한 미국인들을 초청해 초등학교부터 제대로 된 회화 위주의 영어 교육을 받고 그 영어 실력이 일상생활에 뿌리를 내리게 되었다면, 지금보다 10년은 더 국가 발전을 앞당길 수 있었을 것이라고 생각한다.

정치가들도 좀 더 나은 한미관계를 유지할 수 있었을 것이며, 과거 우리가 미국으로부터 받은 것보다 훨씬 더 많은 것을 얻어올 수 있었을 것이라고 생각한다. 지금은 많이 나아졌지만, 우리가 정치적으로는 거의 미국의 속국과 다름이 없었다는 점을 부인하지 못할 것이다.

영어를 잘 하는 필리핀 해외노동자들이 해외에서 비록 막일을 해서 돈을 벌긴 하지만, 국내로 송금하는 돈이 국가 전체 산업이 수출해서 버는 돈보다 많다고 한다. 우리가 필리핀 사람들에 비해 훨씬 더 근면하고 성실하므로, 그 사람들만큼 영어를 잘 했다면, 훨씬 더 많은 것을 가져올 수 있었을 것이다.

과거 1960~70년대에 해외에 나가 목숨 걸고 공부했던 유학생들은 학비를 벌기 위해 잠도 제대로 못 자고, 제대로 먹지도 못하면서 공부에 매진해야 했는데, 그때 가장 어려워했던 것이 영어였다.

영어만 아니었더라면 노력과 시간을 더 절약할 수 있었을 것이다. 그리고 유학을 떠나기 전에 어느 정도 영어실력을 쌓았더라면, 짧은 시간에 더 많은 공부를 쉽게 할 수 있었을 것이며, 훨씬 더 학문의 깊이가 깊어졌을 것이고, 목표를 달성하는 것도 쉬웠을 것이다.

여러 산업 분야에서도 영어로 된 것을 공부해야 하다 보니, 영어가 어려워 등한시하고 멀리하면서 미국이 만든 국제적 표준에 제대로 적응을 못해서 얼마나 많은 시간을 허비해야 했던가?

지금 이 시간에도 많은 사람들이 영어를 공부하겠다고 외국에 나가 지내고 있지 않은가? 공부를 잘 하지 못하는 자식들을 공부시키기 위해 전 재산을 들여 아내와 함께 외국으로 보낸 후, 작은 셋방에서 외롭게 지내며 돈 버는 기계로 전락하여 중년을 보내고 있는 기러기 아빠는 또 얼마나 많은가?

공부를 못해 자녀가 학위는 받지 못한다 하더라도 조기유학을 통해 영어 하나만 능통하게 하면 최소한 밥은 먹고 살 수 있다는 뿌리 깊은 믿음 때문에, 가지 말아야할 수많은 아이들까지 유학을 가고 있는 실정이다. 지금도 우리 현실은 영어만 유창하게 하면, 무얼 해서라도 먹고 살 수가 있다.

옛날 박대통령이 정권을 잡고 있을 때 쓸데없는 국민교육헌장이나 달달 외우게 하지 말고, 초등학교 시절부터 국어와 병행하여 영어공부를 시키고 고등학교부터는 본격적으로 영어로만 강의하며, 영어 실력이 부족하면 대학에 들어갈 수 없도록 해야 했다. 이러한 것이 요즘과 같은 현실에서는 불가능할지 몰라도, 그 당시 모든 국민이 가난에서 벗어나기 위해 모든 역량과 국민적 힘을 모을 수 있었던 사회분위기에서는 충분히 가능했던 일이었다.

대학 내에서는 강의나 시험뿐만이 아니라 대화를 영어로만 해야 하는 것으로 규칙을 정하고, 어기면 학점에 불이익을 주거나 유급을 시키면서 강하게 밀어붙였더라면, 지금쯤은 대학졸업자들은 영어를 일상생활에서 자연스럽게 쓸 수 있는 그런 나라가 되었을 것이다. 물론 대부분의 사람들이 한국어에 익숙하고 한국어를 당연히 더 잘하겠지만 어느 정도 수준의 사람들은 필리핀처럼 영어와 국어에 능통하도록 되었을 것이다. 그렇다면 지금처럼 엄청난 외화를 낭비하면서 수많은 아이들을 조기 유학시키지 않아도 되었을 것이며, 가족이 뿔뿔이 흩어져 지내지 않아도 되고, 국력을 낭비하는 일도 없었을 것이다.

지금도 많은 선생님들이 그렇지만, 그 당시 중·고등학교 영어선생님들 중 99%는 외국인과 대화를 하지 못했다. 쓸데없는 입시 위주의 일본식 영어 문법, 점수를 내리기 위한 어려운 문법들, 미국인들도 잘 모르고 사용하지 않는 어려운 문법 위주로 선생님들은 학생들을 가르쳤다. 영어 회화도 한마디 못했던 선생님들이 어떻게 살아있는 영어를 가르칠 수 있었겠는가.

그때 힘 있는 정부가 전 국민을 상대로 새마을운동 하듯이 언론을 통한 캠페인도 하면서, 살아있는 영어 공부를 반 강제적으로 시켰어야 했다. 영어 회화를 뛰어나게 하지 못하는 사범대 졸업자들은 아예 선생님으로 임용하지 못하게 하고, 영어 회화를 잘하는 학생이나 선생, 직장인, 공무원 등에게 국가차원에서 많은 인센티브를 제공하는 사회분위기를 만들어야 했던 것이다.

그랬다면 지금 영어는 거의 제2국어로 우리나라에 뿌리내려, 수많은 젊은이들이 싱가폴이나 홍콩처럼 영어와 모국어를 일상생활에서 자연스럽게 사용할 수 있는 나라가 되었을 텐데 아쉽기만 하다.

홍콩이나 싱가폴이 우리보다 국민소득이 2배 높은 준선진국이 될 수 있었던 가장 큰 이유도 영어가 일상생활에 뿌리내렸기 때문이라고 생각한다. 영어 사용 능력에 대한 부가가치로 전 세계기업의 아시아 본부로, 또 국제적인 국가로 성장할 수 있었던 것이 가장 큰 이유라고 생각한다.

지금이라도 시작하면 될 것이라고 생각하는 사람이 있겠지만 이제는 늦었다. 민주화 시대에 반발이 너무 세어 강제로 시킬 수도 없게 된 것이다. 먹고 살만해졌으니 강제로 시킨다고 될 일이 아니기 때문이다. 잘 사는 집 아이에게 강제로 공부를 시키면서 초일류 과외를 붙여준들 큰 효과가 없는 것과 같다. 그래서 모든 국가 정책에는 반드시 적시와 적소가 있는 것이다.

참혹한 불황

우리는 불확실한 세상 속에서 급변하는 미래에 대해 한편으로는 두려워하며 다른 한편으로는 기대를 하며 살아가고 있다.

하지만 이 세상은 우리의 희망이나 의지와는 달리 절대적인 힘으로 움직이는 유대자금이라는 세력이 있어, 이들과 싸우고 저항하는 것은 계란으로 바위치기에 비유해야 할지도 모르겠다.

이들은 결코 전면에 나서지 않았으며 지금도 변함이 크게 없다. 겉으로 보기에는 다른 나라 기업인 것처럼 보이지만 인수한 회사들의 이름과 전통만을 받아들인 후 자기들의 방식대로 경영하기 때문에 정보력이 있는 기업이나 국가가 아니면, 이러한 회사가 유대자금에 의해 움직이고 있다는 것을 알 수 있는 방법이 없다.

변화가 있어야 돈을 벌 수 있으니 이들은 가끔 전 세계에 커다란 변화를 주기도 한다. 그런데 대부분의 금융전문가들은 이런 큰 변화를 예측하지 못하고, 문제가 닥친 다음에야 이런 저런 변명을 하며 해결책을 내어놓는 상황이 반복되고 있다.

그 누구도 왜 이런 거대한 자금이 동시다발적으로 움직이는 이유를 파악하기가 불가능하므로, 이들이 원하는 대로 세상은 굴러갈 수밖에 없다.

필자가 전 세계적인 불황을 예견하는 것이 틀릴 수도 있다. 하지만 그런 불황이 올 가능성이 아주 높아졌기 때문에 이를 대비하고 미리 준비하는 것에 대해 언급하고자 한다.

2차 세계 대공황

최악의 세계적인 불황은 아마 약 3~4년이 지난 2010년 정도에 오지 않을까 생각한다. 2005년부터 현재까지 과거에는 생각하지 못했던 장기간에 걸친 최저 금리로 대출자금을 이용하는 글로벌 투기자본이 증가하게 되면서 부동산, 원자재, 유가, 미국과 중국을 제외한 글로벌 주가가 폭등했었다.

중국 덕분에 값싼 상품이 생산되고, 인터넷으로 인해 전통 유통 산업이 붕괴되면서 예전과는 달리 물가가 상승하지 않는 새로운 흐름이 2005년부터 진행되어, 4년 정도 더 세계적인 대호황이 진행될 것으로 보인다.

마지막 남은 미국과 중국의 증권시장까지 지금보다 크게 오르고 나면 더 이상 상승할 수 있는 것이 없어지면서 투자 대상도 없어지게 될 것이다. 그리고 유대인 선도세력이 한계에 도달했다고 판단되면, 그들에 의해 모든 부동산, 주식, 달러, 금, 원자재, 원유 등의 가격이 급격하게 꺾일 것으로 예측된다. 특히 달러 가치는 순식간에 50% 정도로 하락하면서, 전 세계적인 혹독한 불황이 시작될 것이다.

그렇게 되면 그 동안 엄청난 액수의 달러를 보유하고 있던 세계 각국, 특히 한국, 중국, 일본, 대만은 앉은자리에서 외환가치의 반이 날아가는 손실을 보게 된다. 빚잔치를 하고 난 후 미국은 산업구조를 개편할 수 있을 것이다. 이것은 1930년대의 대공황과 비교가 될 정도로, 규모와 기간 면에서 심각한 불황이 될 가능성이 높다.

그렇게 세계의 무역이 재편되면 미국은 무역 적자국에서 무역 흑자국으로 바뀔 것이라고 생각한다. 우리도 IMF 당시 원화 가치가 달러 당 800원에서 1300원으로 하락하면서 만성적인 무역 적자 구조에서 한해 200억 달러가 넘는 엄청난 흑자를 기록했다. 그만큼 무역에서 자국 화폐가치란 정말 중요하다. 그래서 각 나라들이 무리해서라도 달러를 매입하여 자국 화폐가 절상되는 것을 막았던 것이다. 미국에서 마지막 남은 주식시장마저 상승하고 나면, 계속되는 무역 적자로 인한 달러 가치를 지킬 수 있는 방법이 더 이상 없어지게 된다.

유대인들의 의도대로 중동의 기름을 완벽하게 손에 넣었다면 상황이 달라져 연기가 되었겠지만, 극렬한 이슬람의 종교적 저항으로 수많은 미군이 상주하면서도 극복을 하지 못하는 상황은 유대인들도 전혀 예상하지 못했기 때문에 점점 마지막 불꽃놀이를 향해 가고 있는 것이다.

2010년까지 유대인들이 대체에너지 개발을 완료한다면 상황은 달라질 수 있다. 하지만 그렇게 짧은 기간에 대체연료가 개발될 가능성은 아주 낮다고 생각한다. 그래서 마지막 미국 달러화의 대 폭락이라는 엄청난 사건이 터지면서, 유대인들은 도박을 시작할 것이라고 생각한다.

이것은 정말 쉽게 생각할 사건이 아니다. 제2차 세계대전과 세계대공황에 비교할 만큼 인류의 혹독한 시질로서 역사가 기록하게 될지도 모른다. 유대인은 이러한 도박을 통해 잘 되면 변화를 이용해 다시 한 번 큰돈을 벌 수 있는 계기가 만들어질 것이고, 미국의 엄청난 국가 채무에 대한 빚잔치를 하며 자신들의 삶의 터전인 미국의 산업을 긍정적으로 개편할 수 있게 될지도 모르겠다.

하지만 잘못되면 미국 내에 그들에게 정면으로 대항하는 큰 세력이 생기면서, 유대인들의 생존에 큰 위협이 될 가능성이 높다. 앞에서도 말했듯이 미국인들의 평민정신이 결코 만만하지 않기 때문이다. 청교도 정신에 바탕을 두고 있는 평민정신을 보통 때는 잘 알 수가 없다. 그래서 자유분방하고 엉망인 것 같지만, 위기가 닥치면 강한 단결력을 보이게 된다.

미군은 군기가 없어 엉망인 것 같고, 사고방식도 군인이라 느껴지지 않을 정도로 형편없이 보인다. 그래서 군인 같지도 않은 미군이 전쟁이 나면 도망치기에 바쁘지 않겠느냐고 하는 사람들이 많다. 하지만 유사시에는 신기할 정도로 강력한 군대로 거듭나는 것을 보면, 평민정신의 한 가지 좋은 예라 하겠다.

미국에서는 평범한 국민들의 삶의 질에 초점을 맞추어 대변하는 환경론자들의 힘이 엄청나다. 어떻게 보면 미국 제조업의 몰락도 EPA(Environmental Protection Agency - 미국 환경 보호국) 나 이들 환경론자들에 의해 이루어졌다는 주장이 있을 정도로 이들의 힘은 막강하다. 때문에 공화당에서 정부와 의회를 독점했는데도 유대인들이 알래스카 환경보호지역의 유전을 쉽게 개발하지 못하고 있는 것이다.

지금까지 유대인들은 뒤에서 은밀하게 미국을 조정하면서 많은 잘못을 저질렀으나, 뚜렷한 증거는 없고 심증만 있을 뿐이었다. 다수의 미국 국민들은 유대인들의 파워가 너무나 세기 때문에 어쩔 수 없이 행동을 자제하며 침묵하고 있지만, 마음은 편하지가 않은 상태라고 생각한다.

그런데 달러 가치가 반으로 폭락했다고 가정해보자. 미국의 모든 생필품 가격이 2.5배 정도 오를 것이다. 다른 국가라면 1.5배 정도 올라가겠지만, 미국은 거의 모든 생필품을 외국에서 수입하고 있어서 국내에서 조달할 수 있는 것이 거의 없기 때문에 무조건 2배 가까이 오르게 될 것이라 예측된다. 그리고 비 오는 날의 고속도로처럼 유통 정체가 되다 보면, 2.5배까지 폭등할 가능성이 크다.

하지만 사람들이 생존할 수 있을 만큼만 지출을 하게 될 것이므로 소비가 급격히 줄게 되면서 물가는 차츰 떨어질 것이다. 그리고 정부와 대통령에 대한 불만이 엄청나게 커지고 세금도 거의 낼 수 없는 상태가 될 수밖에 없다.

모든 상거래가 대폭 감소하게 되면 간접세가 많이 줄게 될 것이고, 직접세는 거의 없어지면서, 나라는 살림을 할 수 없을 정도로 심각한 지경에 빠질 것이다. 누적된 재정 적자가 심각한 상태에서, 경기 부양을 위한 정책을 과감하게 늘릴 수도 없다면 미국 사람들은 어떻게 될 것인가?

거리에는 실업자가 넘쳐나고 외국기업에 취업할 수 있는 우수한 인력들은 외국으로 대규모 탈출을 시도할 것이다. 그리고 나머지 대다수는 끼니를 굶는 상태에서 대규모 시위를 일으킬 수밖에 없다. 평범한 국민들은 대규모 토론을 계속하며 위기에 강한 미국인들의 특성대로 단결하여 불황을 타개하려고 노력하며, 전면에 나서서 정치에 참여하기 시작할 것이다.

역사가 그랬듯이 이들 대중은 희생양을 요구할 것이고, 그때 유대인들이 바로 그 희생양이 될지도 모른다. 유대인들의 잘못을 찾아내어 이들을 미국 상류층에서 몰아내려는 격렬한 행동을 할 가능성이 아주 높다고 생각한다. 그래서 이들 유대인들에 의한 달러 가치 하락은 결국 자충수가 되어 자신들을 몰락하게 하는 사건이 될 수도 있다고 생각하는 것이다. 돈만을 추구하면서 행했던 수많은 잘못에 대해 하늘의 심판을 받게 될지도 모르는 일이다.

고통의 세월이 몇 년 지나서 새로운 무역질서가 다시 잡히면, 세계 힘의 균형은 미국과 유럽과 동아시아로 3분 되고, 미국의 제조업도 어느 정도 부활하여 세계는 긍정적인 방향으로 진행될 가능성이 높다.

물론 미국만큼의 불황은 아니겠지만, 전 세계 상품들의 소비처였던 미국이 무너지게 되면 각국의 수출이 급격히 줄고, 각국 국민들이 보유한 주식이나 부동산 등 자산가치가 급락하여 전 세계가 심각한 불황에 빠질 것이다. 또한 경쟁력이 강해진 미국 상품들은 수출이 많이 늘어날 것이고, 우리는 IT 산업에서 그들과 격렬한 경쟁을 할 수도 있다. 그리고 미국은 그토록 오랫동안 지속했던 대 규모 무역 적자국에서 소규모 무역 흑자국으로 돌아설 것이라고 생각한다. 그렇게 되면 미국의 빈 자리를 중국과 북유럽 사람들이 채우면서 새로운 수요를 창조하고 새로운 역사를 만들어 나가게 되리라고 본다.

그렇다면 우리나라 경제는 과연 어떻게 될 것인가? 미국만큼은 아니겠지만 미국과 비슷할 정도로 심각한 불황을 겪게 될 것이며, 수많은 기업들이 도산하게 될 것이라고 예상한다.

물가는 그렇게 올라가지 않겠지만 미국과 달리 이 나라에 있는 심각한 부동산 거품이 미국보다 먼저 2009년 중순에서 2009년 말 사이에 꺼지면서 반 이하로 순식간에 떨어지고, 이 나라에만 있는 카드 사태와 신용불량자 문제는 더욱 심각해질 것으로 본다. 왜냐하면 현재 우리나라의 정치 일정과 맞물려 있기 때문이다.

현재 부동산 부자들은 아무리 규제 정책이 나와도 선거 때까지 일 년만 견디면 된다고 생각하고, 가격이 좀 떨어지더라도 팔지 않을 것이다. 하지만 정권이 바뀐 후 1년 정도 지난 후 야당을 믿고 몰표를 몰아준 부자들 - 우리가 흔히 말하는 강남 부자들은 황당한 배신감 속에 과도한 세금과 크게 변화가 없는 부동산 정책들로 인해 어떻게 할까 고민을 할 수 밖에 없을 것이다.

그러다가 과다한 신규 입주 물량으로 인해 전세금이 급락하고, 해외에서 부동산이 하락하고 있다는 소식이 들리게 되면 냄비근성의 한국인들은 한꺼번에 매물을 마구 쏟아내고 말 것이다. 이렇게 엄청난 폭락이 시작되면 경기는 순식간에 얼어붙게 되고, 세계에서 가장 먼저 극심한 불황이 시작될 가능성이 높다. 그와 함께 근근이 경제를 받쳐주던 주식도 20% 정도 폭락하는 사태가 찾아올 수 있다.

그렇게 심각한 불황이 시작되고 나서 2010년 초반쯤 되어 미국의 대공황이 시작되고, 그로 인해 해외수출도 대폭 감소한다면 과연 어떻게 될 것인가? 수많은 기업들과 은행들이 다시 부도사태로 몰리게 될 것이라고 예측할 수 있다.

기업들은 부도가 나고, 주식은 추가로 폭락하고, 은행은 담보로 잡은 부동산이 대출 금액보다 더 낮은 경매 금액으로 인하여 엄청난 손실을 입게 될 것이다. 수없이 많은 부동산 매물이 경매로 나와도 아무도 거들떠도 보지 않고 감정가의 30% 이하에 매각되면서, 모든 손실은 은행이 질 수밖에 없는 상황으로 몰리게 되면, 은행들은 다시 한 번 IMF 위기와 같은 상황이 될 수밖에 없다.

많은 사람들이 대출금과 경매 가격의 차이 때문에 빚쟁이로 몰려 또 다시 수많은 사람들이 파산하게 될 것이다. IMF 위기와 카드사태, 그리고 부동산 대공황으로 인해 국민 경제인구의 1/3 이상이 신용불량의 나락으로 떨어지게 되면 우리 경제는 다시는 회복하지 못할 정도로 불황의 늪에 빠질 가능성이 아주 높다고 생각한다.

이러한 상황은 2009년에 시작하여 2010년이 최악의 상태가 될 것이며 최소한 3년은 지속이 될 것으로 생각된다. 이러한 민족의 위기를 잘 극복하기 위해 우리의 모세를 반드시 찾아 지도자로 선택해야 한다. 이 위기를 극복하려면 그가 최선의 대비책을 미리 강구할 수 있도록 준비해야 할 것이다.

대한민국 희망을 말한다

대한민국의 미래는 새로운 지도자만 잘 선택하면 참으로 밝을 것이라고 생각한다. 박정희 대통령 사후에 이 민족을 제대로 이끈 지도자가 없었음에도 불구하고 우리나라는 지금 여기까지 왔다.

IMF라는 인위적인 고통을 겪으면서도 세계 11대 무역국으로 성장하였으며, 이제 우리나라를 작은 개발도상국이라고 무시하는 나라는 거의 없다. 미국이 무기 구입과 주한미군 주둔비를 요구하는 것도 나라의 경제력이 발전하지 않았다면 있을 수 없는 이야기일 것이다.

세계적인 글로벌기업도 여럿 생겨났으며, 전 세계 사람들이 삼성전자와 LG전자 전자제품을 최고급품으로 인정해 일본 제품보다 더 고가에 구매하고 있다.

그뿐만이 아니다. 시도 때도 없이 파업하면서도 세계적인 자동차회사로 성장한 현대자동차를 보라. 짧은 기간 안에 저렇게 성장해 전 세계에 어마어마한 물량의 자동차를 수출할 수 있으리라고 누가 상상이나 했겠는가?

포항제철은 또 어떤가. 규모면에서도 엄청날 뿐만 아니라, 세계 최고의 철강 품질을 자랑하고 있다. 그리고 전 세계 일반 선박의 절반을 우리가 만든다고 해도 과언이 아닐 만큼, 엄청난 물량의 선박들을 만들고 있다.

IT기업들은 어느 누구 하나 기술을 전수해주지 않았는데도 무에서 유를 창조하듯이 온라인 게임, MP3 플레이어, 와이브로 등 수많은 첨단기술을 개발하고 제품을 생산하여 세계를 끌어가고 있다.

한류는 또 어떤가. 우리 민족이 만든 영화나 드라마를 전 세계 인구 절반에 가까운 사람들이 즐기며, 우리 스타들에게 열광하리라고 과거에 꿈이라도 꾸었는가? 뛰어난 지도자가 없었음에도 불구하고 우리 민족은 참으로 엄청난 발전을 거듭해왔다. 이것은 결코 부인할 수는 없는 현실이다.

하지만 지금까지도 고쳐지지 않은 채 반복되고 있는 여러 가지 잘못된 점을 보면, 한순간도 불안한 마음을 거둘 수가 없다. 정치권의 반목, 지역감정의 격화, 시대를 역행하며 더욱더 커져만 가는 관료 집단의 모순, IMF 경제 위기에 뒤이은 카드대란, 부동산 폭등, 전 세계에서 가장 강력한 노동조합의 순리에 벗어난 파업, 전쟁 위기감을 조성하는 북한 미사일 발사와 핵실험 등을 생각하면, 이 나라가 이렇게 굴러가는 것이 신기할 지경이다.

그런데 주목할 점은 단순히 굴러온 것만이 아니라, 이러한 문제점들을 부단히 극복하며 엄청난 발전을 지속했다는 것이나. 그러니 이러한 민족을 어떻게 우수한 민족이라고 하지 않을 수가 있단 말인가!

이제 우리 민족을 무시하고 말살시키려 했던 일제의 잔재, 즉 '엽전은 안 되지, 짚신이 뭘 할 수 있겠어'라는 패배의식을 버려야 한다. 그리고 일본을 보란 듯이 극복하고 세계를 향해 포효할 수 있어야겠다.

그러나 앞에서 밝혔던 바와 같이 우리 민족에게 또다시 큰 위기가 닥쳐오고 있다. 이제 국민 모두 한마음이 되어 모세와 같은 지도자를 선택하여, 위기를 발판으로 삼고 더욱더 큰 발전을 이루어야 할 때다. 모세와 같은 지도자가 나타나 여러 가지 어려운 과제를 해결하고 개혁을 제대로 한다면, 우리 민족은 전 세계를 이끌어가는 민족으로 성장할 것이다.

2007년 선거에서는 끼리끼리 문화에서 벗어나 능력 위주로 대통령을 선출하겠다는 사회적인 바람이 조금씩 커지고 있으니, 대한민국은 큰 희망을 말하는 국가가 될 것이라고 믿는다.

우리는 오랫동안 소외되어왔던 전라도 사람들이 주축이 되어 대통령을 뽑았던 적도 있었으며, 급진 개혁주의자들을 대변하는 대통령도 뽑아 보았다. 이는 젊은이들과 소외 계층, 서민들이 주축이 되어 만들어낸 큰 사건이라고 할 수 있다.

우리가 이전에 한 번이라도 기득권 세력을 뒤집은 적이 있었던가? 우리는 나라를 팔아먹고 배신했던 친일세력들조차 제대로 처벌하지 못했다. 친일 세력은 처벌받기는커녕 공산당과 반대되는 세력이라는 명목으로 지배계급을 차지한 채 지금까지 온갖 부와 권력을 누려오고 있다.

또한 독재 권력 아래 수많은 사람들의 인권과 목숨을 앗아갔던 광주사태, 삼청교육대의 책임자 역시 지금까지 문책과 처벌이 제대로 이루어지지 않고 있다. 이처럼 잘못을 묵과하다 보니, 옳지 않은 자가 여전히 부와 권력을 누리게 되는 우를 범하게 된 것이다. 이것은 우리나라 현대사의 크나큰 걸림돌이다.

그런데 절대 기득권을 무너뜨리며 소수의 힘없는 자들을 대변하겠다고 공약을 내건 정권이 탄생하게 된 것이다. 이는 역사적으로도 큰 의미가 있는 일이었을 뿐만 아니라, 가슴에 쌓인 한을 푸는 데도 도움이 되었으리라고 본다.

그리고 9년의 세월이 지나는 동안 국민들은 참으로 소중한 경험을 하게 되었다. 국가 발전에 도움이 될만한 지도자는 어떤 사람이어야 하는지 좀 더 객관적으로 냉정하게 생각할 수 있게 된 것이다. 맹목적이고 전폭적인 끼리끼리 지지를 하였지만, 원했던 바람대로 되지 않을수도 있다는 것을 깨닫게 된 것이다.

이제 우리는 끼리끼리 패거리 문화에서 벗어나 진정한 대한민국 리더십이 있는 지도자를 뽑아야 한다. Negative 전략을 이용하는 후보를 용서해서는 안 될 것이고, Positive 공약을 하는 후보라고 해서 무조건 받아들여서도 안 될 것이다. 나라를 위해 사심 없이 일을 추진할 수 있을 것이라고 판단되는 사람에게 우리의 소중한 한 표를 사용해야 한다.

큰 불황이 수년 내에 닥쳐올 것으로 예상되지만 훌륭한 지도자와 한 마음 한 뜻이 되어 노력한다면, 그 어려움을 발판으로 삼아 도약하여 대한민국 국민임을 자랑스럽게 여기는 날이 꼭 오게 될 것이라고 믿는다.

대한민국 희망을 말하다

대한민국 리더십

1판 1쇄 발행 2007년 3월 1일
1판 3쇄 발행 2021년 11월 17일

지은이 정규준
발행인 김소양
편 집 이윤희
디자인 권효선
마케팅 이희만

발행처 다밋
출판등록번호 제321-2010-000113호
출판등록일자 1998년 06월 03일
주소 경기도 광주시 도척면 도척로 1071
마케팅팀 02-566-3410 **편집팀** 031-797-3206 **팩스** 02-6499-1263
홈페이지 www.wrigle.com

ⓒ 정규준, 2021

ISBN 978-89-6426-100-2 03320